ITINÉRAIRES PRO

CAP
Accompagnant éducatif Petite enfance

ÉPREUVES PROFESSIONNELLES • EP1 • EP2 • EP3

90 Fiches de révisions

Virginie Châteaureynaud, enseignante en CAP AEPE, jury des épreuves EP1, EP3, auteure de sujets EP2, membre de jury VAE et formatrice pour les assistants maternels

Vuibert

Ressources numériques

Télécharger gratuitement le sujet EP2 2019, la fabrication de Maracas, 2 fiches (protocole sanitaire Covid-19, loi ASAP) et les sigles et abréviations

sur www.Vuibert.fr/site/210088

Crédits photographiques

Couverture : Serhiy Kobyakov / Adobe-Stock.
pp. 11, 213 : ph © photographee.eu / Fotolia-Adobe-Stock. pp. 13, 24 (haut et bas), 25, 26 (bas), 27 (bas), 39 (haut gauche et haut droite), 52, 84, 91, 140 : ph © Alexandra Neveu. pp. 16, 87, 88, 89, 98, 119 : ph © Géraldine Lacour. pp. 26 (haut), 32, 38, 54 (haut), 59, 63 (bas), 109, 118, 128, 130, 153, 154, 181, 182, 195 (droite), 205, 223, 241 : ph © Jean Gomez. pp. 27 (haut), 120, 185, 197 : ph © Valérie Poulain. pp. 48, 49, 50, 51, 53 (haut, milieu et bas), 54 (milieu et bas), 96, 101, 102, 103, 116, 136, 147, 195 (centre), 199, 211, 214, 215, 216, 251, 252 : ph © Virginie Pépin. pp. 55 (haut, milieu et bas), 79 (haut, milieu et bas), 92 (haut, bas et milieu), 93 (haut, bas et milieu), 94, 95 (haut, bas, milieu), 104, 105, 106, 108, 110, 111, 112, 113, 114, 117, 122, 123, 124, 128 (haut et milieu centre et droit), 133 (haut et bas), 146, 161, 162, 163, 200, 201, 202, 203, 204, 233 : ph © Virginie Pépin et Valérie Jacob. p. 63 : ph © Ivanko80 / Fotolia-Adobe-Stock. p. 73 : ph © Rafa / Fotolia-Adobe-Stock. p. 82 : ph © Konstantin Yuganov / Fotolia-Adobe-Stock. p. 83 : ph © nateejindakum / Fotolia-Adobe-Stock. p. 99 : ph © Cindy Singleton / iStock. pp. 107, 139 : ph © Alexia Vales / Communauté de communes du Frontonnais – Haute-Garonne. p. 149 : ph © Afag Azizova sous licence CC BY-SA 3.0 via Wikimedia Commons. pp. 150, 151 (haut) : ph © CDC/NIP, Centers for Disease Control and Prevention's Public Health Image Library (PHIL) – http:// phil.cdc.gouv/phil. Domaine public via Wikimedia Commons. p. 151 : ph © ILJR sous licence CC BY – SA via Wikimedia Commons. p. 159 : ph © Nikita Vasilchenko / Fotolia-Adobe-Stock. p. 167 : ph © marcobir / Fotolia-Adobe-Stock. p. 169, 192 : ph © Gennadiy Pozniakov / Fotolia-Adobe-Stock. p. 184 : ph © Jarek Wasilewsky / Fotolia-Adobe-Stock. p. 186 : ph © nadezhda1906 / Fotolia-Adobe-Stock. p. 193 : ph © svetlana / Fotolia-Adobe-Stock. p. 217 : ph © antonioguillem / Fotolia-Adobe-Stock. p. 219 : ph © Oksana Kuzmina / Fotolia-Adobe-Stock. p. 236 : ph © Jack jelly / iStock. p 239 : ph© Public Domain Pictures / Pixabay. p. 246 : ph © JESHOOTS / Pixabay. p. 253 : ph © Alexander / Fotolia-Adobe-Stock.

ISBN : 978-2-311-21008-8

Création de la maquette : CB Defretin
Mise en pages : Nord Compo
Couverture : Les PAOistes
Illustrations : Louise Mezel, Céline Penot, Nathalie Dudek
Infographies : Marie-Christine Liennard, Valérie Goncalves et Christel Parolini

SOMMAIRE

Une formation, un métier

La réforme du CAP Petite enfance a pour finalité de donner une nouvelle impulsion à l'ensemble du secteur de l'accueil du jeune enfant.
Ce nouveau CAP Accompagnant éducatif Petite enfance (AEPE) répond à trois objectifs principaux :
- définir un cadre commun à l'accueil des jeunes enfants ;
- promouvoir le développement d'un accueil de qualité, ouvert, réflexif, pluridisciplinaire et sans stéréotypes ;
- permettre une formation de professionnels mieux adaptée aux enjeux de notre société.

À savoir

Chaque candidat précise au moment de son inscription s'il se présente à l'examen sous la **forme globale ou progressive**, conformément aux dispositions de l'article D 337-10 du Code de l'éducation (article 5 de l'arrêté du 22 février 2017). Dans le cas de la forme progressive, il précise les épreuves qu'il souhaite présenter à la session pour laquelle il s'inscrit. Il précise également s'il souhaite se présenter à l'épreuve facultative. **La première session** de la spécialité AEPE de CAP, organisée conformément aux dispositions du présent arrêté, **a eu lieu en 2019**.

① Les activités professionnelles

Généralités

Le CAP AEPE est le premier niveau de qualification du secteur de la Petite enfance.

Avec qui travaille le titulaire du CAP AEPE ?
– Avec des enfants de moins de 6 ans
Quelle attitude professionnelle doit-il-adopter ?
– Respecter les besoins de l'enfant – Respecter les droits de l'enfant – Respecter l'individualité – Respecter le choix des parents – Établir une relation de confiance entre professionnels, parents et enfants – Créer des conditions nécessaires à un accueil et un accompagnement de qualité
Dans quels secteurs peut travailler l'AEPE ?
– En EAJE (établissement d'accueil du jeune enfant) – En école maternelle – En ACM (accueil collectif de mineurs) – À son domicile – En MAM (Maison d'assistant maternel) – Au domicile des parents

Les activités professionnelles communes

Quelles sont les activités professionnelles communes liées aux trois contextes (domicile, structures multi-accueil et école) ?
- **Des activités d'animation et d'éveil** qui contribuent à la socialisation de l'enfant, à son autonomie et à l'acquisition du langage.
- **Des activités de soins du quotidien** qui contribuent à répondre aux besoins physiologiques de l'enfant et à assurer sa sécurité physique et affective.
- **Des activités liées à la collaboration avec les parents et les autres professionnels** prenant en compte une dimension éthique qui permet un positionnement professionnel adapté.

Les activités professionnelles spécifiques

- **En école maternelle** : des activités d'aide pédagogique et des activités d'entretien des espaces de vie.
- **En établissement d'accueil pour jeunes enfants et en accueil collectif pour mineurs** : la participation à la mise en œuvre du projet d'établissement et du projet pédagogique ;
- **À son domicile ou celui des parents, en MAM** : la relation de travail avec le parent employeur, l'entretien du logement et l'élaboration des repas.

Les périodes de formation en milieu professionnel

Les périodes de formation en milieu professionnel sont des phases déterminantes de la formation car elles permettent :
- d'appréhender concrètement l'organisation des établissements et des services de la petite enfance, leurs personnels et leurs usagers ;
- d'apprendre à travailler en situation réelle, en présence d'usagers, avec les ressources et les contraintes du milieu professionnel ;
- de s'insérer dans une équipe de professionnels ;
- de mettre en œuvre ou d'acquérir, sous la responsabilité d'une personne qualifiée, tout ou partie des compétences définies dans le référentiel du diplôme.

Les candidats doivent effectuer une PFMP d'une durée de 16 semaines.

② Les modalités d'évaluation

Généralités

Les épreuves du nouveau CAP AEPE se constituent :
- d'épreuves générales :
  - Français, histoire-géographie et enseignement moral et physique (coefficient 3) ;
  - Mathématiques, sciences physiques et chimiques (coefficient 2) ;
  - Éducation physique et sportive (coefficient 1) ;
  - Épreuve facultative de langue vivante.

- d'épreuves professionnelles :
  - EP1 : accompagner le développement du jeune enfant (coefficient 7, dont 1 pour la Prévention Santé Environnement – PSE -)
  - EP2 : exercer son activité en accueil collectif (coefficient 4)
  - EP3 : exercer son activité en accueil individuel (coefficient 4).

Les épreuves professionnelles

EP1 : Accompagner le développement du jeune enfant

Cette épreuve de coefficient 7, dont 1 pour la PSE, repose sur les activités suivantes :

- Accompagner l'enfant dans ses découvertes et ses apprentissages.
  - Recueillir les informations, s'informer sur les éléments du contexte.
  - Adopter une posture professionnelle adaptée.
  - Mettre en œuvre les conditions favorables à l'activité libre et à l'expérimentation dans un contexte donné.
- Prendre soin et accompagner l'enfant dans les activités de la vie quotidienne.
  - Réaliser les soins du quotidien et accompagner l'enfant dans ses apprentissages.
  - Appliquer les protocoles liés à la santé de l'enfant.

EP2 : Exercer son activité en accueil collectif

Cette épreuve de coefficient 4 repose sur les activités suivantes :

- Inscrire son action dans le réseau des relations enfant - parents - professionnels.
  - Coopérer avec l'ensemble des acteurs concernés dans un but de cohérence d'adaptation et de continuité dans l'accompagnement.
- Exercer son activité en école maternelle.
  - Assurer une assistance pédagogique au personnel enseignant.
  - Assurer des activités de remise en état des matériels et locaux en école maternelle.
- Exercer son activité en EAJE et en ACM.

EP3 : Exercer son activité en accueil individuel

Cette épreuve de coefficient 4 repose sur les activités suivantes :

- Exercer son activité à son domicile, celui des parents ou en maison d'assistants maternels.
  - Organiser son action.
  - Négocier le cadre de l'accueil.
  - Assurer les opérations d'entretien du logement et des espaces réservés à l'enfant.
  - Élaborer les repas.

ÉPREUVE 1
Accompagner le développement du jeune enfant

EP1 : ACCOMPAGNER LE DÉVELOPPEMENT DU JEUNE ENFANT

(Coefficient 7 dont 1 pour la PSE)

<table>
<tr><th>Scolaires (établissements publics et privés sous contrat)
Apprentis (CFA et sections d'apprentissage habilités)
Formation professionnelle continue (établissements publics)</th><th>Candidats libres
Enseignement à distance
Scolaires (établissements privés hors contrat)
Apprentis (CFA et sections d'apprentissage non habilités)
Formation professionnelle continue (établissements privés)</th></tr>
<tr><td>CCF (deux situations d'évaluation d'égale valeur)</td><td>Épreuve ponctuelle orale
Durée : 25 minutes
(+ 1 heure PSE)</td></tr>
<tr><td>Situation 1 d'évaluation :
L'épreuve prend appui sur une PFMP d'au moins 4 semaines en EAJE, auprès d'AMA, en service d'aide à domicile, offrant des prestations de garde d'enfant(s) de moins de 3 ans.

Le candidat présente une fiche relative à l'accompagnement de l'enfant dans ses découvertes et ses apprentissages.

Contenu de la fiche :
– présentation du contexte d'intervention ;
– description de l'activité menée.</td><td rowspan="2">L'épreuve prend appui :
– sur une PFMP d'au moins 4 semaines (EAJE, AMA, service d'aide à domicile) offrant des prestations de garde d'enfant(s) de moins de 3 ans,

OU

– sur une expérience professionnelle d'au moins 12 semaines en EAJE ou dans le contexte d'intervention professionnel du domicile.

Le candidat présente deux fiches :
– l'une relative à la réalisation d'un soin du quotidien ;
– l'autre relative à l'accompagnement de l'enfant dans ses découvertes et ses apprentissages.

Contenu des fiches :
– présentation du contexte d'intervention ;
– description des activités.</td></tr>
<tr><td>Situation 2 d'évaluation :
Le candidat est évalué au cours de l'une ou de l'autre PFMP de la dernière année de formation d'une durée minimum de quatre semaines en EAJE.

L'évaluation est réalisée uniquement en milieu professionnel. La PFMP fait l'objet d'une évaluation conduite par le tuteur.
Un bilan est effectué en fin de PFMP et donne lieu à une proposition de note établie conjointement par le tuteur et un professeur d'enseignement professionnel.</td></tr>
</table>

En l'absence de l'ensemble des fiches, le candidat se verra attribuer la note zéro à l'épreuve.

Accompagner l'enfant dans ses découvertes et ses apprentissages

Fiches 1 à 33

Fiche

1 Rôle, règles et lois de l'État et des services territoriaux dans le secteur de la famille et de l'enfance

L'État joue un rôle important à plusieurs niveaux concernant le secteur de la famille et de l'enfance.

① Rôle de l'État et des services territoriaux

État	**Éducation nationale** Rémunération des professeurs des écoles. Programmes scolaires. Lois, règlements pour encadrer le secteur de l'enfance.
Région	Pas d'implication directe dans le secteur de la petite enfance.
Département	**PMI (sous l'autorité du président du Conseil départemental) :** – Agrément des AMA + surveillance et contrôle. – Surveillance et contrôle des EAJE. – Dépistage des handicaps des moins de 6 ans. – Suivi des femmes enceintes.
Commune	À la charge des écoles publiques sur son territoire (locaux, réparations, équipement, entretien...) Rémunération des ATSEM. Gestion et prise en charge de certaines ALSH, EAJE. Service petite enfance.

② Lois, règles et charte : quelles différences ?

Parfois, le grand public et certains professionnels ont tendance à ne pas faire de distinction entre la règle, la loi et le texte d'une charte. Pourtant, il ne faut pas les confondre.

- **La loi s'impose à tous** dès lors qu'elle est promulguée et publiée au *Journal officiel*. Elle n'est cependant applicable que dans la mesure où les textes sont adoptés et publiés.
- **Le règlement** englobe l'ensemble des décisions du pouvoir exécutif et des autorités administratives. Cette notion regroupe différentes sortes de textes qui se situent, les uns par rapport aux autres, dans un ordre hiérarchique. Au premier rang de ces textes figurent les décrets (actes exécutoires) dont les effets sont analogues à ceux d'une loi, puis les arrêtés réglementaires.
- **La charte** est un texte juridique solennel ou une règle fondamentale, censés s'appliquer à tous, ayant pour but de garantir des libertés, des droits ou des devoirs.

À savoir

Les modes de garde de la petite enfance accueillent des enfants âgés de trois mois à six ans. Ils relèvent d'une réglementation spécifique :

- ✓ Code de l'action sociale et des familles, notamment ses articles L. 133-9 et L. 214-1.
- ✓ Code de la construction et de l'habitat, notamment son article L. 111-8-3.
- ✓ Code de l'éducation, notamment son article L. 335-6.
- ✓ Code de la santé publique, notamment ses articles L. 2324-1, L. 2324-2 et L 2324-4
- ✓ Décret n° 92-785 du 6 août 1992 relatif à la Protection Maternelle et Infantile.
- ✓ Décret n° 2000-762 du 1er août 2000 relatif aux établissements et services d'accueil des enfants de moins de 6 ans et modifiant le Code de la Santé Publique.
- ✓ Décret n° 2007-230 du 20 février 2007 relatif aux établissements et services d'accueil des enfants de moins de 6 ans et modifiant le Code de la Santé Publique.
- ✓ Décret n° 2010-613 du 7 juin 2010 relatif aux établissements et services d'accueil des enfants de moins de 6 ans.

Vocabulaire

AMA: Assistant maternel agréé.
ATSEM: Agent territorial spécialisé en école maternelle
ALAE: Accueil de loisirs associé à l'école
ALSH: Accueil de loisirs sans hébergement.
EAJE: Établissement d'accueil du jeune enfant.

La loi joue un rôle important dans l'organisation de la vie de famille et le statut juridique de l'enfant (**voir fiche 19**). Elle permet également la protection de l'enfant en danger grâce à des mesures de protection administrative ou judiciaire (**voir fiche 47**).

Mots-clés : État, services territoriaux, actions, agrément, loi, décret, charte, règlementation.

Fiche

2 Les modes d'accueil en France

Les modes d'accueil sont particulièrement diversifiés en France. Les enfants âgés de moins de 6 ans peuvent être accueillis par un(e) assistant(e) maternel(le) directement salarié(e) par les parents, par un établissement d'accueil collectif. Les enfants âgés de 2 ans ou plus peuvent également dépendre d'un établissement scolaire (école maternelle). La garde au domicile des parents par un(e) intervenant(e) rémunéré(e) est également une solution possible, même si elle est moins couramment utilisée.

① L'accueil individuel

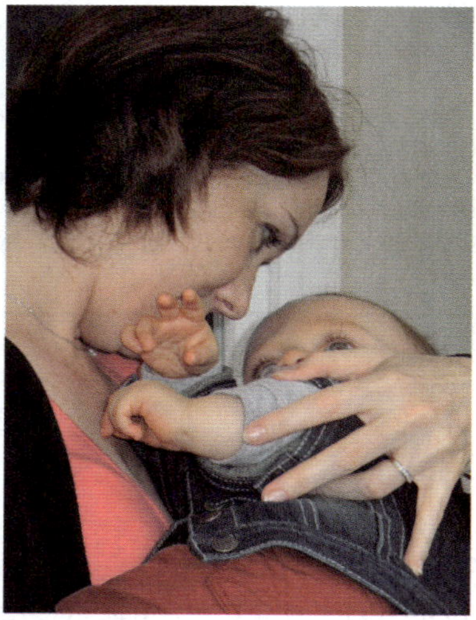

Assistants maternels : 350 000 assistants maternels sont employés par les parents après avoir obtenu leur agrément délivré par le président du Conseil départemental.

Les crèches familiales ou service d'accueil familial : les assistants maternels sont salariés de la crèche familiale. Ils gardent les enfants à leur domicile et sont encadrés par des professionnels. Ils se retrouvent une à deux fois par semaine dans les locaux de la structure pour un temps de regroupement collectif.

Les MAM (maisons d'assistants maternels) : les assistants maternels agréés ont la possibilité de se regrouper et d'y exercer leur métier en dehors de leur domicile.

Garde au domicile des parents : plus rarement, les parents embauchent à leur domicile du personnel pour garder leur enfant.

À savoir

La loi ASAP prévoit que 6 AMA peuvent exercer en MAM dont 4 maximum simultanément et 20 enfants maximum.

② L'accueil collectif

En 2017, l'accueil collectif comprend plus de 11 000 établissements d'accueil du jeune enfant (EAJE) qui ont une capacité d'accueil de près de 400 000 places destinées aux enfants âgés de moins de 6 ans.

Par ailleurs, en 2016, les écoles maternelles ont accueilli plus de 5 millions d'enfants âgés de 3 ans et plus en France métropolitaine et dans les Dom.

Les ALAE et ALSH sont des modes d'accueil réservés aux enfants scolarisés en dehors des temps scolaires.

EAJE

– Crèche
– Multi-accueil
– Halte-garderie
– Micro-crèche
– Jardin d'enfants

ÉCOLE MATERNELLE

– Accueil des enfants dès 2 ans dans certaines conditions.
– L'instruction est obligatoire pour les enfants à partir de 3 ans.

ALAE et ALSH

– Les accueils de loisirs associés à l'école (ALAE) proposent des animations en dehors des heures de classe (le matin à l'accueil, durant le temps méridien et le soir après le temps de classe).
– ALSH (accueils de loisirs sans hébergement) : structures de loisirs éducatifs pour les enfants scolarisés. Elles fonctionnent pendant l'année les mercredis après-midi et pendant les congés des petites et grandes vacances scolaires.

Mots-clés : Accueils individuel et collectif, EAJE, école maternelle, ALAE, ALSH.

Fiche

3 Types de handicap, législation et accueil de l'enfant en situation de handicap

Durant de nombreuses années, les enfants en situation de handicap étaient pris en charge dans des établissements spécialisés. Aujourd'hui, des parcours éducatifs toujours plus inclusifs pour ces élèves sont envisagés.

① Que recouvre le handicap ?

La loi de 2005 pour l'égalité des droits et des chances, la citoyenneté et la participation des personnes handicapées définit le handicap ainsi : « Constitue un handicap toute limitation d'activité ou restriction de participation à la vie en société subie dans son environnement par une personne en raison d'une altération substantielle, durable ou définitive d'une ou plusieurs fonctions physiques, sensorielles, mentales, cognitives ou psychiques, d'un polyhandicap ou d'un trouble de santé invalidant. »

② La classification des handicaps

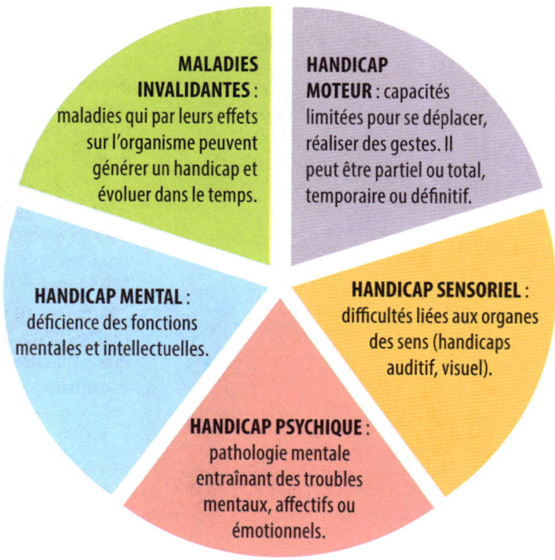

③ L'accueil d'un jeune enfant en situation de handicap

L'accueil d'un enfant en situation de handicap dans une structure d'accueil ou au domicile de l'assistant maternel est un droit (cf. la loi du 11 février 2005) mais aucun texte n'impose ce principe comme une obligation d'accueil.

Même s'il n'est pas simple, l'accueil est très souvent bénéfique pour l'enfant concerné et sa famille (création de liens sociaux, sortie de l'isolement, reprise du travail du parent...) mais aussi pour les autres (découverte de la différence, dépassement de ses peurs...).

Ce type d'accueil doit être réfléchi en équipe car il engage tous les membres du personnel dans la durée. De plus, cela demande bien souvent du temps à consacrer à l'enfant et sa famille, et une adaptation pour répondre aux besoins spécifiques de cet enfant. Il est donc important que chacun puisse s'exprimer (peurs, enthousiasme, ambivalence...) avant de se décider.

④ Modalités de scolarisation et accueil d'un enfant en situation de handicap à l'école

La loi du 11 février 2005 pour l'égalité des droits et des chances, la citoyenneté et la participation des personnes handicapées et la loi de programmation pour la refondation de l'École de la République du 8 juillet 2013 ont permis des avancées majeures dans la scolarisation des élèves en situation de handicap (**voir fiche 62**).

Dès l'âge de 2 ans, si leur famille en fait la demande, les enfants en situation de handicap peuvent être scolarisés à l'école maternelle. Chaque école a vocation à accueillir tous les enfants, quels que soient leurs besoins. Pour répondre aux besoins particuliers de ces élèves, un projet personnalisé de scolarisation (PPS) organise la scolarité de l'élève, assorti des mesures d'accompagnement décidées par la Commission des droits et de l'autonomie des personnes handicapées (CDAPH). La scolarisation peut être individuelle ou collective, en milieu ordinaire ou en établissement médico-social.

⑤ Le projet personnalisé de scolarisation (PPS)

Le PPS définit et coordonne les modalités de scolarisation et les actions pédagogiques, psychologiques, éducatives, médicales et paramédicales adéquates à mettre en place pour faciliter la scolarisation de l'élève handicapé.

Pour mieux répondre aux besoins et évolutions de l'élève, le contenu du PPS ainsi que sa mise en œuvre sont évalués au moins une fois par an par l'équipe de suivi de la scolarisation (composée de l'enseignant référent, les enseignants de l'élève handicapé, les professionnels de santé et des services sociaux). Participent à cette évaluation l'enfant handicapé et ses parents.

Inscription scolaire de l'enfant dans l'école la plus proche.

↓

Les parents présentent une demande de reconnaissance de handicap à la MDPH et fournissent un rapport de la situation scolaire + le dossier médical.

↓

La MDPH (Maison départementale des personnes handicapées) via la CDAPH (Commission des droits et de l'autonomie des personnes handicapées) évalue les besoins de compensation de l'enfant par une équipe pluridisciplinaire.

↓

Un projet personnalisé de scolarité (PPS) en concertation avec la famille est proposé et précise :

↓

- L'orientation dans un établissement scolaire et/ou médico- éducatif.
- La nécessité d'un accompagnement d'un AVS ou AESH.
- Les aménagements nécessaires (matériel pédagogique, accessibilité...).

⑥ Le projet d'accompagnement personnalisé (PAP)

Il s'adresse aux élèves qui connaissent des difficultés scolaires durables ayant pour origine un ou plusieurs troubles des apprentissages et pour lesquels des aménagements et adaptations de nature pédagogique sont nécessaires, afin qu'ils puissent poursuivre leur parcours scolaire dans les meilleures conditions, en référence aux objectifs du cycle.

Question à un pro

AVS ou AESH ?

Il existe deux catégories d'accompagnants des élèves en situation de handicap :

✓ les AVS (auxiliaires de vie scolaire), dont le poste a pour support un CUI (contrat unique d'insertion) qui est délivré par Pôle emploi ;

✓ les AESH (accompagnants des élèves en situation de handicap), recrutés directement par l'Éducation nationale sur CDD puis CDI. Les candidats à un poste d'AESH doivent être titulaires d'un baccalauréat ou du DEAES, ou avoir une expérience de 9 mois en tant qu'AVS.

Mots-clés : Handicap, AVS, PPS, PAP, classification des handicaps, CDAPH, MDPH.

Fiche 4

Les différents types de projets

Le projet quel qu'il soit est le but que l'on se propose d'atteindre. Il regroupe l'ensemble des actions à réaliser pour satisfaire un objectif défini dans le cadre d'une mission précise.

① Les types de projets

Il existe plusieurs sortes de projets en fonction du lieu d'exercice.

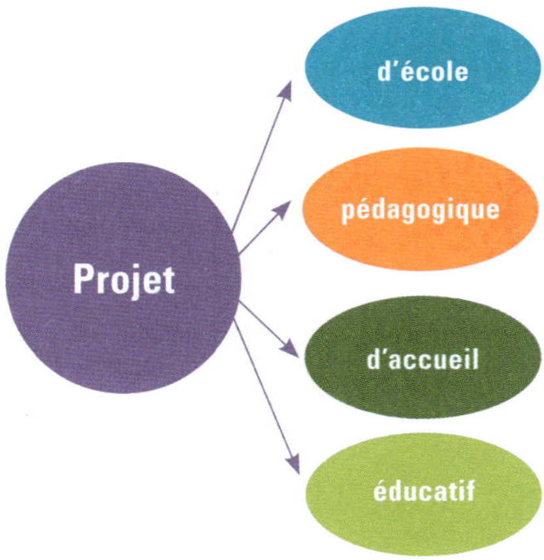

À savoir

Le projet éducatif s'inscrit dans le cadre du décret du 07.06.2010 du Code de la Santé Publique relatif aux établissements d'accueil des enfants de moins de 6 ans.

② Contenus et objectifs de chaque type de projet

Projets	Mode de garde concerné	Contenu du projet
Le projet éducatif	• EAJE (établissement d'accueil du jeune enfant) • École maternelle • ALAE (accueil de loisirs associé à l'école) • ALSH (accueil de loisirs sans hébergement)	Le projet éducatif est la base du fonctionnement : il définit les axes, les orientations et les influences éducatives voulues par la structure tout en tenant compte des besoins spécifiques du public concerné.
Le projet pédagogique	• EAJE • École maternelle • ALSH • ALAE	Le projet pédagogique est un outil obligatoire mais aussi indispensable. Il est l'application directe du projet éducatif de la structure et traduit l'engagement d'une équipe pédagogique, dans un temps et un cadre donnés. Il est donc réajusté régulièrement. Il définit les modalités de fonctionnement de la structure et sert de référence, permettant de donner du sens aux activités proposées et aux actes de la vie quotidienne.
Le projet d'école	• École maternelle	Il met en relation les objectifs nationaux et la situation locale. Il définit les stratégies qui paraissent les mieux appropriées pour atteindre les objectifs en tenant compte du contexte. Le projet d'école concerne avant tout l'action des professeurs des écoles dans leur classe.
Le projet d'accueil	• Assistant maternel	C'est un document écrit qui précise les modalités d'accueil de l'enfant au domicile de l'assistant maternel (horaires d'accueil, alimentation, présence d'animaux...).

Mots-clés : Projet éducatif, projet d'accueil, projet pédagogique, projet d'école, ALSH, ALAE, EAJE, école maternelle, assistant maternel.

Fiche 5

Le développement de l'enfant de 0 à 3 ans

Le jeune enfant ne se développe pas de façon linéaire, ni par paliers mais par vagues. En effet, une acquisition peut se perdre pour faire place à une nouvelle, puis elle reviendra sous une autre forme ou à un autre moment ou enfin s'effacera.

Naissance	3 mois	6 mois
Poids : 3 250 g **Taille :** 50 cm **Repas :** 6 à 7 repas (allaitement maternel ou mixte ou artificiel). **Élimination :** urines à chaque change, jusqu'à 8 selles par jour. **Vision :** nette à 30 – 50 cm. **Développement moteur :** quadri flexion et hypertonie des membres. 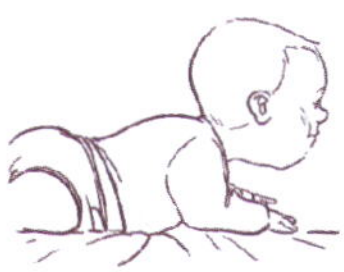 **Langage :** vagissements vers 1 mois. **Préhension :** *grasping* (réflexe archaïque d'agrippement, de préhension).	**Poids :** 5 à 6 kg **Taille :** 60 cm **Repas :** 5 repas (lait 1er âge). **Élimination :** urines à chaque change, jusqu'à 8 selles par jour. **Vision :** l'enfant tourne la tête pour suivre des yeux un objet. **Développement moteur :** – sur le dos, il regarde ses mains, peut tourner sur le côté dès la fin du 3e mois, – sur le ventre, il s'appuie sur ses avant-bras et soulève la tête à 90°. **Langage :** il vocalise. **Préhension :** de contact (saisie involontaire d'un objet placé dans la main). **Réflexes archaïques :** ils s'estompent peu à peu pour se transformer en mouvements volontaires.	**Poids :** 6,5 à 8 kg **Taille :** 65 à 68 cm **Repas :** lait 2e âge ou lait de suite. Début de la diversification alimentaire. **Dentition :** apparition des deux incisives médianes inférieures. **Élimination :** urines à chaque change, 2 à 3 selles par jour. **Vision :** début de la vision binoculaire (perception des reliefs) **Développement moteur :** – sur le dos, il joue avec son pied, – sur le ventre, il fait le phoque (appui sur les mains, buste relevé). 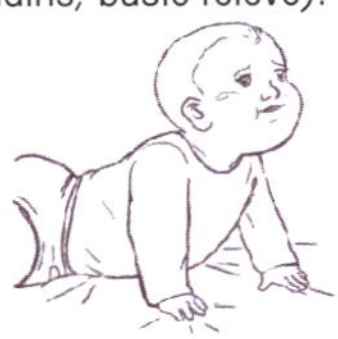 Il peut rouler du ventre sur le dos. **Langage :** babillage ou lallations (R...re, G...Greeee etc...).

Naissance	3 mois	6 mois
Fouissement : réflexe d'orientation vers le sein, marche automatique. **Moro** : écartement des bras avec ouverture des mains et des doigts en extension provoquée par une secousse. **Points cardinaux** : mouvement de la tête vers le coin de la bouche ou de la joue stimulé.	**Succion** : besoin naturel, un réflexe qui aide bébé à se calmer et s'apaiser.  **Développement psychoaffectif** : il est intéressé par le visage de sa mère. Premier sourire social.	**Préhension** : il porte les objets à sa bouche. Préhension volonta re.

8 / 9 mois	12 mois	15/18 mois
Poids : à 8 mois, 8 kg. **Taille :** 68 à 70 cm. **Dentition :** apparition des 2 incisives médianes supérieures (= 4 dents). **Repas :** 2 repas diversifiés (midi et soir) et 2 repas lactés (matin et goûter). Il tient son biberon seul. **Développement moteur :** il tient assis seul, commence à ramper en marche arrière. Sur le ventre : il fait le pont.  **Langage :** monosyllabes vers 9 mois (« pa, ma, da »), puis double syllabes (« papa », « dada »...).	**Poids :** 10 kg **Taille :** 73 à 75 cm **Dentition :** apparition des 2 incisives latérales inférieures et supérieures (8 dents). **Repas :** remplacement du lait 2e âge par du lait de vache ou du lait de croissance. **Développement moteur :** l'enfant marche seul ou tenu par la main. 	**Poids :** 10-12 kg **Taille :** 73 à 78 cm **Dentition :** apparition des 4 molaires inférieures et supérieures (12 dents). **Repas :** alimentation équilibrée sur 4 repas à partir de 18-24 mois. **Développement moteur et autonomie :** – il marche seul, il monte l'escalier à 4 pattes. Il tire un objet derrière lui en marchant ; – l'enfant court les bras en balancier ; – il construit une tour de 3 cubes ; – il boit seul au verre. **Langage et écriture :** association de deux mots (« papa pati... »).Gribouillis.

8 / 9 mois	12 mois	15/18 mois
Préhension : – à 8 mois : il passe un objet d'une main à l'autre ; – à 9 mois : pince fine. **Développement psycho-affectif :** – Angoisse du 8e mois (peur de l'étranger car l'enfant différencie sa mère d'un étranger). – Début de la permanence de l'objet (suit des yeux l'objet qu'il a fait tomber et le réclame). – Aime le jeu du « coucou ».	**Langage :** premier mot-phrase significatif « papa », « maman »... . **Développement psycho-affectif :** commence à exprimer ses émotions (caresses, sourires, tristesse...), commence à imiter, à pointer du doigt.	**Préhension :** Relâchement fin et précis (premiers puzzles, il tourne les pages d'un livre, éveil musical...).  **Développement psycho affectif :** Stade du « non ». Jeux symboliques.

2 ans	3 ans
Poids : 12 à 14 kg **Taille :** 83 à 85 cm **Dentition :** 16 dents **Repas :** l'enfant tient sa cuillère et commence à manger seul. **Élimination :** il peut maîtriser le sphincter vésical (propreté diurne), 1 à 2 selles /j. **Développement moteur et autonomie :** – il monte et descend l'escalier seul ; – il tape dans un ballon et pédale sur un tricycle ; – il commence à participer au déshabillage. **Langage :** explosion du langage (utilise le verbe). **Développement psychoaffectif :** début de la prise de conscience de la différence sexuelle.	**Poids :** 13 à 15 kg **Taille :** 92 à 97 cm **Dentition :** apparition des 2e molaires inférieures et supérieures (20 dents). **Repas :** mange seul avec sa fourchette. **Élimination :** propretés diurne et nocturne. **Développement moteur et autonomie :** – il saute sur un pied ; – il réalise des tours de 8 à 9 cubes ; – il commence à s'habiller seul ; – il se lave les mains et le visage seul. **Langage écriture :** « bonhomme têtard », il aime poser des questions. sait compter jusqu'à 6 ou 8. **Développement psychoaffectif :** il a conscience de son propre corps.

Il est à rappeler que chaque enfant se développe à son rythme. Les différentes étapes de son développement ne sont que des repères et peuvent varier d'un enfant à l'autre.

Mots-clés : Développement physique, affectif, social, cognitif, émotionnel de 0 à 3 ans. Langage de 0 à 3 ans.

Fiche 6 Le développement de l'enfant de 3 à 6 ans

À ces âges, l'enfant quitte la petite enfance et entre dans le monde de l'école.

3 ans	4 ans - 5 ans	6 ans
Poids : 13 à 15 kg **Taille :** 92 à 97 cm **Dentition :** 20 dents **Repas :** l'enfant mange seul avec sa fourchette. **Élimination :** propreté diurne et nocturne.	**Poids :** 17 kg (poids de naissance (PN) x 5) **Taille :** à 4 ans, 1 mètre (Taille de naissance (TN) x 2)	**Poids :** 20 Kg (PN X 6) **Taille :** de 1.10 m à 1.20 m **Dentition :** les dents de lait commencent à tomber. Apparition des 1res molaires définitives.
Développement moteur et autonomie . Il saute sur un pied.  . L'enfant réalise des tours de 8 à 9 cubes. . Il commence à s'habiller seul et il se lave les mains et le visage seul.	**Développement moteur** . Il fait du tricycle. . Il lance attrape et fait rebondir un ballon. . Il saute en avant et en arrière sur de courtes distances.	**Développement moteur** . L'enfant saute à pieds joints . Il sait pédaler et tient seul sur une bicyclette sans roues. . Il coordonne plusieurs mouvements. . L'enfant peut se laver seul.
Langage écriture . Il réalise « le bonhomme têtard ». . Il aime poser des questions. . Il compte jusqu'à 6 ou 8. . L'enfant exprime ses besoins et sa colère par des mots plutôt que par des gestes.	**Langage** . Le vocabulaire est plus précis, il fait des phrases avec des verbes conjugués.	**Langage** . L'enfant connaît entre 5 000 et 6 000 mots et prononce bien les sons. . Il commence à apprendre à lire. 

3 ans	4 ans - 5 ans	6 ans
Préhension . Il tient des ciseaux et découpe des formes simples. . L'enfant tient le crayon entre le pouce et l'index.	**Préhension** . Il réussit à enfiler des perles de 0.5 cm sur un lacet. . Il écrit quelques lettres.  . Il s'habille et se déshabille avec moins d'aide. . Il coupe les aliments mous avec une fourchette, puis dès 5 ans avec un couteau à bout rond. . Il colorie une forme simple sans dépasser.	**Préhension** . Il reproduit les lettres de l'alphabet. . L'enfant réalise des dessins de personnages avec précision. . Il peut faire des boucles pour ses lacets. . Il coupe sa viande seul.
Développement psycho-affectif . L'enfant a conscience de son propre corps. . Il grimpe, glisse et se balance. . Il s'amuse avec d'autres enfants et se socialise. 	**Développement psychoaffectif** . Il se concentre et s'occupe seul pendant 15 minutes. . Il joue à faire semblant. . Il arrive à exprimer son agressivité ou ses frustrations. . Il démontre l'attachement envers ses camarades. . Il porte intérêt aux différences entre les sexes. . Avec des réticences, il comprend la notion de partage. . Il classe des objets par taille ou couleur.	**Développement psychoaffectif** **C'est l'âge de raison** (ouverture au monde extérieur et à la vie collective). . L'enfant devient plus compétitif. . Il comprend mieux la notion de bien et mal. . Il développe le lien d'amitié avec des camarades du même sexe. .Il aime faire partie d'un groupe et s'identifie lui. . Il peut avoir une tendance à rapporter à l'adulte. . L'enfant est capable de coopération pour une tâche.

Chaque enfant se développe à son rythme. Les étapes de son développement ne sont que des repères et peuvent varier d'un enfant à l'autre.

Mots-clés : Développements physique, affectif, social, cognitif, émotionnel de 3 à 6 ans. Langage.

Fiche

7 L'organisation générale du corps humain

Le corps humain comprend plusieurs niveaux d'organisation structurale qui permettent d'assurer les fonctions vitales. Le corps humain est la substance physique de l'organisme humain, se structurant sur plusieurs niveaux allant du plus élémentaire (cellule) au plus complexe (le corps).

① De la molécule à l'organisme

Un ensemble de molécules crée une cellule. Un ensemble de cellules compose un tissu. Plusieurs tissus élaborent un organe. Des organes constituent un appareil. L'ensemble bâtit le corps humain.

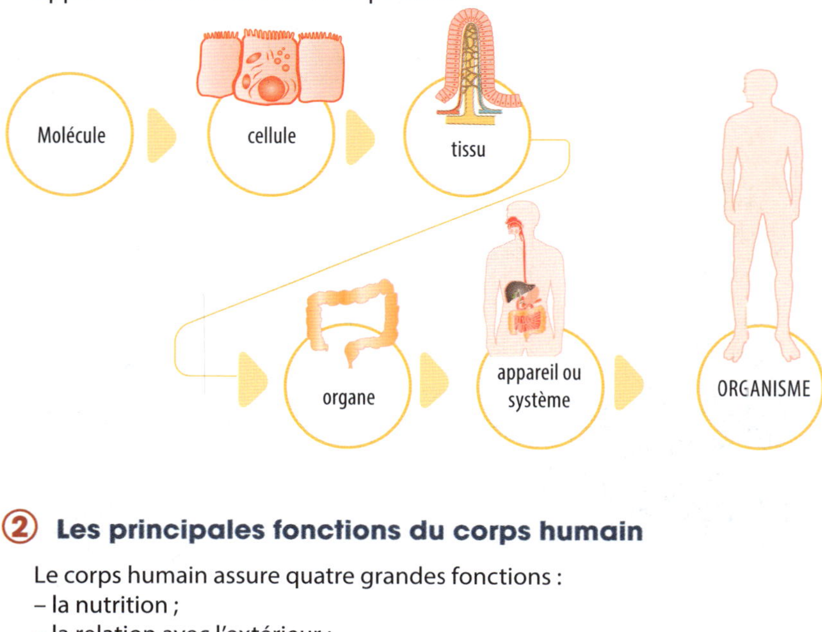

② Les principales fonctions du corps humain

Le corps humain assure quatre grandes fonctions :
- la nutrition ;
- la relation avec l'extérieur ;
- la reproduction ;
- le maintien de l'intégrité de l'organisme.

Types de fonctions	Nom de l'appareil ou du système qui assure la fonction	Rôle
Fonction de nutrition	Digestif	Digérer et assimiler.
	Respiratoire	Oxygéner (O_2) et rejeter le CO_2.
	Circulatoire	Distribuer de l'O_2 et amener les nutriments aux différentes cellules. Évacuer les déchets.
	Excréteur/urinaire	Éliminer les déchets de l'organisme.
Fonction de relation avec l'extérieur	Nerveux	Commander et coordonner les activités.
	Locomoteur	Se déplacer et se mouvoir.
	Organes des sens	Percevoir et ressentir.
Fonction de reproduction	Appareil génital ou reproducteur	Avoir des rapports sexuels et permettre la grossesse.
Fonction de maintien de l'intégrité de l'organisme	Système immunitaire	Défendre et protéger.
	Système endocrinien	Réguler grâce aux hormones.

Bien que remplissant des rôles spécifiques, chacune de ces fonctions dépend des autres.

Vocabulaire

Organisation structurale: manière dont le corps est organisé en ce qui concerne ses différents éléments.

Mots-clés : Corps humain, cellule, organe, tissu, organisme, fonctions, nutrition, reproduction, intégrité de l'organisme.

Fiche

8 La peau

La peau recouvre la totalité de notre corps. Constituée de différents tissus, elle évolue dès la naissance et se modifie en fonction de l'âge. Elle assure de nombreuses fonctions.

① La structure de la peau

La peau est une membrane souple et résistante. Elle est constituée de 3 couches :

- **L'épiderme** : c'est un tissu épithélial stratifié et kératinisé d'environ 1 millimètre d'épaisseur et constitué de 3 couches :
  - ◊ La couche cornée : cellules mortes qui se desquament (pèlent).
  - ◊ La couche vivante contenant :

– les kératinocytes qui synthétisent une protéine : la kératine. Ces cellules sont responsables de la protection avec l'extérieur ;
– les mélanocytes : ils sont responsables de la couleur de la peau et de la protection contre les UV ;
– les cellules de Langerhans : elles participent à la défense immunitaire.

  - ◊ La plus profonde de ces couches de l'épiderme est la couche basale. Les kératinocytes s'y renouvellent avant de migrer dans la couche cornée.

- **Le derme** : ce tissu conjonctif contient des nerfs et des vaisseaux sanguins. Il renferme des fibres d'élastine et de collagène permettant l'élasticité de la peau. Il contient les glandes sébacées (produisant le sébum) et sudoripares (sécrétant la sueur).
- **L'hypoderme** : ce tissu conjonctif est essentiellement constitué de cellules adipeuses (graisseuses).

Son rôle est d'amortir les chocs et d'isoler les organes.

Vocabulaire

Tissu épithélial : ensemble de cellules juxtaposées recouvrant le corps et divers organes.
Tissu conjonctif : tissu de soutien relativement solide et plus ou moins fibreux.
Stratifié : constitué de plusieurs couches superposées.
Kératinisé : imprégné de kératine : protéine résistante.
Élastine : protéine responsable de l'élasticité.
Sébum : sécrétion grasse produite par les glandes sébacées d'un film qui protège la peau.

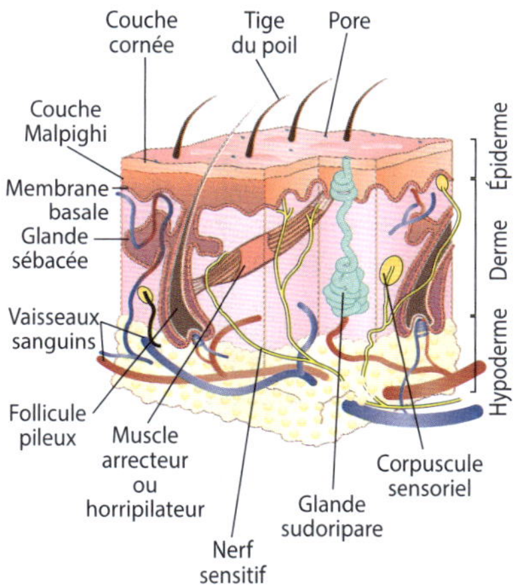

② Les fonctions de la peau

PROTECTION	• Barrière mécanique grâce aux cellules jointives de la couche cornée. • Chimique et microbienne grâce au film hydrolipidique (film protecteur) que forment le sébum et la sueur. • La mélanine protège des rayons ultraviolets.
THERMORÉGULATION	• La dilatation ou la constriction (diminution du diamètre) des vaisseaux sanguins contibuent à maintenir la température interne voisine de 37°C.
SENSIBILITÉ SENSORIELLE OU TACTILE	La peau perçoit la pression, la douleur, la forme, la texture et la chaleur.
EXCRÉTION OU ÉLIMINATION	La sueur permet d'éliminer les substances toxiques et les éléments minéraux.
PRODUCTION DE VITAMINE D	Sous l'effet des ultraviolets, la peau produit la vitamine D dont l'organisme a besoin.
ABSORPTION	Passage de certaines substances vers l'intérieur (crèmes, pommade…).
NUTRITION ou RESPIRATION	La peau respire grâce aux capillaires sanguins superficiels.

À savoir

Le toucher est l'un de nos cinq sens. Notre peau est dotée en capteurs sensoriels car c'est la partie du corps qui est en contact permanent avec le monde extérieur. Ces capteurs renseignent notre cerveau sur ce qui la touche : dur ou liquide, froid ou chaud, lisse, rugueux ou piquant. Il existe aussi sous la peau, des terminaisons nerveuses qui réagissent a d'autres stimuli comme la pénétration d'objets pointus. Si ces terminaisons nerveuses profondes sont activées, le corps ressent une douleur. C'est un dispositif de sécurité qui nous indique le danger.
Les mains sont les parties du corps les plus exposées à la fonction du toucher car elles sont en permanence en contact avec des surfaces et objets.

3 Particularités de la peau de l'enfant

Les glandes sudiropares sont immatures ce qui engendre un problème de thermorégulation. Les glandes ne peuvent pas lutter efficacement contre le chaud.

Les glandes sébacées sont immatures : le film hydrolipidique est peu épais et peu résistant.

La couche cornée est très fine : la peau est mince, souple, les substances pénètrent facilement.

Les mélanocytes sont tardivement générant une mauvaise protection aux ultraviolets et donc pouvant générer des risques de coup de soleil.

Mots-clés : Peau, épiderme, derme, hypoderme, tissu, glandes, fonctions de la peau, couche basale, couche cornée.

Fiche 9

L'appareil locomoteur

L'appareil locomoteur constitue la charpente de notre organisme. Il nous permet les mouvements et protège nos organes. Il est composé du squelette, des muscles et des articulations.

① Le squelette et les articulations

LE SQUELETTE

206 OS

Ils composent la tête, le tronc , les membres inférieurs et supérieurs. Ils sont formés de tissu osseux (os compact et os spongieux) et de tissu cartilagineux.

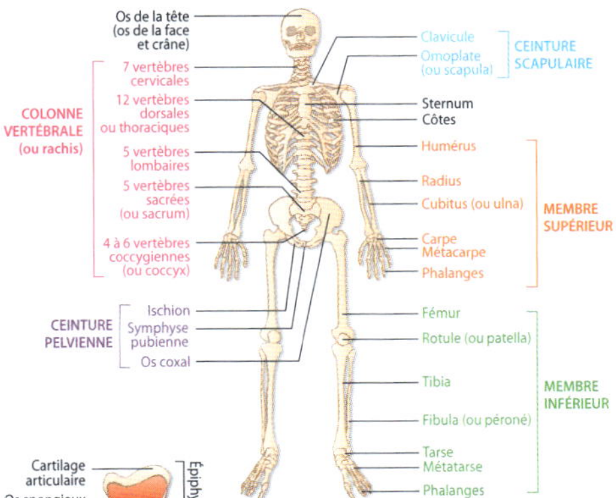

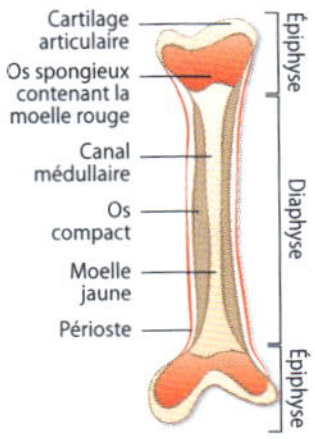

La structure de l'os

LES ARTICULATIONS

Les articulations assurent les jonctions entre 2 os. Elles sont de 3 types.

Synoviales ou mobiles : elles permettent des mouvements amples.

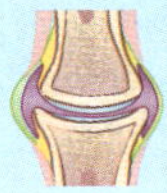

Semi- mobiles : elles assurent les mouvements de faibles amplitudes.

Fibreuses : elles sont immobiles (aucun mouvement).

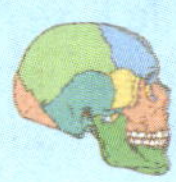

② Les muscles

LES MUSCLES

- **1. Muscles lisses ou viscéraux** (constitution des organes profonds : intestin, vessie…)
  - Blancs
  - Mouvements involontaires
- **2. Muscles striés ou squelettiques,** ils sont fixés sur les os.
  - Rouges
  - Mouvements volontaires

Le muscle strié est rattaché à l'os par un tendon et est recouvert par une gaine fibreuse : l'aponévrose. Des cloisons le divisent en faisceaux constitués de fibres musculaires.
Chaque fibre musculaire contient des filaments : les myofibrilles. Elles sont constituées d'actine et de myosine qui apparaissent en bandes alternées, claires et foncées et permettent la contraction du muscle.

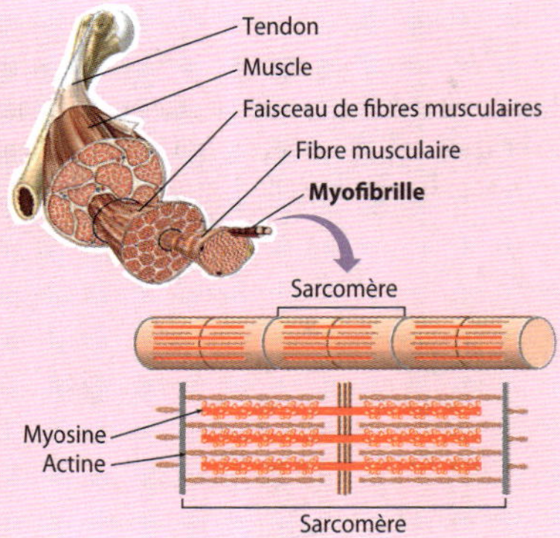

③ Les propriétés des muscles

Le muscle strié a des propriétés mécaniques. Il est :
- **excitable**, il réagit en se contractant suite à une réaction thermique, chimique ou électrique ;
- **contractile**, il se raccourcit suite à une excitation ;
- **élastique**, il reprend sa longueur initiale après avoir été étiré ;
- **tonique,** il est légèrement contracté au repos.

Le muscle lisse est situé au niveau des artères, du tube digestif, de l'appareil respiratoire, urinaire et génital. La fonction des muscles lisses est d'assurer le transport de différents composés, comme le sang ou l'air.

Mots-clés : Appareil locomoteur, os, muscles, articulations.

Fiche 10

L'appareil urinaire

L'appareil urinaire est très important dans le corps humain car il correspond à l'ensemble des organes dont le rôle participe à la production, au stockage et à l'élimination de l'urine, mais aussi à son expulsion après filtrage des déchets et des toxines.

① L'anatomie fonctionnelle de l'appareil urinaire

L'appareil urinaire est composé de deux reins, deux uretères, une vessie et un urètre. L'urine, formée au niveau des reins, est transportée par les uretères jusqu'à la vessie, avant d'être éliminée hors de l'organisme par l'urètre.

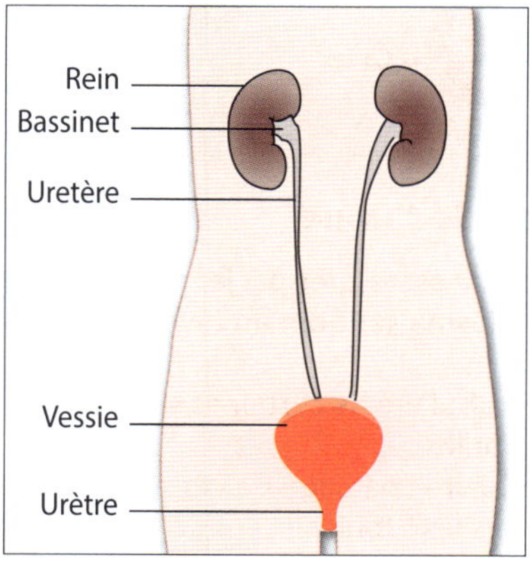

À savoir

L'expulsion de l'urine accumulée dans la vessie par l'urètre est appelée miction.

Les reins ont deux fonctions essentielles :
– l'élimination des déchets ;
– la régulation de la composition du sang.

Le rein produit et sécrète également des hormones comme la rénine impliquée dans la régulation de la tension artérielle.

② Le néphron

Lorsque l'on observe le rein au microscope, on constate qu'il est constitué de plus d'un million de néphrons, l'unité fonctionnelle du rein. Le rôle du néphron est la production d'urine.

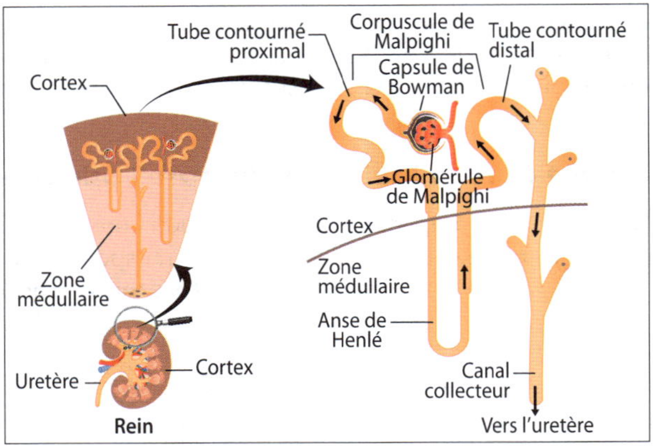

③ La formation de l'urine

La formation de l'urine est assurée par les néphrons et s'effectue en trois temps :
- la filtration du plasma sanguin au niveau des glomérules (formation de l'urine primitive) ;
- la réabsorption tubulaire de certaines substances (eau, glucose, sodium...) au niveau des tubules ;
- la sécrétion tubulaire : passage de certaines substances (médicaments...) des capillaires vers les tubules.

Enfin, l'urine définitive sera collectée dans le canal collecteur et passera par l'uretère puis sera stockée dans la vessie.

Mots-clés : Rein, vessie, urètre, uretère, néphron, rôles du rein, formation de l'urine.

L'appareil digestif

L'appareil digestif permet les modifications physiques et chimiques des aliments en nutriments afin qu'ils puissent être assimilés par l'organisme.

① Les organes de l'appareil digestif

Six zones ou organes composent l'appareil digestif qui va de la bouche à l'anus.

La bouche

La bouche est la cavité qui contient la langue et les dents. Les aliments, une fois ingurgités, entrent dans l'appareil digestif. Les glandes salivaires sécrètent des enzymes (contenues dans la salive).

Le pharynx

Il représente le carrefour des voies aéro-digestives. Le bol alimentaire (nom donné aux aliments insalivés) y est dégluti.

L'œsophage

Il constitue le conduit qui relie le pharynx à l'estomac.

L'estomac

Cette poche digestive stocke provisoirement les aliments qui y sont brassés. L'orifice supérieur est composé d'un sphincter (muscles en anneaux), le cardia. L'orifice inférieur est également composé d'un sphincter, le pylore. Des glandes sécrètent le suc gastrique (liquide fabriqué par les glandes de la paroi de l'estomac).

L'intestin grêle

Ce conduit est composé de 3 parties : le duodénum, le jéjunum et l'iléon. C'est dans l'intestin grêle que se fait l'absorption des nutriments qui passent dans le sang et la lymphe. Le suc intestinal y est sécrété. La bile y est déversée (provenant du foie et stockée dans la vésicule biliaire). Le suc pancréatique, venant du pancréas, y est également déversé.

Le côlon

Ce conduit se situe entre le caecum et le rectum suivi de l'anus. Il absorbe une grande partie de l'eau contenue dans les résidus digestifs ce qui les concentre et forme les selles.

② Les phénomènes mécaniques et chimiques de l'appareil digestif

Les phénomènes sont nombreux. Ils permettent aux constituants alimentaires d'être transformés en molécules assimilables par le sang.

Phénomènes mécaniques

Bouche : mastication des aliments par les dents pour former le bol alimentaire. **Brassage** des aliments par la langue.

Pharynx : déglutition du bol alimentaire, fermeture des voies.

Œsophage : progression du bol alimentaire par **contractions** de l'œsophage (= mouvements péristaltiques).

Estomac : brassage du bol alimentaire.

Intestin grêle : progression du contenu (chyme) grâce aux **contractions** intestinales.

Côlon : contractions du côlon qui poussent les matières fécales dans le rectum. La pression dans le rectum déclenche le réflexe de défécation.

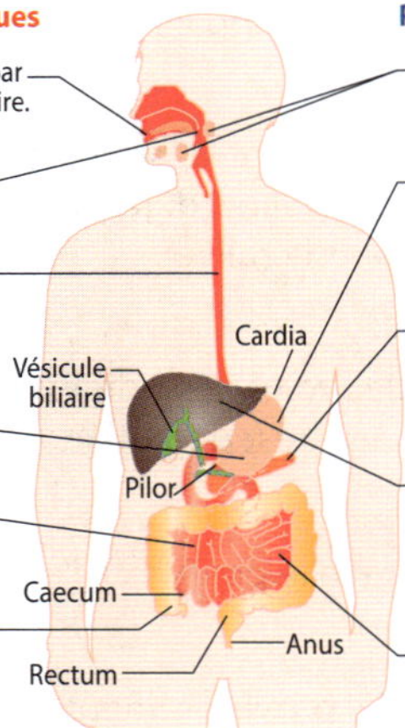

Phénomènes chimiques

Glandes salivaires : sécrètent de la **salive** contenant de l'amylase salivaire (enzyme) qui agit sur les glucides.

Estomac : sécrète du **suc gastrique** contenant de la pepsine (enzyme) qui agit sur les protéines et les transforme en polypeptides.

Pancréas : sécrète le **suc pancréatique** qui est déversé dans l'intestin grêle et qui contient trois enzymes : l'amylase, la lipase, la trypsine.

Foie : sécrète la **bile** qui est déversée dans l'intestin grêle et agit sur les lipides en les émulsionnant. La bile est stockée dans la vésicule biliaire.

Intestin grêle : sécrète le **suc intestinal** qui agit sur les lipides, les glucides et les protides.

③ Particularités de l'appareil digestif de l'enfant

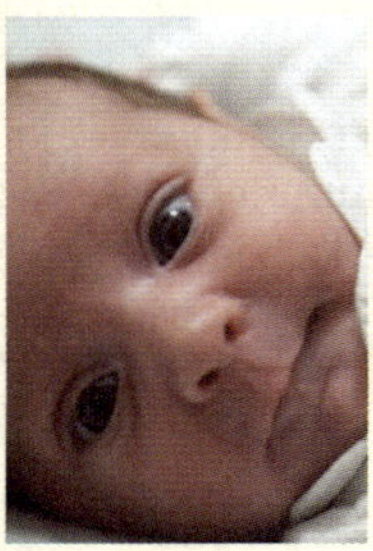

0 à 2 mois

. Absence de dents.
. Oesophage court.
. L'estomac a un petit volume, le cardia est immature.
. La flore microbienne est abondante.
. Peu de sécrétion de sucs digestifs.
. L'intestin est très long.
. Reflexe de succion.
. 6 repas/jour.

3 à 6 mois
. Épuisement des réserves de fer provenant de la mère.
. Début de la sécrétion de l'amylase salivaire.
. Sécrétion de la protéase (enzyme par le pancréas).

6 à 12 mois
. Apparition des premières dents.
. Début de la mastication.
. 4 repas/jour.

Fraction des repas, régurgitations fréquentes, selles fréquentes, digestion rapide, alimentation au lait puis mixée. Introduction des farines de 3 à 6 mois.

④ Physiologie de l'appareil digestif et de la digestion

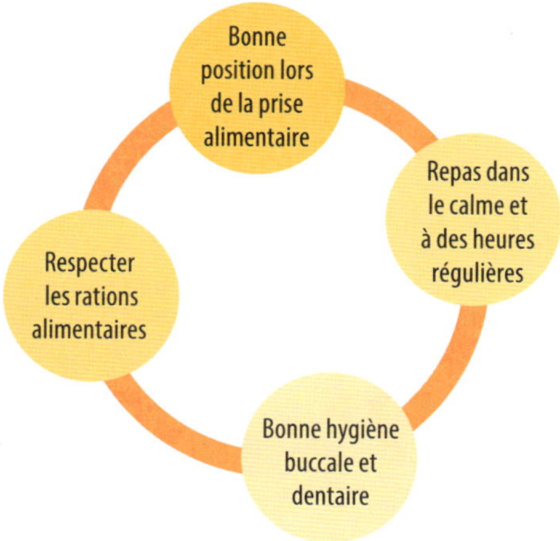

Mots-clés : Appareil digestif, estomac, intestin grêle, œsophage, succion.

Fiche 12 Les organes des sens

L'homme est pourvu de cinq sens qui lui permettent d'appréhender le monde qui l'entoure. Il s'agit du goût, de l'odorat, de la vue, de l'ouïe et du toucher.

① Le goût

L'activité sensorielle dépend de nombreux stimuli, c'est-à-dire d'excitations exercées au niveau des organes des sens récepteurs.

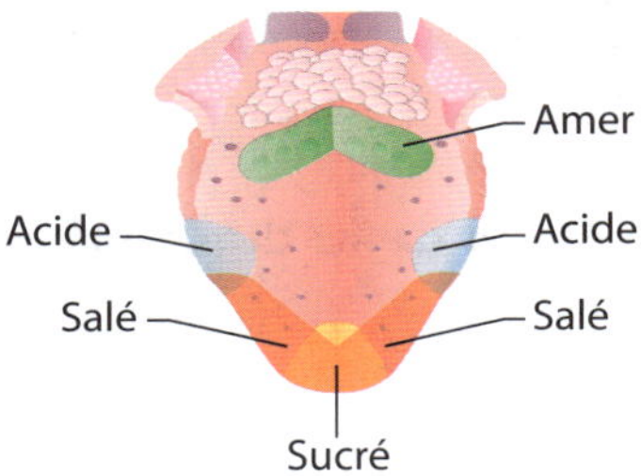

La langue permet d'analyser les saveurs des aliments mis en bouche. En général, on sent la nourriture avant de la goûter. Cela provoque la salivation, qui nous aide à déguster et à digérer. Nous distinguons quatre types d'arômes l'amer, l'acide, le sucré et le salé.

② L'odorat

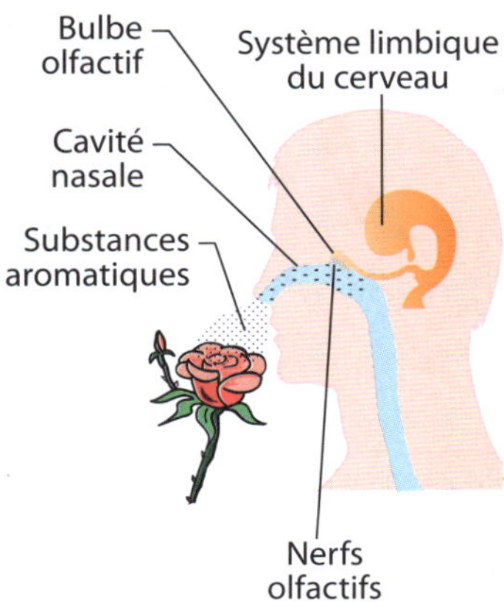

L'olfaction (perception des odeurs) est un sens chimique qui permet d'aprécier la qualité de notre alimentation ou d'éveiller des comportements associant des odeurs à des souvenirs.
Ce sens se développe tout au long de la vie et offre une capacité d'apprentissage infinie.

La rencontre des molécules odorantes avec les cellules sensorielles de l'épithélium nasal est le point de départ de l'activation de l'odorat qui transmet l'information à la région du cerveau qui analyse les odeurs. Il en est de même pour les papilles gustatives qui acheminent les goûts vers le cerveau.

③ La vue

Parmi les contrôles de santé de l'enfant, il en est un qu'il ne faut surtout pas négliger : l'examen ophtalmologique. Il permet d'apprécier sa vue et de détecter au plus tôt des troubles de la vision qui seront traités au plus vite.

L'anatomie de l'œil

L'œil est constitué de :

- trois membranes (sclérotique, choroïde et rétine) ;
- quatre milieux transparents (humeur aqueuse, cornée, cristallin et humeur vitrée) ;
- l'iris qui est un disque coloré dont l'ouverture (la pupille) laisse passer plus ou moins la lumière ;
- le corps ciliaire qui est un muscle qui maintient le cristallin.

Coupe du globe oculaire

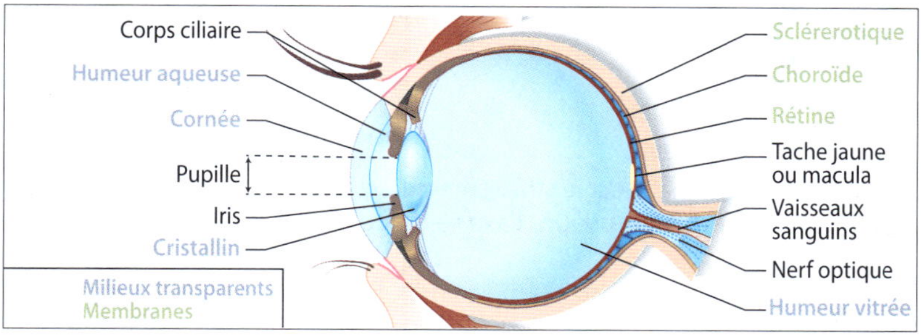

Le fonctionnement de l'œil

Les rayons lumineux traversent les milieux transparents de l'œil puis rencontrent la rétine où se forme l'image qui est transmise par le nerf optique pour être analysée et interprétée au niveau du cerveau.

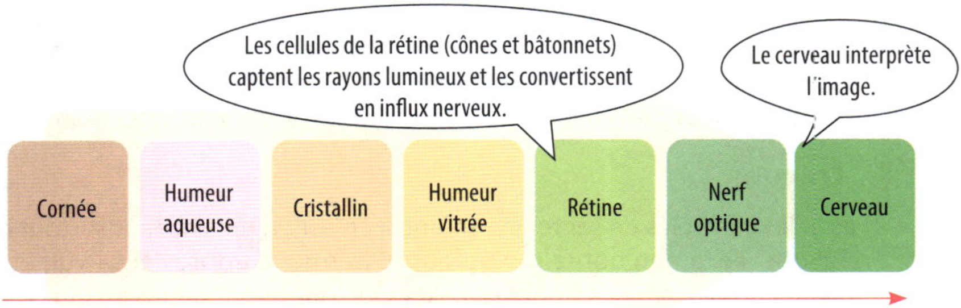

Trajet de la formation de l'image

Anomalies de l'œil et de la vision

Il existe quatre anomalies principales de l'œil.

	Vue de près	Vue de loin	Elément(s) de l'œil en cause
Myopie	+	-	Le **globe oculaire est trop allongé**. L'image se forme en avant de la rétine et le cerveau voit une image floue.
Hypermétropie	-	+	Le **globe oculaire est trop court**. L'image se forme derrière la rétine et le cerveau reçoit une image floue.
Astigmatisme	-	-	Ne perçoit pas nettement les contrastes entre les lignes verticales, horizontales et obliques. La **courbure de la cornée** est en cause.

La dernière anomalie est le strabisme qui se caractérise par une **anomalie de l'alignement des yeux** dont l'axe se dirige dans des directions différentes.

4 L'audition

L'oreille est un organe paire et symétrique qui assure deux fonctions : l'ouïe (ou audition), et l'équilibre.

L'anatomie de l'oreille

L'oreille se divise en trois parties :

- L'oreille externe (pavillon de l'oreille, conduit auditif externe, tympan) : qui est à l'origine de la transmission aérienne des sons.
- L'oreille moyenne (chaine des osselets, trompe d'Eustache) : qui transmet le son de façon mécanique sous forme de vibrations.
- L'oreille interne : qui transmet les vibrations en message nerveux (transmission liquidienne et nerveuse).

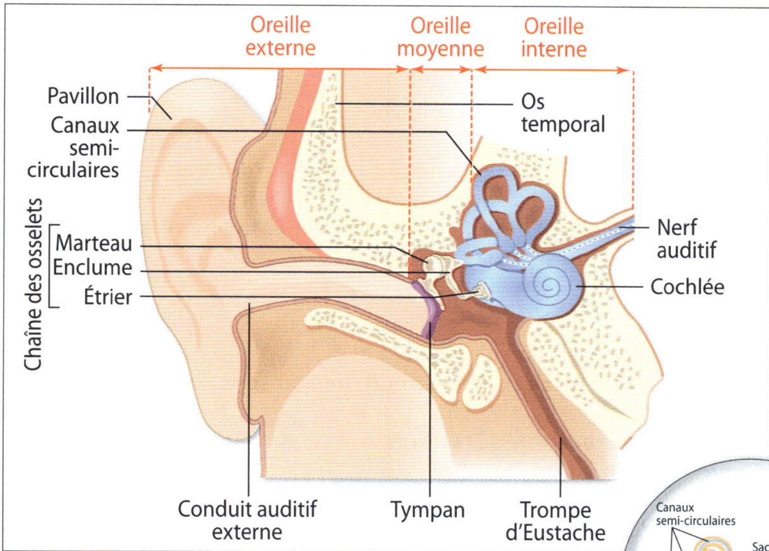

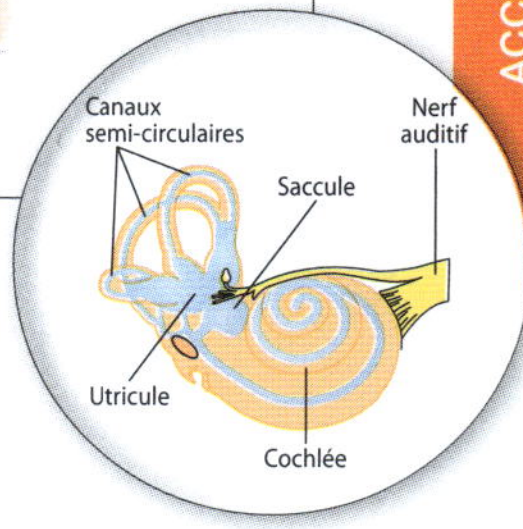

Les pathologies de l'audition

Chez le jeune enfant, il faut être attentif aux problèmes de surdité. Il existe deux types de surdité : la surdité de transmission qui concerne l'oreille externe et moyenne, due à ces bouchons de cérumen, lésion du tympan... Elle se traite relativement aisément. La surdité de perception, quant à elle, correspond à une atteinte de l'oreille interne. La plupart du temps il faut avoir recours à des implants auditifs.

⑤ Le toucher

Le toucher est le sens qui nous permet de connaître la texture d'un objet, lisse, rugueux, bosselé... Le sens du toucher est partout présent à la surface du corps mais certaines zones, comme les lèvres, les doigts et les orteils sont plus sensibles que d'autres. > voir aussi fiche 8

Mots-clés : Goût, odorat, sens, langue, nez, arômes ou saveur, oreille, ouïe, surdité, œil, vue.

Fiche 13

Le système nerveux

Le système nerveux est un système très complexe dont dépendent toutes les fonctions. Il permet d'analyser et de contrôler en permanence les informations venues de l'extérieur. Il régule différentes fonctions automatiques de l'organisme (la digestion, la respiration...).

① Le système nerveux

Le système nerveux est constitué :
- du **système nerveux cérébro-spinal** qui agit sous l'influence de notre volonté ;
- du **système nerveux végétatif** qui n'est pas soumis au contrôle de la volonté et est dit autonome.

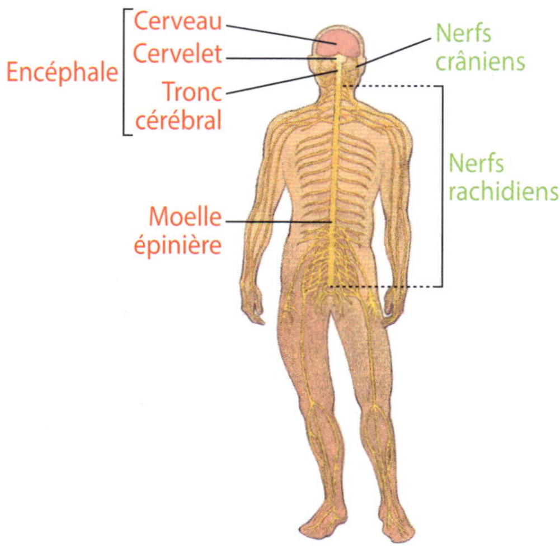

On distingue le système nerveux central qui traite les informations et envoie les ordres et le système nerveux périphérique (les nerfs essentiellement) qui véhicule les informations entre le système nerveux central et les organes.

Le système nerveux central se compose du cerveau et de la moelle épinière.

② Le système nerveux cérébro-spinal

Le système nerveux cérébro-spinal comprend l'encéphale, la moelle épinière et les nerfs.

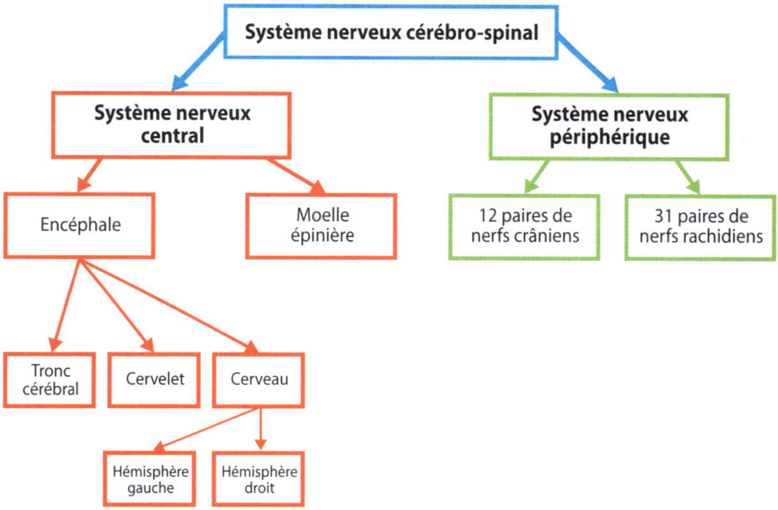

③ La structure du nerf

Le neurone : la cellule nerveuse (ou neurone) est l'unité de base du système nerveux.

Un neurone

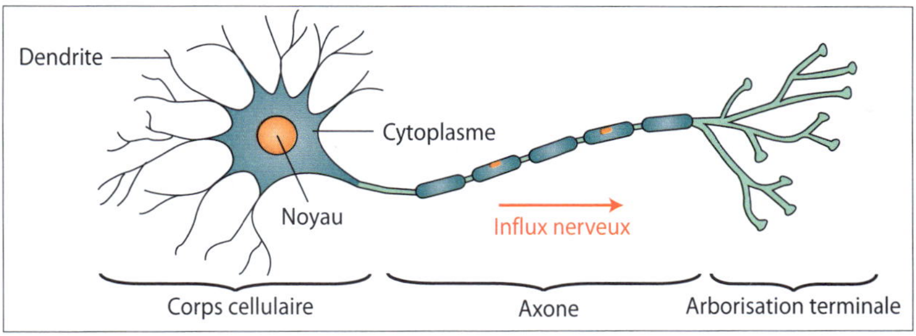

Le cerveau renferme près de 100 milliards de neurones, reliés au reste du corps par un réseau de fibres nerveuses.

Il existe deux principaux types de neurones : les neurones sensitifs qui transmettent les informations des organes vers le système nerveux central et les neurones moteurs qui transmettent les signaux du système nerveux central vers les organes.

À savoir

L'axone ne peut conduire l'influx nerveux que dans un seul sens : du corps du neurone vers les arborisations terminales de l'axone.
Cette cellule nerveuse a deux propriétés :
- ✓ l'excitabilité : elle convertit une excitation en influx nerveux ;
- ✓ la conductibilité : elle conduit l'influx nerveux.

Le nerf

Composés de faisceaux de fibres nerveuses (axones des neurones), les nerfs parcourent le corps et se terminent dans tous les organes et tissus du corps. Un nerf permet de véhiculer l'information entre le système nerveux central (cerveau et moelle épinière) et les muscles mais aussi entre les centres nerveux et les organes sensoriels (oreilles, peau, nez, etc).

Coupe d'un nerf

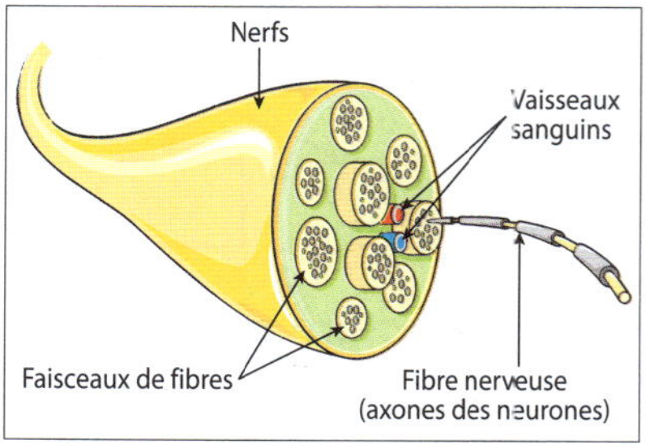

4 L'activité réflexe et l'activité volontaire du système nerveux

L'activité réflexe (ou involontaire)

Cette activité réflexe est une réponse motrice involontaire, automatique et très rapide à un stimulus. Par exemple, si un enfant touche une théière trop chaude, il retirera immédiatement la main de celle-ci. Ce circuit emprunté par l'influx nerveux s'appelle l'arc réflexe.

1. Stimulation de la peau — La chaleur de la théière stimule les terminaisons nerveuses de la peau.

2. Transmission de l'influx nerveux — Le nerf sensitif transmet l'information jusqu'à la moelle épinière.

3. Transmission au nerf moteur — Le nerf d'association transmet l'influx nerveux du nerf sensitif au nerf moteur.

4. Réaction musculaire — Contraction des muscles → la main se retire de la théière.

L'activité volontaire

L'activité volontaire est un acte voulu et conscient qui met en jeu le cerveau. Les neurones sont impliqués dans les mouvements volontaires et les sensations conscientes.

1. **Stimulation :** Thomas voit une voiture.
2. Transmission de l'information par le nerf **sensitif** jusqu'au cerveau.
3. Prise de conscience au niveau du **cerveau**.
4. Transmission de la décision au niveau du **nerf moteur**.
5. **Action :** Thomas prend la voiture.

Mots-clés : Système nerveux, cérébro-spinal, nerf, activité réflexe ou activité involontaire, activité volontaire, stimulation, transmission.

Fiche 14

Règlementation relative aux aires de jeux et aux équipements éducatifs

Les aires collectives de jeux sont des lieux d'épanouissement pour les enfants. Mais ce sont aussi des lieux à risques... Si tous les risques ne sont pas évitables, beaucoup le sont néanmoins, à condition que chacun soit bien conscient de ses responsabilités et les assume pleinement.

① La sécurité des aires collectives de jeux

La réglementation sur les aires de jeux concerne toutes les zones aménagées et équipées pour être utilisées, de façon collective, par des enfants à des fins de jeux. Les aires de jeux des écoles (privées ou publiques), des colonies de vacances, des parcs aquatiques, des parcs d'attractions et toutes les aires municipales, départementales ou privées (crèche, micro-crèche, halte-garderie …) sont concernées.

Le marquage d'informations

Depuis le 1er janvier 1995, les équipements installés doivent être accompagnés d'informations obligatoires sous forme de marquages directement apposés sur l'équipement et sur l'emballage.

D'autres informations doivent être fournies dans la notice qui accompagne l'équipement.

Le nom ou la raison sociale ou la marque de commerce du fabricant ou de l'importateur ainsi que son adresse

Tranche d'âge à laquelle l'équipement est destiné

La mention « conforme aux exigences de sécurité ».

S'il y a lieu, les avertissements nécessaires à la prévention des risques inhérents à l'utilisation de l'équipement sont également mentionnés.

Une mention permettant d'identifier le modèle.

Ces marquages doivent être apposés de manière visible, lisible et indélébile.

À savoir

Le décret du 18 décembre 1996 (Annexe I. - Principes généraux) met à la charge du gestionnaire ou de l'exploitant, l'obligation d'indiquer sur l'équipement ou à sa proximité, la tranche d'âge à laquelle l'équipement est destiné. Cette information peut être apportée sous la forme de pictogrammes ce qui en facilite la compréhension et la mémorisation par les enfants.

Les exigences de sécurité en termes de résistance et de stabilité

Le décret n° 94-699 du 10 août 1994 - annexe I. – notifie que l'équipement doit résister, dès sa mise en service et pendant tout le temps où il sera utilisé, à toutes les contraintes raisonnablement prévisibles : la fatigue, le vieillissement, la corrosion et l'usure. (…) Il appartient au fabricant d'apporter, dans la notice d'accompagnement, tous les conseils nécessaires à l'entretien et à la maintenance des équipements. L'équipement doit tout d'abord résister à un usage intensif. Il doit pouvoir supporter de manière prolongée et répétitive le poids cumulé de nombreux enfants, leurs acrobaties et les bousculades. L'équipement doit aussi résister aux variations climatiques.

Accessibilité aux adultes

Les équipements doivent être conçus de manière que, quelles que soient les circonstances, les adultes puissent accéder à tous les endroits où les enfants sont susceptibles de se trouver.

Le cas particulier des jeux utilisant de l'eau ou du sable

Sur les aires de jeux, on trouve parfois des équipements qui tirent leurs caractéristiques ludiques de l'utilisation de l'eau ou du sable. Ces équipements sont très souvent implantés dans de grands bacs à sable. Les équipements utilisant de l'eau doivent être conçus de manière à éviter tout risque de noyade et doivent donc être de petite taille et de faible profondeur. Ils doivent aussi se trouver à une hauteur suffisante pour que l'enfant ne tombe pas dedans par inadvertance. L'eau utilisée dans les équipements doit être potable car il est raisonnablement prévisible que les enfants en absorberont pendant le jeu.

Le sable utilisé dans les équipements doit être adapté au jeu des enfants. Il doit être régulièrement entretenu et renouvelé pour en éliminer les souillures éventuelles.

② Deux exemples de matériels et équipements éducatifs

Les toboggans

Les toboggans sont des équipements qui présentent une ou plusieurs surfaces inclinées sur lesquelles l'enfant se laisse glisser tout en bénéficiant d'un guidage. Il existe plusieurs sortes de toboggans : à chevalet, tubulaire, intégré à d'autres équipements…

Règles de sécurité :

- La **zone de départ** doit être horizontale pour permettre à l'enfant d'attaquer la glissière en situation d'équilibre, avec une bonne aisance et sans risque de chute.
- La **glissière** : la partie glissante du toboggan doit être d'accès facile et ne laisser passer aisément qu'un seul enfant à la fois ou permettre le passage aisé de plusieurs enfants de manière parallèle. La courbure de la glissière, les éventuels rebondissements doivent être adaptés et limités.
- Les **protections latérales de la glissière** doivent être pleines pour éviter tout risque de coincement et tout risque d'accrochage. Leurs dimensions doivent tenir compte de la hauteur de chute libre et de la largeur de la zone de glissade.
- La **zone de sortie** : la glissière doit être conçue de manière à réduire la vitesse de la descente en fin de trajectoire afin d'éviter une arrivée brutale sur l'aire de réception. La zone de sortie doit être abaissée et arrondie. Sa hauteur par rapport au sol doit permettre d'éviter que les enfants ne se heurtent la nuque s'ils finissent leur glissade assis par terre.

Dispositifs à grimper : définitions et exigences de sécurité

Le dispositif à grimper est un équipement ou une partie d'équipement que les enfants s'amusent à escalader. Il peut aussi bien s'agir d'un dispositif permettant l'accès à une partie d'un équipement que d'un équipement ayant sa propre fonction ludique. Il existe plusieurs sortes de dispositifs à grimper. Certains utilisent des cordages comme les cordes à nœuds ou les filets. Dans cette catégorie, on trouve également les plans inclinés avec corde ou avec tasseaux, les panneaux à grimper…

Règles de sécurité

Les risques de chute avec ce type d'équipements sont importants. Le sol, sous les structures à grimper, doit obligatoirement être amortissant. Il ne faut pas oublier non plus les risques de coincement de membres, en raison de la présence de barreaux, de mailles de filet et d'accrochage de cordons de vêtements. Les jonctions et raccordements de cordages ne doivent ni pincer, ni coincer, ni accrocher. Enfin, l'usure des cordes, qu'elles soient en fibres textiles ou qu'elles intègrent du métal, et leur dégradation sont sources de risques multiples.

3 La sécurité des jouets

La directive européenne 2009/48/CE du 18 juin 2009 reprise dans le décret du 22 février 2011 fixe le cadre juridique de tous « les produits conçus ou manifestement destinés à être utilisés à des fins de jeux par des enfants de moins de quatorze ans ».

Des exigences de sécurité spécifiques ont été prévues pour tous les jouets destinés aux enfants de moins de trente-six mois :
- les jouets de premier âge ne doivent plus être constitués de pièces détachables et leur dimension doit empêcher l'ingestion ou l'inhalation du jouet ;
- les jouets doivent être conçus et fabriqués pour pouvoir être nettoyés ;
- les jouets avec une partie en tissu doivent être lavables (sauf s'ils contiennent un mécanisme susceptible d'être endommagé au lavage).

L'accent est mis sur la prévention des risques en particulier sur le plan chimique (règlementation de l'utilisation de certains allergènes, de certaines substances cancérogènes, mutagènes ou toxiques...).

Le marquage CE est une mention obligatoire : ce symbole visuel atteste que le produit a subi des contrôles pour assurer sa conformité à des exigences essentielles telles que la santé ou la sécurité définies par des textes européens.

La norme NF « petite enfance » certifie que le produit répond à des exigences de sécurité et des critères de qualité.

ISO 8124 : une norme internationale pour les jouets qui est facultative mais qui a pour objectif de limiter les risques d'accidents en cas d'usage normal du jouet mais aussi de mauvais usage prévisible.

Mots-clés : Sécurité, normes, risques, obligations, aires de jeux, jouets.

Fiche

15 L'organisation spatiale des locaux

Que ce soit chez un assistant maternel, un multi-accueil, une école maternelle, l'organisation spatiale doit être réfléchie et doit répondre à des normes.

Spécial COVID

Ces espaces seront fréquemment aérés et nettoyés – désinfectés (sols et surfaces).
Voir fiche COVID n° ...

① Le hall d'entrée ou « sas » d'accueil

Cet espace, premier contact des parents et enfants avec la structure, a pour objectifs de recevoir et communiquer. Cet espace est mis à la disposition des parents avec des casiers enfants, des porte-manteaux (avec logos individuels en école maternelle) et éventuellement une table de change permettant de faciliter l'habillage et le déshabillage des enfants. L'espace d'accueil est séparé de la salle de vie. Il peut être également équipé d'un local à poussettes. Un cahier ou classeur de transmissions peut y être installé.

La présence d'un téléphone est obligatoire pour l'appel des secours.

② L'espace « repas »

Cet espace est essentiellement dédié à la prise des repas, aux collations et à l'hydratation des enfants.

Pour que cet espace soit opérationnel et sécurisant, il faut prévoir des chaises et une table à la hauteur des enfants, ou des chaises hautes (chez l'AMA ou en multi accueil). L'idéal est d'avoir également un lavabo à proximité afin de faciliter le lavage des mains et le nettoyage avant et après chaque repas ou collation.

Spécial COVID

Pour les AM, il est conseillé de faire deux temps de repas : un temps pour sa propre famille / un temps pour les enfants accueillis.
Il est préconisé, pendant la durée de l'état d'urgence sanitaire, que les repas de tous les enfants soient préparés par l'AM.

La préparation du repas et la biberonnerie	La prise du repas
 La cuisine permet de préparer les biberons et de réchauffer les repas des enfants (livrés chaque jour par un prestataire, donnés par les familles, ou préparés sur place).	 Dans un réfectoire, dans une cuisine… 

③ L'espace sommeil

Cet espace de calme et de quiétude est dédié au repos et aux phases de sommeil et de sieste. Il est très important d'utiliser du matériel de puériculture homologué (norme européenne CE). Le coin sommeil doit favoriser le repos. Un rideau permettant de tamiser la lumière sera très pratique pour aider les enfants à s'endormir.

Chaque enfant a son lit pour avoir un repère dans l'espace. Pour les bébés, des lits à barreaux en bois sont proposés, pour les plus grands, des barquettes en mousse ou des lits de camp permettant à l'enfant de sortir de son lit tout seul quand il a fini sa sieste.

④ L'espace de soins d'hygiène

Cet espace est consacré à l'hygiène des enfants sous toutes ses formes. Il permet de garder les enfants propres et soignés.

Cet espace comprend un plan de change, un toilette pour les plus grands, un lave-mains enfants et éventuellement des marches pieds. L'espace est pensé pour accompagner l'apprentissage de la propreté en respectant la pudeur. Il est aussi un lieu d'apprentissage positif et de communication avec l'enfant.

⑤ L'espace de jeux intérieurs

Cet espace doit favoriser l'autonomie et la découverte. Il est un espace destiné à se recréer, à favoriser le jeu de l'enfant en autonomie, en groupe ou en accompagnement et un lieu d'apprentissage et d'éveil. Si possible, il est utile de réserver un coin à chaque catégorie d'activités (activités artistiques, musicales, corporelles, de lecture….).

Le coin imitation est plus particulièrement réservé pour des activités comprenant des dinettes, poupée, voitures, garages…. Pour faire comme les grands.

Le coin bébé est composé de coussins, tapis, portiques, transats et jouets en tissus plus adaptés aux très jeunes enfants.

Le coin motricité proposera des tunnels de motricité, des structures de type petit toboggan…

Enfin, le coin lecture, proposera des livres en carton, plastiques, tissus, de formats multiples pour que les enfants puissent les feuilleter ou écouter leur lecture confortablement installés sur des tapis et coussins.

⑥ L'espace de jeux extérieurs

Cet espace dédié à la récréation, au jeu, au défoulement et à l'apprentissage des enfants doit être sécurisé et clôturé. Il peut être aménagé avec un revêtement spécial pour les collectivités, un bac à sable répondant aux normes d'hygiène, un portique (balançoire, toboggan…)

Un coin ombragé est à prévoir pour les journées chaudes. L'installation d'une table extérieure à la hauteur des enfants permettra de manger à l'extérieur, mais aussi de réaliser des activités telles que des activités d'assemblage ou artistiques.

Mots-clés : Organisation des locaux, hall, espace sommeil, espace repas, espace soins, espace jeux intérieurs, espace jeux extérieurs.

Fiche 16

Les produits de soins

Les produits d'hygiène corporelle permettent de préserver la propreté des téguments (tissu ou ensemble de tissus recouvrant et enveloppant un organisme vivant) par le nettoyage avec de l'eau et des produits nettoyants.

① Types et rôles des produits d'hygiène

C'est dès le plus jeune âge, chez l'assistant maternel, en multi-accueil ou en école maternelle, que l'enfant apprend les règles d'hygiène individuelle et collective.

Le savon doux liquide (détergent)
- Pour le lavage des mains.
- Pour le change (nettoyage du siège).
- Pour une plaie.

Le liniment (eau de chaux et huile d'olive)
- Pour le change (nettoyage du siège).
- Avec un carré de coton.
- Pas de rinçage.

Les lingettes
- Pour enlever le plus gros des selles avant un nettoyage à l'eau et au savon.
- En dépannage lors de sorties...

Le dentifrice
- Dès les premières dents.
- Adapté à l'âge de l'enfant

Le shampoing (détergent)
Peu utilisé chez l'AMA ou en structure (réservé aux parents à domicile).

Le serum physiologique
- Utilisé pour le nettoyage des yeux et du nez pour humidifier les sécrétions.

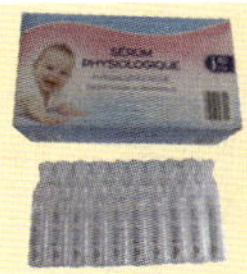

À savoir

Les SHA (solutions hydro-alcooliques) ou GHA (gels hydro-alcooliques) sont réservés aux adultes et ne doivent pas être utilisés chez le jeune enfant (attention aux projections, notamment oculaires, accidentelles).

À savoir

Le professionnel pourra donner des conseils aux parents en matière d'hygiène corporelle de l'enfant. Dans la mesure du possible, il est cependant important de respecter le désir et les habitudes des parents.

② Cas particuliers et règles de sécurité

Le professionnel de la petite enfance devra s'informer sur les allergies éventuelles des enfants dont il a la charge et devra signaler les éruptions cutanées susceptibles d'être provoquées par un produit.

Il est également de sa responsabilité de stocker les produits d'hygiène hors de la portée des enfants par mesure de sécurité.

De même, le professionnel devra scrupuleusement vérifier les dates de péremption et les conseils d'utilisation et de conservation des produits.

Question à un pro

Peut-on utiliser les lingettes à chaque change ?

✓ Les chercheurs se sont penchés sur les lingettes, notamment sur leur composition afin d'identifier si elles sont adaptées aux tout-petits. Les résultats de ces enquêtes ne sont guère rassurants. Effectivement, ces études ont démontré que de nombreuses marques proposent des lingettes renfermant des composants toxiques et dangereux pour les bébés, tels que le parabène et le phénoxyéthanol. Il est préférable d'utiliser un gant avec de l'eau et du savon.

Mots-clés : Hygiène, produits d'hygiène, lingettes, savon, dentifrice, liniment, shampoing, téguments.

Les produits d'entretien

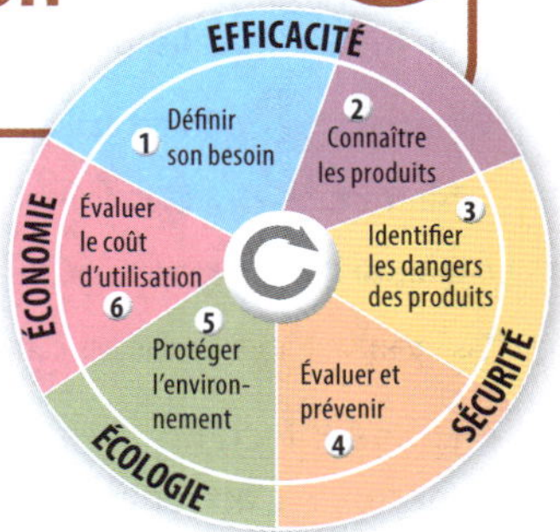

L'entretien des locaux est une activité quotidienne qui comporte des enjeux en matière d'efficacité, de sécurité, d'écologie et d'économie.

① Efficacité

Définir son besoin

En fonction du besoin repéré, le produit adapté sera défini. Pour cela, il faut tenir compte :
– de la dureté de l'eau utilisée (degré de calcaire qu'elle contient) ;
– du type de salissure ;
– des locaux à entretenir (l'entretien varie en fonction des zones à traiter).

	Zone 1	Zone 2	Zone 3
	Nettoyage ou bionettoyage des éléments à portée de mains : tous les jours. Balayage humide des sols : tous les jours.		
Scolaire	Salle de classe / salle de jeux / couloirs	Salle de restauration/ office tisanerie	Cuisine / sanitaires
Petite enfance	Dortoir et chambres	Salle de jeux / salle d'activités / salle de restauration / circulations	Cuisine / sanitaires / salle de change
	Lavage des sols une fois par semaine	Lavage des sols : tous les jours	
	Désinfection : aucune	Désinfection : 1 fois par semaine.	Désinfection : tous les jours.

Vocabulaire

Nettoyage : opération qui consiste à décoller et à éliminer les salissures afin d'assurer la propreté, l'hygiène et l'esthétique du lieu.
Désinfection : opération au résultat momentané permettant d'éliminer ou de tuer les micro-organismes sur des milieux inertes.
Balayage humide : opération de récupération des salissures non adhérentes sur les sols secs et lissés (voir fiche balayage humide).
Lavage des sols : actions chimique et mécanique permettant d'éliminer les salissures adhérentes sur les sols.

Connaître les produits

- Les détergents ont pour fonction le nettoyage des surfaces. Ils permettent de retirer les salissures.

Détartrant	Permet de retirer le tartre des sanitaires (ex : gel détartrant des WC...).
Désincrustant	Produit dont l'objet est de retirer le voile calcaire des revêtements (ex : vinaigre...).
Dégraissant	Permet d'enlever la graisse (lessive, produit lave-vaisselle...).
Décapant	Produit permettant de retrouver l'état initial d'un revêtement (décapant four...).

- Les désinfectants

Le nettoyage au moyen d'un détergent élimine 80 % des micro-organismes présents. Un désinfectant est donc nécessaire pour détruire les 20 % restants. Les produits désinfectants répondent aux normes européennes (EN).
Un désinfectant peut avoir une ou plusieurs des caractéristiques suivantes :
– bactéricide : élimination des bactéries ;
– fongicide : élimination des champignons microscopiques ;
– virucide : élimination des virus ;
– levuricide : élimination des levures ;
– sporicide : élimination des spores (lorsque les conditions de vie sont défavorables, la bactérie se transforme en spore).

À savoir

Les micro-organismes comprennent plusieurs familles :
✓ Les bactéries (le streptocoque est, par exemple, la bactérie qui cause la scarlatine). Lorsqu'elles sont dans des conditions défavorables, les bactéries se transforment en spores.
✓ Les champignons microscopiques ou mycètes qui comprennent les levures (exemple : *le candida albican* à l'origine du muguet) ou les moisissures (qui se développent en particulier dans un milieu humide).
✓ Les virus (exemple : le VRS - virus respiratoire syncytial – qui est responsable de la bronchiolite).
✓ Les protozoaires qui sont des parasites responsables de certaines maladies (exemple : les parasites intestinaux).

Attention : il faut respecter le dosage et le temps d'action ainsi que les normes en fonction des zones à risque.

À savoir

La désinfection est l'action de détruire les micro-organismes d'un milieu inerte (sols, objets...). Elle n'est efficace que sur une surface propre.
La désinfection doit impérativement être précédée d'un nettoyage.
L'avantage d'un détergent-désinfectant est d'effectuer ce nettoyage puis de désinfecter en une seule action.

② Sécurité

Identifier les dangers

Les produits d'entretien sont des produits chimiques. Ils ne sont donc pas inoffensifs (risques d'eczéma, d'allergies, d'atteintes respiratoires...).
Pour reconnaître une substance dangereuse, on peut se reporter à l'étiquette, à la fiche technique, et/ou à la fiche de données de sécurité du produit.

Étiquette

Fiche technique : Fournit des informations complémentaires de l'étiquette. Donne des informations sur les conditions d'utilisation du produit (dosage, dilution...) et sur son mode d'emploi.

Fiche de données de sécurité : Informe sur les risques pour la santé et l'environnement liés à l'utilisation du produit, donne des indications sur les moyens de protection et les mesures à prendre en cas d'urgence.

Pictogrammes de danger : ils figurent sur les étiquettes et sont importants à connaître.

Pictogrammes	Risques	Actions	Exemples de produits
	Danger	Altère la santé	Eau de Javel, produit détergent pour vaisselle, lave-vitre à base de méthanol, essence de térébenthine, pesticide, amiante,...

Pictogrammes	Risques	Actions	Exemples de produits
	Toxique	Tue	Méthanol pur, certains herbicides, naphtaline.
	CMR (Cancérigène, mutagène, toxique pour la reproduction)	Nuit gravement à la santé	Cadmium et dérivés, chlorures et dérivés, éthers de glycol, plomb et dérivés,...
	Corrosif	Ronge les métaux ou la peau	Soude caustique, déboucheur de canalisation, détartrant, eau de Javel concentrée, acides chlorhydrique, nitrique, sulfurique,...
	Inflammable	Flambe	Acétone, alcool à brûler, white spirit, trichloréthylène.
	Comburant	Fait flamber	Pastilles d'eau de Javel effervescentes, oxygène, chlorate de sodium,...
	Explosif	Explose	Gaz butane, propane, gaz naturel, acide picrique, TNT,...
	Gaz sous pression	Est sous pression	Gaz comprimés, liquéfiés, gaz dissous, gaz réfrigérés,...
	Néfaste pour l'environnement	Pollue l'environnement	Composés de métaux lourds.

Évaluer et prévenir les risques liés à l'utilisation des produits

Les dangers liés aux produits chimiques résultent de la nature des substances qui les composent, mais aussi des conditions de leur utilisation.
Plusieurs règles permettent de prévenir ces risques :
- limiter l'achat de produits chimiques dangereux ;
- réduire le risque à la source, en remplaçant les produits dangereux par de moins dangereux, voire inoffensifs ;
- se renseigner auprès du fournisseur sur les évolutions techniques permettant de réduire les risques professionnels et la pénibilité (automatisations, ...) ;

- fournir une protection individuelle : les équipements de protection individuelle (EPI) tels que des gants de ménage, des lunettes, un masque... peuvent s'avérer indispensables dans certaines situations ;
- respecter les règles de rangement des produits d'entretien.

Question à un pro

Quelles sont les règles de rangement à respecter impérativement ?
Plusieurs règles sont importantes : il faut ranger les produits hors de la portée des enfants (placard fermé à clé, en hauteur...), il ne faut pas transvaser un produit dans un flacon sans étiquette, il ne faut pas ranger un produit d'entretien avec les produits alimentaires, il faut stocker de petites quantités de produits à risque, il faut éviter de stocker certains produits ensemble. De manière générale, il faut stocker ces produits à l'abri de l'humidité et de la chaleur dans un endroit ventilé.

3 Protection de l'environnement

Les produits de nettoyage présentent des impacts environnementaux tout au long de leur cycle, qu'il s'agisse de la fabrication, de l'utilisation ou de leur fin de vie. Il s'agit donc de limiter au maximum cet impact.
Le choix du produit sera un compromis entre l'efficacité et la toxicité pour l'homme et l'environnement.

4 Économie

Il s'agit de comparer les prix entre produits à l'utilisation et non au litre acheté. Par exemple, un produit utilisé à 2% s'utilisera 4 fois plus vite qu'un produit dont l'utilisation est préconisée à 0.5%. Il faut savoir que les produits de qualité écologique ne sont pas nécessairement plus coûteux que les produits « classiques ». Enfin, il est recommandé :
- de choisir des produits concentrés, car ils limitent les quantités d'emballages (= économie sur la gestion des déchets) ;
- de choisir un embout mousse pour un produit en spray (moins de risques) et de privilégier l'utilisation de doseurs automatiques (= moins de gaspillage).

Spécial COVID

Le nettoyage-désinfection des sols et grandes surfaces (tables, bureaux...) est à faire au moins une fois par jour. Les surfaces fréquemment touchées (poignées de portes, interrupteurs...) sont à nettoyer-désinfecter plusieurs fois par jour.

Mots-clés : Lavage des sols, bionettoyage, balayage humide, micro-organismes, EPI, nettoyer, désinfecter, accidents domestiques, détergents, désinfectants, pictogrammes de danger.

Fiche 18 Les droits de l'enfant

La Convention internationale des droits de l'enfant (CIDE) regroupe un ensemble de principes et d'obligations reconnus de façon universelle. Elle affirme qu'une société ne peut pas envisager de vivre en paix et dans la justice, si les droits de l'enfant ne sont pas respectés.

① La Convention internationale des droits de l'enfant

Le 20 novembre 1989, la Convention internationale des droits de l'enfant voit le jour. Ce texte a été rédigé par l'ONU (Organisation des Nations unies) et a été ratifié par 191 États. Seuls la Somalie et les États-Unis ne l'ont pas signée.

Ce texte a plusieurs particularités :
- il reconnaît l'enfant (il n'est pas seulement un être à protéger mais aussi un sujet de droit) ;
- il tient compte de l'importance des traditions et des valeurs culturelles ;
- Il est un cadre de référence morale et juridique commun à tous les États pour mettre en place des actions en faveur des enfants et évaluer les progrès accomplis.

Ce texte repose sur quatre principes fondamentaux :
- la non-discrimination (tous les enfants du monde sont concernés) ;
- l'intérêt supérieur de l'enfant ;
- la survie et le développement de l'enfant ;
- la participation des enfants (l'enfant doit être consulté pour toutes les questions qui le concerne).

Mots-clés : CIDE (Convention internationale des droits de l'enfant), protection.

Fiche 19

La famille

Lors du premier accueil, l'assistant maternel, le professionnel travaillant en multi-accueil ou en école maternelle va faire connaissance avec l'enfant et son environnement, c'est-à-dire en particulier sa famille. Le professionnel devra donc respecter les croyances, la culture, les valeurs et la vie privée de cette dernière.

① Les différentes formes de famille

Les familles ont quatre formes :
- **La famille nucléaire ou traditionnelle** : un couple vivant avec son ou ses enfants sous le même toit.
- **La famille monoparentale** : Un seul parent vivant avec un ou plusieurs enfants.
- **La famille recomposée** : Un couple d'adultes et au moins un enfant né d'une union précédente de l'un des conjoints.
- **La famille homoparentale** : un couple de même sexe avec un ou plusieurs enfants.

② Les formes d'union

Un couple peut avoir différents statuts selon la forme d'union qui lie ses membres :
- **le mariage** : acte juridique devant un officier d'état civil ;
- **le PACS** (pacte civil de solidarité) : contrat enregistré par le greffier du tribunal d'instance jusqu'au 1er novembre 2017. À partir de cette date, l'enregistrement sera transféré à l'officier de l'état civil de la mairie (loi de modernisation de la justice du XXIe siècle) ;
- **l'union libre ou le concubinage** : deux personnes vivent sous le même toit sans devoirs réciproques (sauf pour le logement).

Ces trois formes d'union sont valables tant pour des couples hétérosexuels, qu'homosexuels.

③ La filiation

Il existe entre les parents et les enfants un lien juridique appelé filiation qui peut être de deux natures : la filiation et la filiation adoptive.

Filiation : lien juridique qui unit un enfant à son père et sa mère.

Par effet de la loi, si les parents sont mariés : pas de démarche à faire.
Par reconnaissance, si les parents ne sont pas mariés. La filiation maternelle est automatique.
La filiation paternelle nécessite des démarches auprès de l'officier d'état civil.

Filiation adoptive : lien établi par décision juridique entre enfant et parents qui ne sont pas de même sang.

Adoption plénière : nouvel état civil (nom des parents adoptants) et nouvelle filiation (rupture des liens avec la famille d'origine).
Adoption simple : adoption sans que les liens juridiques soient rompus avec la famille d'origine.

Questions à un pro

On parle souvent d'autorité parentale. Qu'est-ce que c'est ?

✓ L'autorité parentale se définit comme l'ensemble des droits et devoirs des parents envers leur enfant, ayant pour finalité l'intérêt de l'enfant jusqu'à sa majorité.

Dans le cas de parents divorcés, qui a l'autorité parentale ?

✓ La séparation des parents est sans incidence sur l'exercice de l'autorité parentale. Les deux parents continuent à l'exercer en commun.

Mots-clés : Famille monoparentale, famille recomposée, homoparentale, famille nucléaire, autorité parentale, formes d'union, union, filiation.

Le principe de laïcité pour la petite enfance

La loi sur la laïcité et la petite enfance votée en mai 2015 a été jugée nécessaire en raison du retour du fait religieux, parfois sous des formes extrêmes. Ce texte de loi porte sur un point particulier : la neutralité dans les structures accueillant la petite enfance. En effet, la laïcité défendue est une laïcité de consensus et surtout pas une laïcité de conflit. Elle vise à réunir, non à diviser.

① Le principe de laïcité

En France, la République laïque respecte toutes les croyances. Elle garantit le libre exercice des cultes, mais elle n'en reconnaît aucun. C'est précisément cette neutralité de l'État entre les diverses religions qui permet leur coexistence harmonieuse dans la même nation. Cette éthique gagne donc à s'appliquer dès le plus jeune âge.

Le principe de laïcité offre un avantage de liberté. L'enfant doit pouvoir se construire librement et commencer à penser par lui-même. De même, la Charte de la laïcité à l'école de 2013, permet « aux élèves de forger leur personnalité, d'exercer leur libre arbitre… Elle les protège de tout prosélytisme et de toute pression qui les empêcherait de faire leurs propres choix. »

La laïcité est aussi un principe de fraternité. En effet, l'école de la République, c'est l'école de tous. Elle accueille sur les mêmes bancs tous les élèves, quelles que soient leur origine, leur conviction, leur confession, qu'ils s'appellent Clara, Samuel, Pape, ou Mounia. Elle leur permet de vivre ensemble, dans la fraternité, dans le respect mutuel et la tolérance, par-delà leurs différentes appartenances confessionnelles. La laïcité réunit et rassemble. Elle fédère. Elle renforce l'unité de la République.

Ce qui est souhaitable à l'école primaire l'est aussi à la crèche pour les plus jeunes. Mais, dans ce secteur, les règles sont plus complexes, voire encore floues car elles s'appuient sur des jugements d'origine juridictionnelle comme par exemple le cas de la crèche Baby Loup en 2013/14 qui opposait la directrice à l'une de ses employées qui portait le voile pendant l'exercice de son métier. L'assemblée plénière donna raison in fine à la directrice admettant que « la restriction à la liberté de manifester sa religion soit édictée par le règlement intérieur de cette crèche privée ».

② Le cas délicat des structures de la Petite enfance

Les structures publiques

Dans l'ensemble des structures publiques, les professionnels sont soumis à un « devoir de stricte neutralité ». Ce devoir fait obstacle à ce qu'ils manifestent dans l'exercice de leurs fonctions leurs croyances religieuses, notamment en portant un signe destiné à marquer leur appartenance à une religion. Tout agent public se doit donc d'agir avec neutralité, c'est-à-dire sans implication de ses convictions politiques ou confessionnelles. De façon plus précise, ce principe de neutralité implique que les professionnels travaillant dans ces structures sont soumis à des contraintes spécifiques du fait qu'ils participent à une mission de service public, lesquelles leur interdisent notamment de manifester leurs croyances religieuses par des signes extérieurs en particulier vestimentaires.

Applications du principe de neutralité

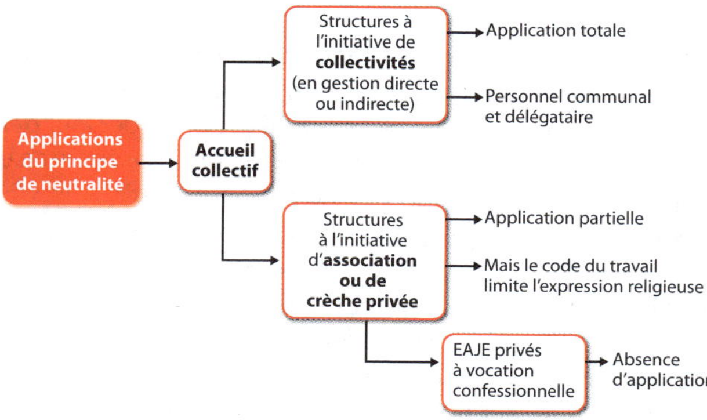

Les autres structures non publiques

Jusqu'à présent, les structures privées ne bénéficiant pas d'aide publique ne sont pas soumises à une obligation générale de neutralité religieuse, mais elles peuvent imposer des restrictions à la liberté du personnel de manifester ses convictions religieuses, en particulier par le port de tenues ou de signes.

Mots-clés : Laïcité, neutralité, croyances.

Fiche 21

Les secrets professionnels et partagés et la discrétion professionnelle

Les actions menées auprès des enfants et de leurs familles, mais aussi les relations avec les autres professionnels du secteur de la petite enfance prennent en compte l'éthique professionnelle. Cela veut dire que ces actions et relations s'appuient sur des valeurs et des règles de morale qui motivent les conduites professionnelles. Par ailleurs, la diffusion d'informations dans le cadre de son activité professionnelle doit répondre à certaines règles comme le secret professionnel ou la discrétion professionnelle. Dans certains cas bien précis, les informations peuvent être partagées : c'est le cas du secret partagé.

① Le secret professionnel

Quel que soit le mode de garde, le secret professionnel s'impose.

Le secret professionnel concerne toute personne qui, par son état, dans l'exercice de sa profession ou en raison d'une fonction ou d'une mission temporaire, a reçu des informations (vues, entendues ou comprises) auxquelles la loi accorde le caractère secret.

Loi du 4 mars 2002

En cas de non respect du secret professionnel :
La loi prévoit un an d'emprisonnement et 15 000 € d'amende

Art. 226-13 du Code pénal

MAIS levée du secret professionnel
Le secret professionnel est levé lorsque des sévices, ou privations ont été infligés à un mineur ou à une personne qui n'est pas en mesure de se protéger.
Le professionnel qui en a eu connaissance doit en informer les autorités judiciaires.

Art. 226-14 du Code pénal

② La discrétion professionnelle

Le devoir de discrétion ne repose pas sur un article du Code pénal, mais constitue plutôt une obligation déontologique ou contractuelle. La discrétion professionnelle est une obligation qui concerne l'ordre interne de l'établissement et qui interdit la révélation de toute information indiscrète sur sa vie interne (par exemple projet de restructuration de l'établissement...).

« La discrétion professionnelle est de règle pour les faits, informations ou documents dont les agents ont connaissance dans le cadre de leurs fonctions » (article 26 de la loi du 13/7/83).

« L'indiscrétion professionnelle est une faute disciplinaire susceptible d'entraîner une sanction disciplinaire. » (Décret 89.822 du 7/11/89).

③ Le secret partagé

L'article L1110-4 du Code de la santé publique pose le principe du partage d'informations annoncé par les textes législatifs et réglementaires.

Afin d'assurer la continuité des soins dispensés au patient ou de déterminer une prise en charge optimale, des professionnels de santé peuvent être conduits à échanger des informations concernant un malade.

La révélation doit être faite sous certaines conditions :
- avec l'assentiment du patient et dans son intérêt ;
- partagée avec d'autres personnes tenues au secret professionnel et amenées à s´occuper directement ou indirectement du patient ;
- seules les informations utiles pour l'intervention d'un autre professionnel devront être communiquées.

À savoir

Le secret partagé était jusqu'à présent uniquement autorisé entre professionnels de santé. La loi du 27 janvier 2016 de modernisation de notre système de santé complétée par deux décrets du 20 juillet 2016 a remis en cause ce principe en permettant à d'autres professions (concernant en particulier le champ social et médico-social) de participer à cet échange d'informations couvertes par le secret médical.

L'assistant maternel, dans le cadre de l'exercice de ses fonctions, peut être confronté à une difficulté et peut éprouver le besoin d'en échanger avec des professionnels de la PMI pour obtenir des conseils ou être conforté dans sa pratique. Cette démarche rentre dans le cadre du secret partagé.

Mots-clés : Éthique, secret professionnel, discrétion professionnelle, secret partagé, sanction.

Fiche 22

La responsabilité civile et pénale

La responsabilité se définit par l'obligation faite à une personne de répondre de ses actes, du fait du rôle et des charges qu'elle doit assumer et d'en supporter l'ensemble des conséquences. Les professionnels de la petite enfance sont confrontés à de multiples situations qui engagent leur responsabilité directe.

① Les situations à risque

Que ce soit en accueil individuel ou collectif, il est important que le professionnel identifie l'ensemble des risques encourus pour mieux s'en prémunir. Les situations les plus fréquentes sont les suivantes :
- administration de médicaments sans ordonnance ;
- défaut de surveillance ;
- publication de photographies sans autorisation préalable de droit ;
- environnement inadapté et non sécurisé ;
- difficultés lors de la séparation de parents (parent n'ayant pas l'autorité parentale voulant récupérer l'enfant...) ;
- comportements dangereux des parents...

Ces difficultés peuvent être en partie anticipées lors de la signature du protocole d'accueil par exemple.

Enfin, le professionnel ne doit pas oublier qu'il engage sa responsabilité chaque fois qu'il a la garde d'un enfant.

② La responsabilité civile

La responsabilité civile est liée aux obligations de sécurité et de surveillance. Elle est attachée à l'obligation de réparer les dommages causés à autrui. Elle est mise en jeu en cas de dommages causés aux enfants gardés et de dommages causés à un tiers par les enfants accueillis.

Par exemple, le contrat qui lie l'assistante maternelle au parent-employeur permet d'appliquer les règles de la responsabilité contractuelle qui la soumet à :
- une obligation de résultat en matière de sécurité et de surveillance. L'assistante maternelle doit donc respecter les règles de sécurité nécessaires à l'accueil des enfants en fonction de leur âge et de leur développement et assurer une vigilance adaptée en toutes circonstances ;
- une obligation de moyens en matière de santé.

Pour ces différentes raisons, il est conseillé au professionnel de prendre une assurance spécifique le couvrant lors de ses activités professionnelles.

À savoir

Le droit applicable pour les assistants maternels employés par un particulier ou une personne de droit privé (association, entreprise) relève des règles du Code civil et des juridictions de l'ordre judiciaire.
En revanche, le professionnel employé par une personne morale de droit public (service d'accueil familial géré par une collectivité…) est soumis au droit public et à la juridiction de l'ordre public.

③ La responsabilité pénale

La responsabilité pénale intervient en cas d'infraction à la législation. Par exemple, toutes les infractions liées à la « garde de mineurs » qu'elles soient intentionnelles (coups, privation de soins, non-assistance à personne en danger etc.) ou dues à une imprudence ou une négligence tombent bien évidement sous le coup de la loi. La responsabilité pénale fait donc référence à l'obligation de répondre de ses actes délictueux en subissant une sanction pénale selon les formes prévues par la loi.

Les infractions à la loi sont classées selon 3 niveaux :
– les **crimes**, qui relèvent de la cour d'assises ;
– les **délits**, qui relèvent du tribunal correctionnel ;
– les **contraventions**, qui relèvent du tribunal de police.

À savoir

En cas d'infraction à la législation, un assistant maternel encourt des peines. Ainsi sa responsabilité pénale peut être mise en jeu en cas de garde d'enfant sans agrément. Cette infraction est passible d'une peine de 3 mois de prison maximum et/ou d'une amende de 3 750 €. En cas de récidive, ces peines peuvent être doublées avec une interdiction temporaire ou définitive de recevoir des enfants.

Mots-clés : Responsabilités civile et pénale, sanctions, législation, loi, obligations, Code civil, tribunal.

Fiche 23

Les accidents domestiques et de la voie publique

Les accidents domestiques (se produisant à la maison et dans ses environnements immédiats) font chaque année en France près de 1 600 victimes. Ils sont variés, nombreux et sont à l'origine de décès, de handicaps, de séquelles dont les principales victimes sont les enfants et les personnes âgées.

① Les accidents et facteurs de risques

En France, plus de 2 000 enfants de 0 à 6 ans sont victimes d'accidents de la vie courante. Les chutes, noyades et intoxications sont les trois premières causes de décès. Parmi ces accidents de la vie courante, l'intérieur de la maison représente le lieu principal de risque d'accidents (plus de 80 %) et plus particulièrement la cuisine, la chambre et la salle de bains.

À savoir

Il suffit de 30 cm d'eau pour qu'un enfant, laissé sans surveillance, se noie !

Les accidents sont liés à des situations différentes, à des facteurs externes à l'enfant (évènements stressants comme un déménagement, une attitude répressive ou non du professionnel, l'heure, la saison, la non-surveillance), mais également à des facteurs intrinsèques comme la personnalité, le sexe ou l'âge.

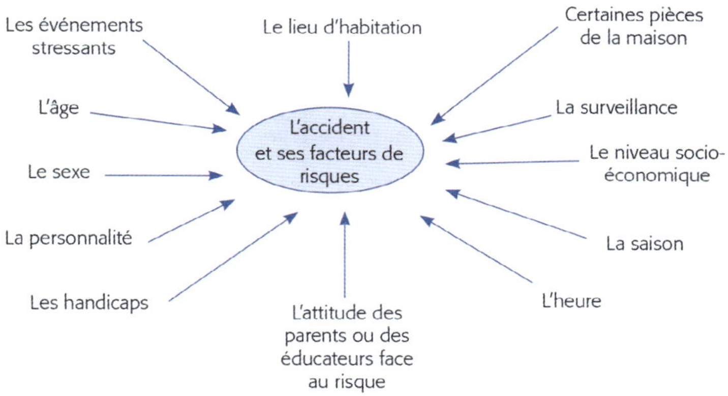

② Les accidents domestiques

Les enfants nécessitent une attention de chaque instant.

❶ **Brûlure.** Limiter la durée d'exposition au soleil. Éviter les heures dangereuses (entre 12 et 16 heures). Mettre un chapeau, une paire de lunettes de soleil et des vêtements couvrants. Utiliser une crème solaire.

❷ **Noyade.** Clôturer la piscine et surveiller en permanence les enfants.

❸ **Étouffement.** Coucher l'enfant en sécurité (sur le dos, sans oreiller, couette, peluches).

❹ **Chute**. Ne pas placer de meuble sous les fenêtres. Bloquer la fenêtre avec un système de sécurité.

❺ **Chute.** Ne jamais laisser l'enfant sans surveillance sur la table de change. Le prendre avec soi s'il est nécessaire de s'éloigner. Préparer le matériel avant d'effectuer le change.

❻ **Noyade.** Ne jamais s'éloigner de la baignoire, même quelques secondes.

❼ **Brûlure.** Vérifier la température de l'eau (37 °C) ou faire installer un dispositif de sécurité avec le robinet.

❽ **Asphyxie.** Vérifier que l'installation est en bon état et qu'il y a une aération efficace. Fermer le robinet d'alimentation après chaque usage. S'assurer du bon état du détecteur de fumée.

❾ **Intoxication.** Placer médicaments, produits ménagers, vétérinaires, phytosanitaires en hauteur, dans un placard fermé à clé ou ayant une fermeture de sécurité. Ne pas transvaser les produits dans une autre bouteille. Préférer les produits munis de bouchons de sécurité.

❿ **Brûlure.** Ne pas laisser l'enfant seul et l'éloigner des objets brûlants (bouilloire, four…). Équiper le four d'une « porte froide ». Tourner les queues de casserole vers l'intérieur de la plaque de cuisson. Attention aux brûlures avec le biberon.

⓫ **Étouffement.** Ne pas laisser à la portée de l'enfant de petits objets (olives, piles, pièces…). Le surveiller pendant les repas, les jeux…

⓬ **Électrocution.** Équiper les prises de dispositifs de sécurité. Ne pas laisser de rallonge électrique branchée. Ne pas surcharger les prises avec des multiprises. Ne jamais ouvrir l'eau du robinet à proximité d'un appareil électrique en marche.

⓭ **Chute.** Utiliser une sangle d'entrejambe et boucler les attaches. Ne jamais laisser un enfant sans surveillance. S'il y a un escalier, installer des barrières de sécurité en haut et en bas des marches.

③ Prévenir les accidents domestiques et de la voie publique

Les accidents peuvent vite arriver, mieux vaut donc les prévenir. Cela sera facilité par la bonne connaissance du développement et des capacités de l'enfant. (voir fiche 17)

Âges	Acquis	Prévention
0 à 3 mois	. Pas ou peu d'acquis : l'adulte est entièrement responsable de l'enfant.	. Coucher correctement l'enfant. Voir fiche 42 (le sommeil de l'enfant) . En voiture : ne jamais laisser l'enfant seul dans la voiture, utiliser un siège auto adapté. . Vérifier la température du biberon avant de lui donner. . Vérifier la température du bain et ne jamais s'absenter même un court instant (les articles de bain ne sont pas des articles de sécurité). . Tenir l'enfant sur la table à langer. Ne jamais le laisser seul. . Ne pas mettre le transat en hauteur.
3 à 9 mois	. L'enfant roule sur le côté du dos, sur le ventre puis à l'inverse. . Il veut attraper les objets.	. Bain : installer un tapis antidérapant dans la baignoire. . Rester proche de l'enfant lors du change, sur le canapé... et laisser une main dessus. . Ranger les objets coupant, tranchant, brûlant, toxiques... hors de la portée de l'enfant (bloque-tiroirs, armoire fermée à clé...). . Rester près de l'enfant lorsqu'il est installé sur la chaise haute et vérifier que le harnais est correctement fermé. . En voiture, utiliser un siège-auto dos à la route et mettre la sécurité enfant (blocage des portes arrières). . Bien l'attacher dans la poussette.
9 à 12 mois	. Il saisit toute sorte d'objets qu'il porte à la bouche. . Début du quatre pattes : l'enfant élargit son horizon.	. Ne pas laisser de minuscules objets à portée de l'enfant (cacahuètes, piles boutons, petits jeux...). . Protéger les coins de table. . Utiliser une armoire à pharmacie fermée à clé. . Vérifier la toxicité des plantes d'intérieur et du jardin. . Installer des prises électriques à éclipse (ou des cache prises pour les installations plus anciennes), n'acheter que du matériel portant la marque NF. . Ne jamais laisser de rallonge électrique branchée et non raccordée à un appareil. . Installer des barrières de sécurité en haut et en bas des escaliers.

Âges	Acquis	Prévention
12 à 18 mois	. L'enfant marche. . Il commence à comprendre la signification du « non ».	. Apprendre à l'enfant à respecter les animaux domestiques. . Ne jamais laisser un enfant seul avec un animal domestique. . Protéger le four par une porte de protection dite « porte froide ». . Tourner les manches des casseroles et des poêles vers l'intérieur. . Débrancher puis ranger les appareils électroménagers après usage. . Faire marcher l'enfant sur le trottoir côté mur et lui donner la main.
18 à 24 mois	. L'enfant comprend des explications simples. . Il grimpe et Imite.	. Faire attention à bien fermer (ou bloquer) les fenêtres ou installer un garde-corps. . Ne pas placer de meuble(s) devant la fenêtre. . Fixer les meubles au mur. . Ne pas laisser l'enfant seul sur le balcon. . Ne pas laisser de sac en plastique à portée de main.
À partir de 2 ans	. L'enfant parle de mieux en mieux . Il pose des questions.	. En voiture : donner l'exemple et s'attacher. L'enfant sera ravi d'imiter l'adulte. . La piscine (gonflable ou en dur) : sécuriser la piscine, ne jamais laisser l'enfant seul. . Circulation automobile : lui apprendre à attendre l'adulte avant de traverser la chaussée, montrer l'exemple en traversant dans les passages protégés quand le signal piéton est vert et après avoir vérifié qu'aucun véhicule ne s'engage. . Lors des promenades : lui demander de bien tenir la poussette (ou la main). . Faire porter obligatoirement un casque pour faire du vélo (bonne taille, attaché).

④ L'attitude de l'adulte

Il ne s'agit pas de tout interdire à l'enfant sous prétexte de le protéger et de lui éviter tous les dangers. Le risque « 0 accident » n'existe pas. De même, il ne serait pas cohérent de tout laisser faire à l'enfant sous prétexte qu'il doit faire ses expériences pour comprendre les dangers.

Il faudra en réalité éduquer l'enfant en fonction de son âge pour lui apprendre les dangers qui l'entourent, le laisser prendre des risques mesurés en l'accompagnant dans ses explorations, en verbalisant ce qu'il est en train d'expérimenter.

De plus, si l'adulte veut être crédible aux yeux de l'enfant, il devra montrer l'exemple car l'enfant aime mimer, copier l'adulte.

Mots-clés : Risques domestiques et voie publique, accidents, surveillance, dangers, responsabilité.

Fiche 24

Les maladies professionnelles et les accidents du travail

Le travail dans le secteur de la petite enfance exige une forte résistance tant physique que psychologique. En effet, le professionnel soulève des charges en permanence et des kilos tout au long de la journée. De plus, il enchaîne des postures répétitives (se lever, se baisser….) ce qui l'expose fortement à des maladies professionnelles et parfois à des accidents.

① Que recouvre la notion de « maladie professionnelle » ?

Une maladie contractée par un salarié peut être considérée comme d'origine professionnelle lorsqu'elle est en lien avec son activité professionnelle.

Pour les professionnels de la petite enfance, ces maladies professionnelles sont multiples. En effet, ils sont le plus souvent exposés à des troubles musculo-squelettiques (lombalgies, tendinites de l'épaule et du coude, douleurs sciatiques, mal de dos, arthrose, syndrome du canal carpien…). Ceux-ci résultent du port et de la manipulation répétés des enfants.

Les risques d'ordre psychologique et psychosocial sont principalement liés aux contraintes organisationnelles, aux nuisances sonores, au surinvestissement du personnel dans sa mission et aux possibles difficultés relationnelles avec les parents.

Les troubles circulatoires, les contaminations biologiques et les risques psychologiques sont également observés dans ces métiers.

À savoir

La maladie peut être d'origine professionnelle si elle figure au tableau des maladies professionnelles (Code de la Sécurité sociale et de ses articles L.461-1 et suivants.)

② Les étapes de la reconnaissance d'une maladie professionnelle

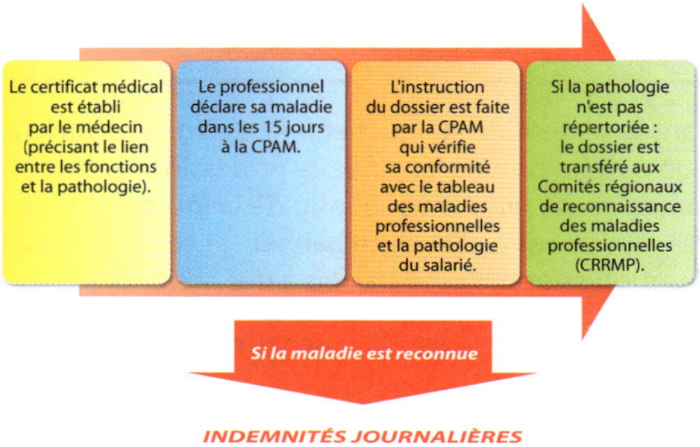

③ Que recouvre la notion d'« accident du travail » ?

Par conséquent, un accident survenu, quelle qu'en soit la cause, par le fait ou à l'occasion du travail est considéré comme accident du travail. Cette qualification est importante puisqu'elle conditionne l'indemnité pour accident du travail. Lorsque le salarié subit un dommage corporel, il convient donc avant tout de vérifier si les critères de l'accident du travail sont bien réunis.

Selon le Code de la Sécurité sociale (article L411-1), l'accident du travail doit être survenu par le fait ou à l'occasion du travail. Il peut concerner toute personne salariée ou travaillant, à quelque titre ou en quelque lieu que ce soit, pour un ou plusieurs employeurs ou chefs d'entreprise.

À savoir

L'accident du travail se distingue de la maladie professionnelle, dont l'apparition est progressive, par son caractère soudain. Le dommage subi doit être apparu de façon subite : chute, blessure avec un outil, intoxication, lésions cervicales, etc. La lésion peut être d'ordre physique (hernie, plaie, fracture, ...) mais aussi psychologique (état dépressif, stress, ...). Mais le seul critère de soudaineté ne suffit pas à distinguer l'accident du travail de l'accident non-professionnel. Un lien direct doit donc également exister entre l'accident et le travail.

④ Quel est le processus d'indemnisation ?

La Caisse primaire d'assurance maladie - CPAM - traite toutes les demandes de prise en charge au titre des accidents du travail. Lorsque le caractère professionnel de l'accident est reconnu, le travailleur bénéficie d'une prise en charge de ses soins, d'une indemnité journalière et le cas échéant d'une rente.

La prise en charge des soins

En cas d'accident du travail ou de maladie professionnelle, les soins médicaux, chirurgicaux et de réadaptation liés à cet évènement sont intégralement remboursés.

Les indemnités journalières

L'arrêt de travail en raison d'un accident du travail donne droit à des indemnités journalières (IJ) versées par la caisse primaire d'assurance maladie (CPAM). Le montant de l'indemnisation et les conditions de versement diffèrent de celles prévues pour un arrêt maladie.

La rente décès

Sous conditions, la sécurité sociale verse une rente à l'ayant droit d'un salarié dont l'accident du travail a entraîné son décès. Les droits varient selon la position par rapport au défunt.

Question à un pro

Quelles sont les démarches en cas d'accident de travail ?

✓ Lors de la survenue d'un accident sur le lieu et sur le temps du travail, le travailleur doit informer ou faire informer l'employeur dans les 24 heures et lui préciser le lieu, les circonstances de l'accident et l'identité du ou des témoins. Cette déclaration doit être envoyée par lettre recommandée dans le cas où elle ne peut être faite sur le lieu de l'accident.

À savoir

La loi ASAP prévoit que les assistants maternels puissent bénéficier des services de la médecine du travail.

Mots-clés : Maladie professionnelle, TMS, pathologie, accident du travail, risques, causes, prise en charge, CPAM, indemnités journalières.

Fiche 25 Les principes généraux d'ergonomie

La PRAP, prévention des risques liés à l'activité professionnelle, est un domaine d'étude très important dans le secteur de la petite enfance. Elle permet de bien se positionner et d'organiser ses espaces de travail afin d'économiser son organisme.

① Les principes

Les manutentions humaines ou matérielles sont multiples dans ce secteur et entraînent un grand nombre de TMS (Troubles musculo squelettiques).

Afin de préserver la santé du professionnel et pour faciliter son travail, un certain nombre de principes sont à respecter que ce soit pour des charges matérielles ou pour le portage d'enfants.

Principe et justifications	Principe et justifications
Se rapprocher le plus possible de la charge Plus la charge est éloignée plus la force nécessaire pour la soulever est importante. 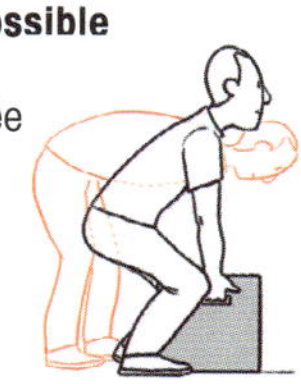	**Rechercher le bon équilibre** La position des pieds écartés et légèrement décalés permet un meilleur équilibre. 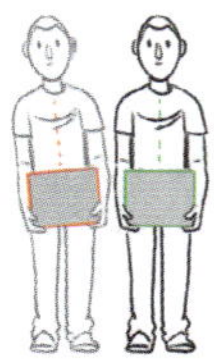
Fixer la colonne vertébrale Respecter les courbures de la colonne vertébrale pour que les disques inter-vertébraux ne soient pas pincés. 	**Assurer les prises** Pour permettre la bonne tenue de la charge. Utiliser si nécessaire des EPI (équipements de protection individuelle) : gants, chaussures de sécurité… 
Utiliser la force des jambes Pour éviter de forcer sur la colonne vertébrale. Fléchis, les quadriceps sont plus puissants. 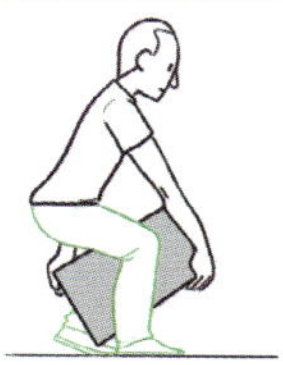	**Limiter les efforts : bras tendus, appui sur la cuisse et aide de la cuisse** Afin de faire une économie d'effort. 

② Quelles sont les bonnes attitudes ?

Les attitudes à adopter le plus souvent possible pour le confort et la sécurité de l'opérateur et de l'usager sont les suivantes.

Nom du geste / Posture	Illustrations	SITUATIONS
La position du chevalier servant		. Pour se baisser. . Pour se mettre à la hauteur d'un enfant ou d'un objet. . Pour prendre et porter un enfant ou une charge. . Pour poser un enfant ou une charge au sol.
La cuillère	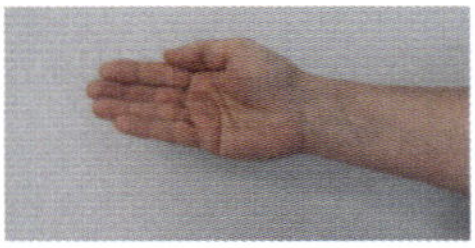	. Pour soupeser sans pincer ou tirer. . Pour maintenir la tête d'un nourrisson.
La barre fessière	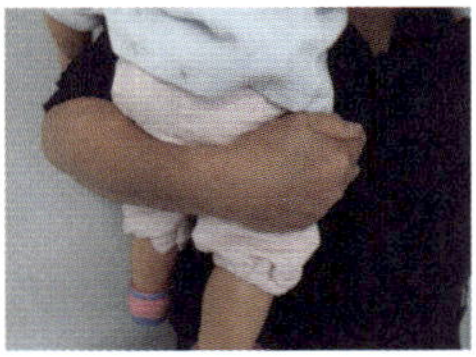	. Pour soupeser sans blesser. . Pour maintenir le siège d'un nourrisson.
La main en béquille	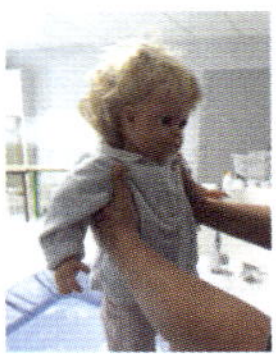	. Pour aider un enfant à se relever. . Pour déposer un enfant au sol.
Les coudes en console	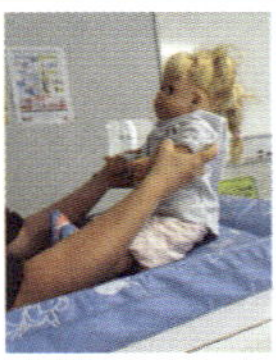	. Pour allonger un enfant. . Pour mettre un enfant assis.

Mots-clés : Ergonomie, PRAP, TMS, chevalier servant, barre fessière, main en cuillère, main en béquille, coude en console, sécurité, confort.

Fiche 26

Les biocontaminations

Tout au long de la journée et quel que soit le lieu d'exercice, l'enfant comme l'adulte est soumis au contact de nombreux micro-organismes. Ces derniers peuvent pénétrer dans l'organisme, s'y développer et déclencher une infection. Pour prévenir un certain nombre d'infections, la vaccination est possible.

① Les différentes flores du corps humain

Le milieu qui nous entoure n'est pas stérile. Il est envahi de micro-organismes pathogènes ou pas. Certains peuvent être vecteurs de contaminations de notre environnement : il s'agit de biocontaminations.

Les bactéries sont présentes sur la peau et les muqueuses du sujet sain. Elles constituent des flores qui sont réparties en quatre flores principales.

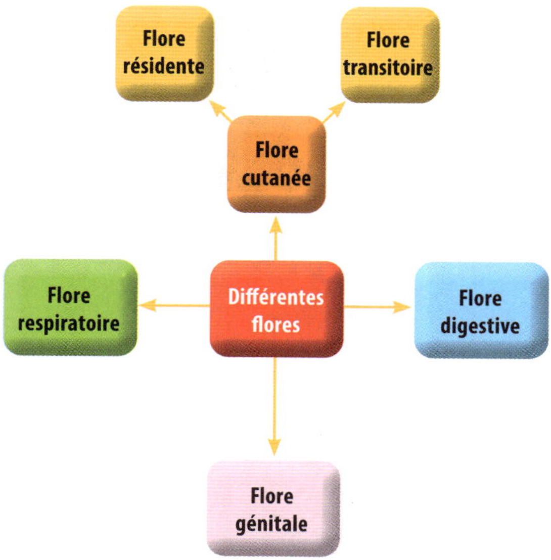

À savoir

– **La flore résidente** n'est pas pathogène. Elle constitue une barrière vis-à-vis des autres agents infectieux en créant un milieu défavorable. Elle ne peut pas être éliminée en totalité.
– **La flore transitoire** provient de l'environnement et se dépose ou pénètre dans l'organisme de façon passagère.

② Les voies de transmission et de pénétration des micro-organismes

La transmission de germes (ou contamination) peut se faire de plusieurs façons :

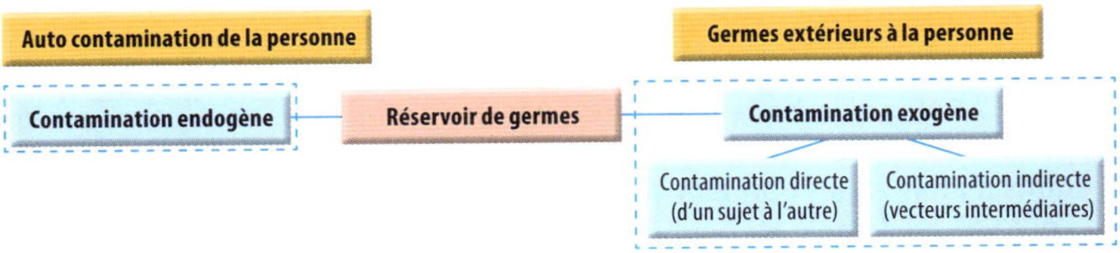

Question à un pro

Dans le cadre du multi-accueil, quand peut-on parler de contamination directe ou indirecte ?

✓ La contamination directe peut se faire lorsqu'il y a échange de germes d'un sujet à l'autre. Par exemple la toux, les mains sales... sont des contaminations directes. La contamination indirecte nécessite un vecteur entre le réservoir de germes et le sujet. Ainsi, lorsque le matériel, l'eau, l'air, l'alimentation ... sont contaminés, on parle de contamination indirecte. Par exemple, un aliment contaminé avec des mains sales est porteur de micro-organismes qui vont être ingérés. Dans ce cas, le réservoir correspond aux mains et le vecteur de contamination est l'aliment.

Le germe pénètre donc dans l'organisme par plusieurs portes d'entrée : la voie respiratoire, la voie digestive, la voie cutanée, la voie génitale et la voie sanguine.

③ Un mode de prévention : la vaccination

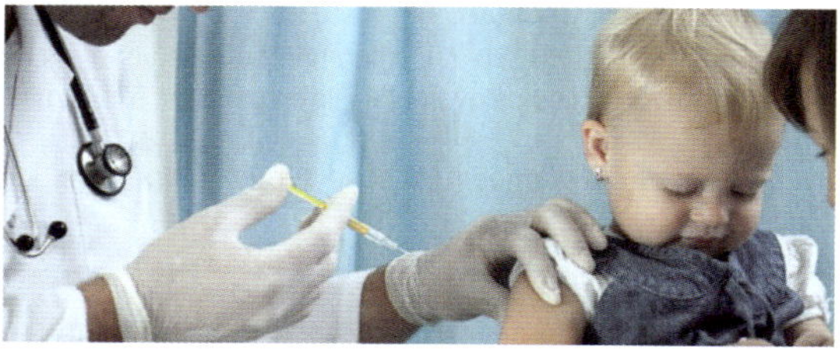

Le principe de la vaccination consiste à inoculer un agent infectieux dans l'organisme sous une forme inoffensive. Cet agent infectieux stimule la réponse immunitaire. Ainsi, le sujet produit lui-même ses anticorps et est protégé longtemps contre la maladie si les rappels sont effectués régulièrement.

Depuis janvier 2018, pour entrer en collectivité, 11 vaccins sont obligatoires. La loi ASAP prévoit que le non-respect des obligations vaccinales par les parents sera reconnu comme un motif de démission légitime pour les assistants maternels (et donnera droit aux allocations chômage). Voir fiche n° 92 Loi ASAP (en ligne).

Vaccins contre... / Âge	Naissance	2 mois	4 mois	5 mois	11 mois	12 mois	16-18 mois	6 ans
La diphtérie* Le tétanos* La coqueluche* La poliomyélite*		x x x x	x x x x		x x x x			x x x x
L'haemophilus influenzae b*		x	x		x			
L'hépatite B*		x	x		x			
Le pneumocoque*		x	x		x			
La méningocoque C*				x		x		
La rougeole* Les oreillons* La rubéole*						x x x	x x x	
La tuberculose (BCG)	Recommandé dans certains cas							

**Vaccins obligatoires pour entrer en collectivité*

À savoir

L'Haemophilus influenzae b est une bactérie responsable de méningites et d'infections respiratoires chez l'enfant.
Le pneumocoque est une bactérie responsable d'infections pulmonaires.
Le méningocoque C est une bactérie responsable de méningites.

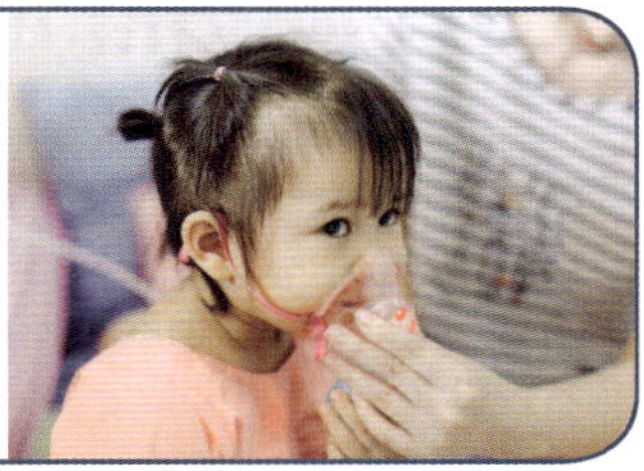

Pour le personnel auprès des jeunes enfants, des vaccinations sont recommandées ou obligatoires.

Pour les assistants maternels

Le décret paru au *JO* du 1er mars 2019 suspend l'obligation de vaccination par le BCG pour les assistants maternels à compter du 1er avril 2019.

Trois vaccins sont **fortement conseillés** :
– le vaccin contre la coqueluche ;
– le vaccin trivalent ROR : contre la rougeole, les oreillons, la rubéole ;
– le vaccin contre l'hépatite A.

Trois autres vaccins sont **recommandés** :
– le DT Polio : vaccin contre la diphtérie, tétanos, poliomyélite ;
– le vaccin contre l'hépatite B (en fonction des risques) ;
– le vaccin contre la varicelle (si l'assistant maternel ne l'a pas eue).

Pour le personnel de crèche, RPE, MAM

Le décret paru au *JO* du 1er mars 2019 suspend l'obligation de vaccination par le BCG pour le personnel de crèche, de RPE et de MAM à compter du 1er avril 2019.

Trois vaccins sont **obligatoires** :
– le DT Polio : vaccin contre la diphtérie, tétanos, poliomyélite

D'autres sont **recommandés** :
– le vaccin contre la coqueluche ;
– le vaccin trivalent ROR : contre la rougeole, les oreillons, la rubéole ;
– le vaccin contre l'hépatite A.

Le vaccin contre l'hépatite B se fait en fonction de l'évaluation du risque par la médecine du travail.

Mots-clés : Flores, voies de transmission, portes d'entrée des micro-organismes, vaccins.

Fiche 27

L'enfant et le jeu

Les professionnels de la petite enfance doivent offrir et préserver des temps de jeu dans un espace organisé pour donner à l'enfant l'opportunité de se détendre, d'imaginer et d'expérimenter ses multiples compétences et apprentissages.

① Importance du jeu dans la vie de l'enfant

Le jeu répond à plusieurs objectifs.

- **Jouer pour se détendre** : l'enfant a besoin de souffler et de jouer sans attentes, contraintes ni exigences.
- **Jouer pour découvrir son corps** : les premiers jeux sont des activités sensorielles et portent sur le corps lui-même. Cette exploration va se développer au fur et à mesure du développement moteur de l'enfant.
- **Jouer pour développer sa capacité à être seul** : le jeu est une activité où l'enfant peut être autonome et se construire indépendamment de l'adulte.
- **Jouer pour rencontrer l'autre** : par le jeu, l'enfant apprend à partager, négocier, se défendre, faire des compromis, établir des relations et vivre ensemble.
- **Jouer pour mieux comprendre le monde qui l'entoure** : au-delà de son ouverture aux autres, le jeu permet de découvrir son environnement grâce à l'observation, l'écoute et le toucher.

- **Jouer pour renforcer ses compétences** : en jouant, les enfants mettent à profit et consolident leurs compétences.
- **Jouer pour s'exprimer et s'affirmer** : par le jeu, l'enfant met en place ce qui l'interroge surtout si le langage n'est pas encore développé. Plus grand, le jeu lui permet de rentrer dans la peau de héros, d'avoir le pouvoir et de contribuer ainsi à la construction d'une estime de soi valorisée.
- **Jouer pour extérioriser ses émotions** : le jeu lui permet de mettre en dehors des émotions qu'il découvre.

Mots-clés : Espace de jeu, découvertes, expression, sécurité, éveil, motricité.

Fiche 28

Les besoins de l'enfant

Les activités d'éveil répondent à de nombreux objectifs et développent chez l'enfant de multiples compétences visant à le rendre autonome. Pour cela, il faudra prendre en compte les besoins de l'enfant.

① Quels sont les besoins de l'enfant à prendre en compte ?

Avant toute mise en place d'une activité, le professionnel devra s'assurer que les besoins physiologiques ou primaires (se nourrir, boire, dormir) soient satisfaits afin que l'enfant profite dans les meilleures conditions de ce moment.

Comment répondre aux besoins lors des activités d'éveil ?

Besoins	Réponses
1. Respirer. 2. Boire et manger. 3. Éliminer. 5. Dormir et se reposer. 6. Se vétir et se dévétir. 7. Maintenir la températre du corps dans les limites de la normale. 8. Être propre, soigné et protéger ses téguments.	L'enfant doit : . avoir la couche propre ou être déjà passé aux toilettes ; . être à l'aise dans ses vêtements pour pouvoir bouger aisément. L'enfant ne doit pas avoir faim, ne pas avoir sommeil, ne pas avoir trop chaud ni trop froid (température de la pièce 18 ° à 20 ° C), ne pas avoir d'hyperthermie et ne pas être malade.
4. Se mouvoir et maintenir une bonne posture.	Il doit être confortablement installé selon son âge, avoir un espace suffisant, ne pas être gêné ou gêner les autres.
9. Éviter les dangers.	L'espace et la matériel doivent être adaptés à l'âge de l'enfant et ne comporter aucun risque.

Dans un deuxième temps, lors du déroulement de l'activité et en fonction de la façon dont il sollicite l'enfant, le professionnel tentera de répondre au mieux aux besoins secondaires et plus particulièrement les suivants :

- le besoin n°4 : se mouvoir et maintenir une bonne posture ;
- le besoin n°10 : communiquer ;
- le besoin n°12 : s'occuper en vue de se réaliser (terminer un puzzle, une construction…) ;
- le besoin n°13 : se récréer, se divertir ;
- le besoin n°14 : apprendre ;

tout en veillant à la sécurité de l'enfant (besoin n°9 : éviter les dangers).

Comment répondre aux besoins lors des activités d'éveil ?

10. Communiquer.	Les consignes doivent être claires, le vocabulaire adapté et correct (ne pas infantiliser). Le langage oral doit être stimulé et encouragé.
11. Pratiquer sa religion et agir selon ses croyances.	
12. S'occuper en vue de se réaliser.	Il faut que l'enfant se sente valorisé et que son estime soit développée.
13. Se récréer, se divertir.	Varier les propositions de jeux : jeux individuel, collectif, d'imitation, de société ,...
14. Apprendre.	Grâce à des expériences, des jeux, des activités de la vie quotidienne.

À savoir

Il est important de connaître la classification des 14 besoins fondamentaux de Virginia Henderson (infirmière américaine), afin d'accompagner au mieux l'enfant dans son développement physique, intellectuel, affectif et social. L'adulte doit impérativement s'adapter à l'enfant en fonction de ses capacités, son éveil, son autonomie... car chaque enfant évolue selon son rythme.

Mots-clés : Besoins physiologiques, besoins secondaires, accompagnement, adaptation, écoute.

Fiche 29

Mise en œuvre de conditions favorables au jeu libre

Le jeu structuré, dirigé (atelier, jeu de société...) présente des avantages comme le développement de l'attention, le respect des règles... Cependant, l'enfant a aussi besoin de temps de jeux libres très importants pour son développement.

① L'importance du jeu

Le rythme des enfants d'aujourd'hui, calqué sur celui de l'adulte, est souvent très soutenu. Or, il est important de laisser l'enfant manipuler les objets à sa guise, de le laisser tâtonner. C'est en jouant librement, que l'enfant va développer ses capacités et apprendre à se connaître à condition que l'adulte lui laisse suffisamment de temps pour jouer.

② Les avantages du jeu libre

Jouer librement permet à l'enfant de développer plusieurs compétences à son rythme.

Développer sa confiance en soi	L'enfant essaie toutes sortes de choses. Il prend des initiatives (pas de règles). Il contrôle son environnement. Il s'affirme, négocie avec les autres enfants.
Stimuler l'autonomie	L'enfant fait des choix par lui-même (il est moins dépendant des adultes). Il doit trouver des solutions aux problèmes qu'il rencontre. Il apprend à réagir devant certaines situations.
Favoriser la créativité	Le jeu libre permet d'utiliser un objet de multiples façons (par exemple un bout de tissu peut être une nappe, une cape, un foulard ou un tablier...).

③ Quelle est la place du professionnel ?

Le professionnel joue un rôle important dans le jeu de l'enfant : avant, pendant et après le jeu libre.

Il devra :
- aménager l'espace de façon sécurisante, organisée (si le jeu le demande) et accueillante ;
- prévoir de placer les jouets à la portée de l'enfant (pour permettre son autonomie) ;
- choisir des jouets en fonction de l'âge de l'enfant ;
- mettre suffisamment de jouets à disposition (ni trop, ni trop peu) et les renouveler régulièrement ;
- ne pas intervenir dans les jeux de l'enfant, s'il n'en fait pas la demande. Laisser l'enfant maître de son jeu, le laisser manipuler, explorer, imaginer...
- maintenir un espace prêt à jouer (rangé après le temps de jeux).

L'attitude du professionnel nécessite :
- d'être disponible pour l'enfant afin de le sécuriser. Ainsi, l'enfant pourra explorer en toute quiétude ;
- d'observer pour mieux connaître l'enfant, noter son évolution, communiquer avec les familles, réajuster les espaces et aménagements ;
- de se garder de « montrer » comment utiliser le jeu et laisser faire à l'enfant ses expériences seul ;
- de l'encourager à découvrir ;
- de ne pas se moquer, juger, dire : « Non ce n'est pas comme cela qu'il faut utiliser ce jeu... » mais plutôt : « Ton utilisation est originale, je n'y avais pas pensé.... »

L'environnement de jeu et l'attitude des professionnels façonnent la qualité de l'expérience de jeu pour les enfants. Le rôle de facilitateur est l'un des plus importants : l'adulte prépare les lieux en s'assurant qu'ils sont constamment propices à un jeu riche et spontané et en interagissant de manière à optimiser l'apprentissage de l'enfant par le jeu.

Mots-clés : Jeux libres, rythme de l'enfant, autonomie, confiance en soi.

L'expression corporelle

De nombreuses activités permettent de développer l'expression corporelle chez le jeune enfant. Le professionnel, qu'il travaille à domicile ou en structure, devra s'adapter à l'espace dont il dispose. Les différentes activités, même les plus simples, et le matériel diversifié permettront de varier les exercices afin de susciter l'intérêt de l'enfant qui tout en jouant, développera ses aptitudes corporelles.

① Intérêts de l'expression corporelle

Les intérêts de ce type d'expression sont multiples : ils permettent de réaliser des actions à visée artistique, esthétique et/ou expressive, d'exprimer corporellement des images, des personnages, des sentiments et des états. Ces principaux intérêts sont listés ci-après :

② Un exemple d'activité d'expression corporelle

« Jacques a dit »	
Organisation	• Prévoir le matériel si nécessaire et organiser l'espace (activité d'intérieur ou d'extérieur). • Veiller à la tenue de l'enfant. L'adapter pour qu'il soit à l'aise et ne se blesse pas (enlever les chaussures…).
Étapes et consignes de l'activité d'expression corporelle	• Le professionnel explique le jeu avec des consignes simples et précises. • Il donne des ordres faisant référence aux parties du corps comme : – « Jacques a dit : touchez-vous le nez ! » Les enfants ne doivent exécuter l'ordre que lorsque la phrase commence par « Jacques a dit : ». Si l'adulte dit : « Sautez dans le cerceau ! » sans avoir débuté exactement par « Jacques a dit : … », ceux qui ont exécuté l'ordre sont éliminés. Si l'ordre est correctement donné, mais que le joueur l'exécute mal, il est aussi éliminé. • Le professionnel choisira à l'avance ses indications en fonction de l'âge des enfants et de leurs capacités motrices et intellectuelles. Par exemple : – sauter en l'air pour les 2 ans ou à pieds joints pour les 4 ans. – Faire les marionnettes avec les mains ou faire la marionnette de la main droite… • Il pourra utiliser des accessoires divers à chaque partie : par exemple, une chaise pour s'asseoir, ramper dessous, faire le tour… • Il pourra également demander d'imiter des postures d'animaux. • Le professionnel veillera au respect des règles. • Le professionnel clôturera le jeu et rangera avec l'aide des enfants.
Variantes	• L'enfant pourra à son tour être Jacques et exprimer ses envies. • Imiter Jacques sans qu'il verbalise le geste ou la posture. • Faire le jeu devant un miroir.

③ D'autres exemples d'activités corporelles

Les rondes → **La danse** → **Les mimes et imitations** → **Le yoga et la relaxation** → **La chaise musicale**

À savoir

Les rondes permettent d'intégrer de nouveaux gestes (s'accroupir, frapper des mains…) en rythme, des notions de temps mais aussi d'explorer l'espace d'une autre façon (devant, derrière, dedans, dehors…) et de mémoriser et enrichir le vocabulaire. Elles sont une référence culturelle et artistique et permettent de varier les rythmes et exprimer des sentiments.

Mots-clés : Expression corporelle, corps, aptitudes, posture, ronde, comptine.

Fiche 31

L'éveil musical

L'éveil musical est l'occasion d'initier les enfants et d'ouvrir leur esprit à toutes les formes d'expression musicale. Les éveiller à cette discipline artistique permet de les familiariser à la voix et au chant, par le biais des comptines, des berceuses ou des chansons à texte et à tout ce qui a trait aux objets sonores.

① Comment organiser une séance de musique ?

L'éveil musical permet de découvrir le fonctionnement des instruments et de faire des expériences en les manipulant. C'est aussi écouter toutes les formes de musique créées à des époques et dans des pays divers, de l'opéra au jazz, en passant par les musiques actuelles et traditionnelles. Pour démarrer cette séance, il est possible de proposer à l'enfant d'écouter ce qui l'entoure en fermant les yeux s'il le souhaite et en essayant de nommer les sons perçus.

Ensuite, inviter l'enfant à faire des sons avec son corps : pourquoi ne pas imiter la pluie avec les doigts de la main ? Lui proposer de taper un doigt, puis deux, puis trois, quatre et cinq sur la paume de l'autre main. La pluie est de plus en plus forte, puis la pluie se calme et on procède dans le sens inverse. D'autres parties du corps peuvent être explorées : le bruit que fait la bouche, les pieds….

Enfin, dans un troisième temps, les maracas et bâtons de pluie pourront être présentés. L'enfant pourra écouter les différents bruits, les comparer, les reproduire en agitant plus ou moins les instruments.

② Fabriquer des maracas

Pour la mise en place d'un atelier d'éveil musical ou pour organiser un petit spectacle pour la fête de la musique, pourquoi ne pas fabriquer ou faire créer par les enfants quelques instruments. Rythmes variés, tonalités différentes, sont des expériences intéressantes pour l'enfant qui développera son oreille au fil des séances.

Intérêts de l'activité

• Découvrir le plaisir de fabriquer un instrument. • Créer, imaginer, communiquer. • Développer son sens de l'audition, du rythme. • Développer la dextérité. • Se divertir. • Développer ses capacités d'attention.

Fiche 32 Les activités d'éveil artistique

Les activités d'éveil artistique au domicile, en structures multi-accueil mais surtout en école maternelle font référence à un domaine d'apprentissage qui comprend les arts visuels (peinture, sculpture, photographie...), les arts de la musique et du son (chanson, musique instrumentale...) et les arts du spectacle vivant (danse, théâtre marionnettes...).

① Les intérêts de l'expression artistique

L'éveil artistique permet à l'enfant de construire sa sensibilité, son imaginaire, son expression personnelle et son rapport au monde. La rencontre avec le patrimoine culturel, avec la création contemporaine et l'expression artistique contribuent au développement de l'identité et de l'autonomie de l'enfant.

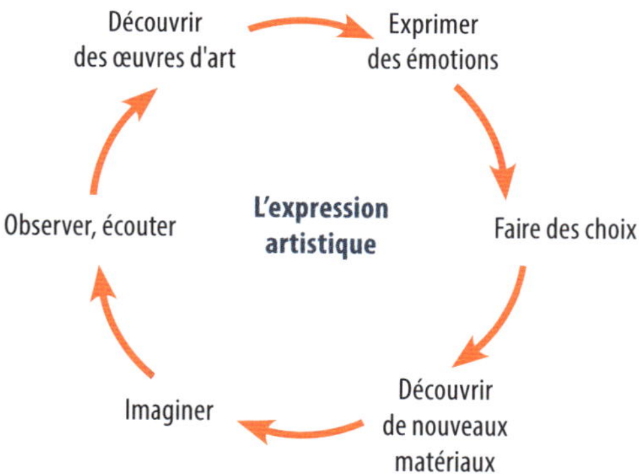

② Un exemple d'activité artistique : reproduire une œuvre

À la manière de Klimt		
Intérêts de l'activité	. Développer l'éveil sensoriel (toucher la matière, la texture, voir les couleurs...). . Apprendre les couleurs et les formes. . Développer la motricité fine (tenue du pinceau, manipulation de la pâte à modeler...). . Découvrir un artiste.	

Déroulement de l'activité	**Séance 1** . Observer l'œuvre (couleurs, formes, ressenti...). . Demander aux enfants ce qu'ils voient et échanger (« J'aime/ je n'aime pas » pourquoi ? « Cela me fait penser à ... », « Je vois telle forme, telle couleur... »). **Séance 2** . Préparer le matériel (carton, peinture, pinceaux, pâte à modeler, colle). . Mettre le tablier. . Peindre la totalité du carton de la même couleur. . Rouler des boudins avec la pâte à modeler de différentes couleurs et longueurs. . Positionner les boudins sur le carton pour former l'arbre. . Coller les boudins.	  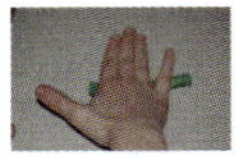 
Variantes	**Les supports :** . utiliser une toile sur châssis, des feuilles de papier couleur... **La peinture :** . des pinceaux, objets (bouchons en liège, éponges...), peinture aux doigts, aux pieds, crayons de couleur, de cire, feutres... La pâte à modeler peut être remplacée par des feutres, un fil de chenille, de la pâte à sel... **La technique :** . faire colorier les arbres de vie imprimés en noir et blanc, utiliser le principe de la coloration pop-art...	

Question à un pro

À partir de quel âge et comment mettre en œuvre une telle activité ?

✓ Cette activité artistique peut être proposée à partir de deux ans. Alors qu'en école maternelle les consignes seront précises, en multi-accueil ou chez l'assistant maternel, plus de souplesse pourra s'avérer nécessaire. Ce qui importe le plus, ce sera le plaisir que l'enfant aura eu et les découvertes qu'il aura pu faire (découvertes de la matière, de techniques...). La beauté de l'objet final (selon les critères de l'adulte) n'est pas à prendre en compte.

✓ L'adulte devra accompagner l'enfant, verbaliser et encourager sans faire à sa place et surtout sans juger.

Mots-clés : Activités créatives (expression artistique), éveil, imaginaire, découverte, observation.

Fiche 33

Les activités de lecture

La lecture de contes ou de livres est une activité très importante chez le jeune enfant. Plus qu'un simple lien entre l'enfant et l'adulte, cette activité va permettre de développer de nombreuses capacités dès le plus jeune âge.

① Intérêts des histoires pour les enfants

LECTURE

Permettre le développement intellectuel

• Reconnaître les émotions (identification aux personnages) • Faire passer des messages • Acquérir de nouvelles connaissances • Développer la curiosité.

Privilégier le lien avec l'adulte

Développer le langage et le vocabulaire

Développer la motricité fine

• Tourner les pages • Soulever les languettes, rabats... • Coordonner son œil et sa main.

Stimuler les sens

• Regarder les images • Toucher les pages • Écouter • Modifier les livres.

② Organisation du coin lecture

Le coin lecture sera de préférence dans un endroit calme (par exemple pas trop près des modules de motricité). Il peut être un peu isolé grâce à de petits meubles bas pour ranger les livres (ainsi le professionnel verra les enfants). Il est important de ne pas mettre trop de livres en même temps sinon le coin lecture devient vite encombré et manquera d'attrait. Enfin, les enfants apprécient les coins lecture douillets avec des coussins et des peluches par exemple.

1 Délimiter le coin lecture.

2 et 3 Rendre l'endroit agréable et douillet (coussins, peluches...).

4 Diversifier les livres, les renouveler et les laisser à disposition.

À savoir

- ✓ L'organisation du coin lecture répond aux mêmes principes et contraintes qu'il s'agisse du domicile de l'assistant maternel, du multi-accueil ou de l'école maternelle.
- ✓ Il existe dans les bibliothèques et les médiathèques un large choix de livres qui peuvent être lus sur place ou être empruntés à moindre coût.

3 Le choix des livres

Ce choix de livres dépend surtout de l'âge de l'enfant mais aussi de ses centres d'intérêt et de ses envies. Il est important de varier les livres. Les différentes histoires vont permettre à l'enfant de s'identifier au héros, de découvrir de nouveaux univers, de s'adapter à des situations particulières (peurs, perte d'un proche, chagrin....).

Âges	Types de livre	Développement de l'enfant
Avant 6 mois	Livres-objets (en bois, plastique, mousse, tissu) avec des graphismes simples et pas, ou peu, de texte.	L'enfant porte à la bouche, mordille, touche les matières... C'est l'exploration sensorielle.
Vers 8-10 mois	Imagier simple, histoires courtes et livres tactiles pour favoriser la relation adulte-enfant, certains livres pop-up (ou livres d'animation) pour développer la motricité fine.	L'enfant est attiré par l'image, qu'il montre du doigt. Il prononce ses premières syllabes.
Entre 1 et 2 ans	Albums avec histoires simples faisant appel à l'imaginaire ou au quotidien, livres audio permettant de suivre l'histoire avec l'aide d'un adulte puis en autonomie.	L'enfant se construit et se rassure en demandant plusieurs fois la même histoire.
À partir de 2 ans	Albums aux histoires plus complexes qui abordent la nécessaire séparation pour grandir. Des livres à thèmes (les contraires, la nuit et le jour, petit et grand...).	L'enfant essaie d'apprivoiser ses peurs. Il veut être autonome et grandir et est curieux du monde qui l'entoure
Vers 4 ans	Livres pour aborder les grandes questions (naissance, vie, mort...) pour découvrir l'art, pour apprendre. Des contes.	L'enfant se pose des questions sur le monde qui l'entoure. C'est la période du « pourquoi ». L'imaginaire se développe.

④ L'attitude professionnelle

Le professionnel a un rôle très important à jouer tant dans le rôle de conteur mais aussi d'accompagnement de cet instant de lecture pour l'enfant. Voici quelques conseils pour que cet instant soit agréable, joyeux, intéressant et devienne vite un rituel.

- Faire respecter le livre, tout en laissant à l'enfant le loisir de le manipuler.
- Accepter de raconter plusieurs fois la même histoire : l'enfant est rassuré par la répétition car il connaît les étapes de l'histoire, peut se représenter la suite et anticiper les actions.
- Veiller à présenter des livres en bon état.
- Ne pas hésiter à varier la façon de raconter soit en laissant les enfants s'exprimer librement, soit en lisant l'histoire.
- Pour lire un livre, se mettre à la hauteur des enfants, ne pas hésiter à varier l'intonation, changer de voix pour capter leur attention.

- Lire le livre avant de le présenter aux enfants afin de se l'approprier.
- Ne pas sauter de passages tristes car cela permet aussi à l'enfant de s'identifier au héros.
- Prendre en compte les envies de l'enfant et accepter qu'il n'ait pas toujours le désir de lire.
- Rester disponible tout le long de l'histoire.

Question à un pro

Que penser d'un enfant qui lit sur tablette ou téléphone ?

Le livre imprimé se touche, se manipule et permet donc davantage d'interactions et de stimulations sensorielles que les versions électroniques.

Les tablettes et téléphones sont des écrans tout comme ceux de la télévision et des ordinateurs. Il convient donc de limiter le temps d'exposition des enfants car non seulement ils sont nocifs pour la vue (picotements, sècheresse oculaire...), mais ils incitent à la passivité, au désintérêt pour des jouets classiques qui contribuent au développement de l'enfant.

Mots-clés : Lecture, livre, conte, bibliothèque, médiathèque.

Prendre soin et accompagner l'enfant dans les activités de la vie quotidienne

Fiches 34 à 54

Fiche 34

Le portage d'un enfant

Le portage est une nécessité chez le jeune enfant : il a besoin d'être contenu dans les bras de l'adulte ce qui lui apporte sécurités physique et affective. Le portage est un moment privilégié qui permet la reconnaissance mutuelle enfant/adulte, mais aussi pour l'enfant la découverte du monde qui l'entoure en toute sécurité ou encore le plaisir de se faire bercer.

① Les critères à prendre en compte

Le choix du type portage va différer en fonction de trois grands critères :
- **le porteur** : ses envies, ses capacités physiques… ;
- **l'enfant** : son âge, ses capacités physiques, ses besoins (se déplacer, être rassuré…) ;
- **le contexte professionnel** : le matériel à disposition, la présence ou pas d'autres enfants…

Cependant, quel que soit le type de portage choisi, les critères de sécurité, confort, ergonomie et organisation à respecter seront toujours les mêmes.

Critères

1. Sécurité
- Bras de l'adulte bien positionnés pour maintenir l'enfant.
- Matériel adéquat (répond aux normes de sécurité, bon état).
- Sécurité affective (communication rassurante).

2. Confort
- Confort de l'enfant :
  – bras contre soit dégagé ;
  – dos maintenu.
- Confort de l'adulte :
  – choisir le matériel adapté ;
  – solliciter l'enfant pour coopérer.

3. Ergonomie
- Voir **fiche 25** sur les principes d'ergonomie.

4. Organisation
- Se demander où prendre l'enfant.
- Se demander où poser l'enfant.
- Dégager l'environnement.
- Préparer le matériel.

② Les différents portages sans matériel

Types de portage	Descriptif	Caractéristiques et justifications de la technique
Le portage berceau 	En position allongée, portage du corps de l'enfant sur l'avant-bras, tête calée dans le creux du bras. Si le deuxième bras est libre : c'est la main du bras porteur qui maintient la cuisse. Attention à ne pas coincer le bras de l'enfant contre vous !	. Enfant qui ne maintient pas sa tête. . Enfant qui a besoin d'être bercé ou rassuré. . Enfant de moins de 6 Kg. Pour cette technique, le porteur adopte le plus souvent la position debout. Possibilité néanmoins de proposer ce type de portage si le porteur est assis, y compris pour un enfant plus grand, pour un moment privilégié tel que donner le biberon....
Le contre-soi ventral 	En position verticale, une main maintient la tête et la nuque, tandis que l'autre soutient les fesses. Le visage de l'enfant est dégagé.	Cette technique est utile en cas de régurgitations ou d'éructations.
La position ventrale 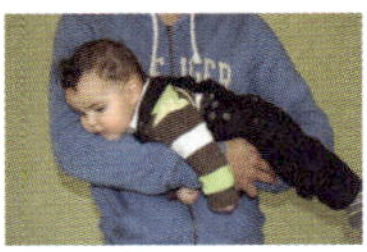	En position allongée, l'enfant repose sur un avant-bras, la main maintient l'entre-jambes. La tête repose dans le pli du coude. Le visage de l'enfant reste dégagé vers l'extérieur.	Pour calmer les maux de ventre et pour bercer l'enfant.

Spécial COVID

- ✓ Le port du masque grand public est obligatoire lors des échanges avec le nourrisson, la proximité affective étant indispensable et la distanciation impossible.
- ✓ Il faudra éviter de porter plus que nécessaire le nourrisson en privilégiant les parcs et/ou transats (1 transat / enfant).

Types de portage	Descriptif	Caractéristiques et justifications de la technique
La position « dos à soi » 	En position verticale, le dos de l'enfant est contre l'abdomen du porteur. Une main passe à l'horizontale sous les deux bras, l'autre main soutient les fesses de l'enfant.	Découverte du monde, de l'extérieur, éveil des sens. Ce portage est intéressant dans une position statique (en arrêt) cependant, l'enfant n'a plus de contact visuel avec le porteur ce qui peut engendrer du stress et de l'insécurité. De plus, lors de la marche, l'enfant est confronté au vide. En revanche, cette technique offre une meilleure mobilité de l'enfant (liberté des mouvements des jambes et des bras).
La position à cheval, face à soi 	En position verticale assise, les jambes de l'enfant sont de part et d'autre des hanches du porteur, le thorax de l'enfant est placé contre celui du porteur, visage dégagé. Le bras de l'enfant est accroché à l'adulte. Le bras de l'adulte reste en soutien fessier ou en soutien dorsal et fessier.	Cette technique convient à un enfant qui sait se tenir assis (maintien de l'axe tête/cou/ tronc) Elle permet le portage d'un enfant grand ou lourd sans se blesser. Elle favorise le contact, la proximité enfant/adulte.
Le portage sur la hanche 	En position verticale assise, les jambes de l'enfant sont de part et d'autre d'une hanche du porteur. Un bras de l'adulte est en maintien dorsal et ainsi une de ses mains peut être libérée.	Cette position n'est pas ergonomique (déhanchement), par conséquent, penser à changer de côté régulièrement. Position intermédiaire entre le face-à-face et la vue vers l'extérieur intéressante pour l'enfant. Cette technique offre une meilleure mobilité de l'enfant.

③ Le portage avec matériel

L'écharpe de portage

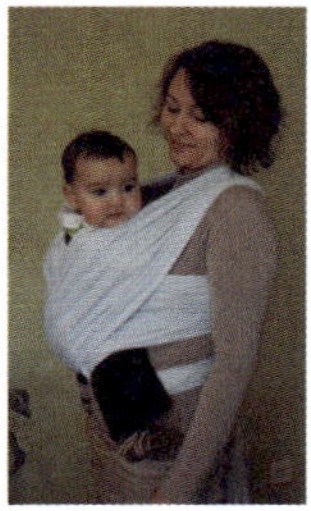

Avantages	Inconvénients
Pour l'enfant : – bercement naturel ; – position verticale facilitant la digestion ; – stimulation physique du bébé : tonicité musculaire ; – confort du maintien par les fesses en position grenouille plutôt qu'à l'entre-jambes. **Pour le porteur :** – bonne position (ergonomique) ; – mobilité aisée tout en portant l'enfant, autonomie des activités ; – encombrement faible une fois pliéee et poids léger ; – écharpe facilement lavable ; – portage tout terrain lors des promenades. **Pour les deux :** – bon contact du bébé avec le porteur, sentiment de sécurité ; – portage évolutif en fonction du nouage (jusqu'à 4 ans).	Nécessite l'apprentissage des techniques (des nœuds). Longueur de l'écharpe (de 4,60 m à 5,20 m) qui peut se salir rapidement. Prix de 80 à 100 € environ.

Le porte bébé ventral ou dorsal

Les avantages sont similaires à ceux de l'écharpe avec quelques inconvénients :
- la position du bébé maintenu au niveau de l'entre jambes n'est pas confortable ni très ergonomique pour l'enfant ;
- le porteur est tiré en avant par les épaules lorsque le porte-bébé est ventral et en arrière lorsqu'il est dorsal.

L'achat du porte-bébé peut être guidé par les critères de choix suivants :
- le poids maximum autorisé (ou l'âge) ;
- l'appuie-tête : s'assurer du bon maintien de la tête ;
- l'assise : elle doit respecter l'écartement naturel des jambes du nourrisson ;
- la praticité de l'entretien et de la mise en place.

À savoir

✓ Attention ! Le porte bébé dorsal est adapté aux enfants d'environ 9 mois à 3 ans qui tiennent bien leur tête.

Mots-clés : Portage, maintien, sécurité, portage-berceau, portage dos à soi, portage sur la hanche, portage ventral.

Fiche 35 Accompagnement de l'enfant pour l'habillage et le déshabillage

Pour habiller et déshabiller un enfant, il faut tenir compte de ses possibilités posturales afin d'éviter de le blesser. L'adulte doit avoir une attitude sécurisante et bienveillante. Il doit verbaliser chacun de ses gestes, et solliciter l'enfant afin de respecter son autonomie.

① Déshabiller l'enfant

a. Enlever le pyjama

❶ Défaire les pressions ou les boutons (mettre l'enfant sur le ventre s'il ne tient pas assis).

❷ Retirer le haut du vêtement avec la technique des 3 doigts (le pouce, l'index et le majeur de l'opérateur attrapent la main opposée de l'enfant).

❸ Retirer le bas du vêtement en le faisant glisser.

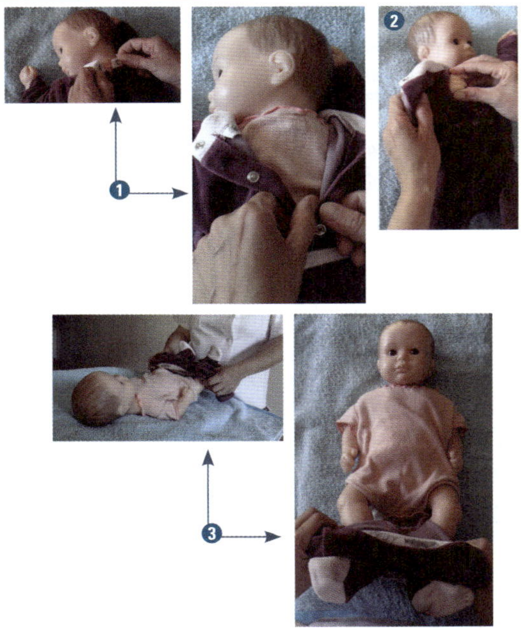

b. Enlever le body

1. Ouvrir les pressions.
2. Monter le body vers le haut.
3. Dégager un bras puis l'autre avec la technique des 3 doigts (les vêtements doivent être remis à l'endroit).
4. Dégager la tête en écartant l'encolure, puis en soulevant la tête de l'enfant pour retirer le body.

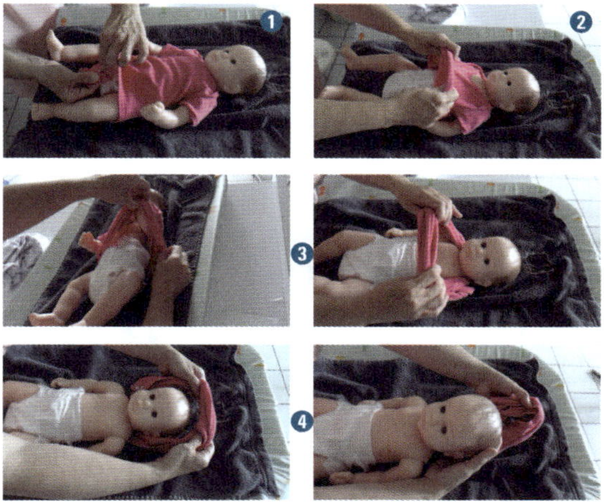

② Habiller l'enfant

a. Mettre un body

Cette opération se réalise en deux temps :

1. Préparer l'ouverture de l'encolure.
2. Passer l'encolure de l'avant vers l'arrière (ne pas stagner au niveau du visage).
3. Lever la tête de l'enfant d'une main et passer le body à l'arrière de la tête.

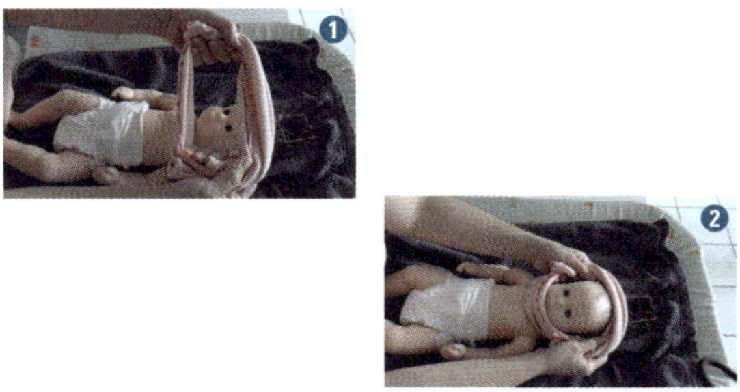

4. Enfiler les manches avec la technique des 3 doigts.
5. Descendre le body sur le thorax de l'enfant.

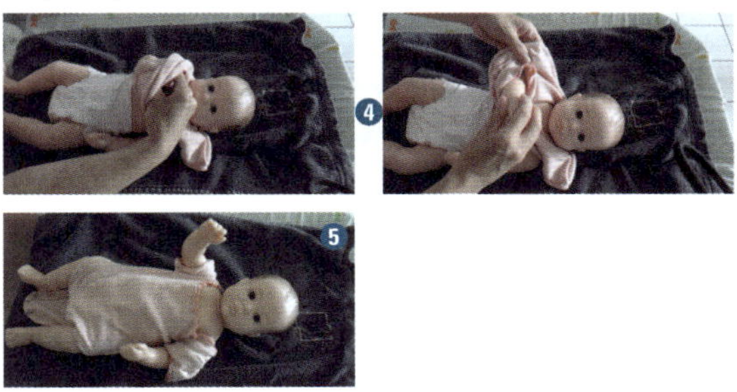

❻ Fermer les pressions en appuyant doigt contre doigt de l'opérateur (ne pas exercer de pression avec votre doigt contre le corps de l'enfant).

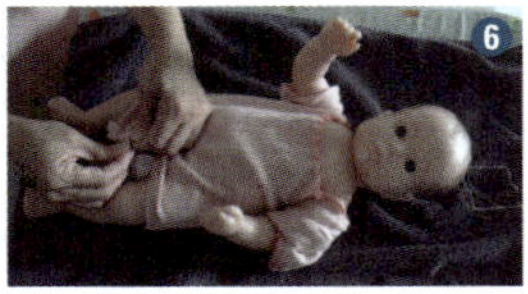

b. Mettre un pyjama

- Commencer généralement par les pieds (technique des 3 doigts ❶ ou en écartant le pyjama ❷).
- Remonter le pyjama sur l'abdomen en soulevant légèrement le siège.

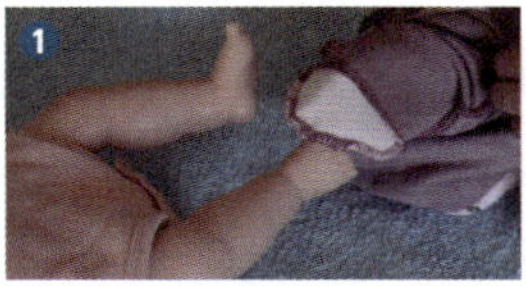

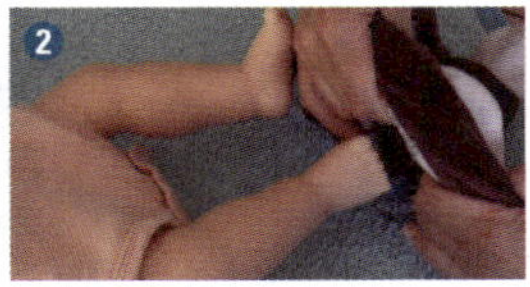

c. Enfiler les manches

❸ Glisser les 3 doigts dans la manche du pyjama (de l'endroit vers l'envers ou l'intérieur).

❹ Attraper avec les 3 doigts la main opposée de l'enfant ainsi que la manche du body si elle est longue.

❺ Dérouler avec l'autre main la manche du pyjama tout en maintenant la main de l'enfant.

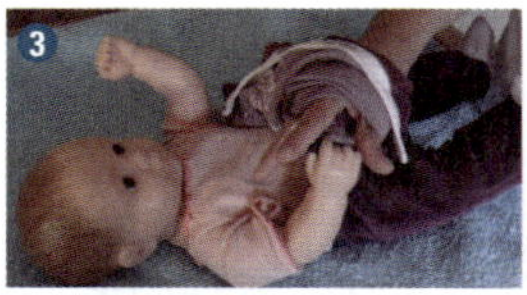

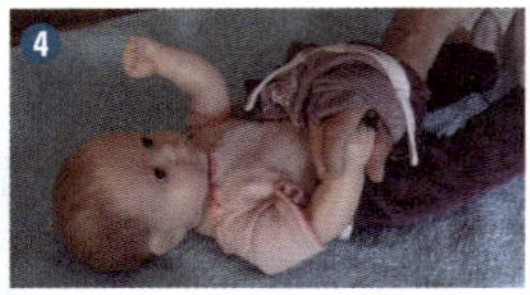

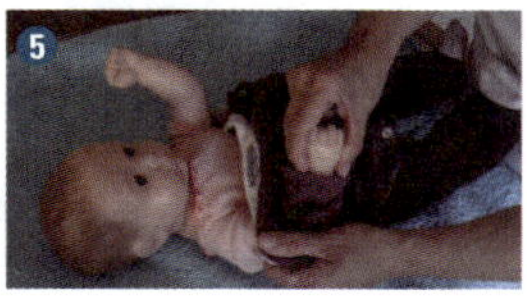

d. Fermer les pressions

- Tourner l'enfant, s'il ne tient pas assis.
- Asseoir l'enfant s'il a acquis la position assise.

Fermer toujours les pressions entre vos doigts et non contre le corps de l'enfant.

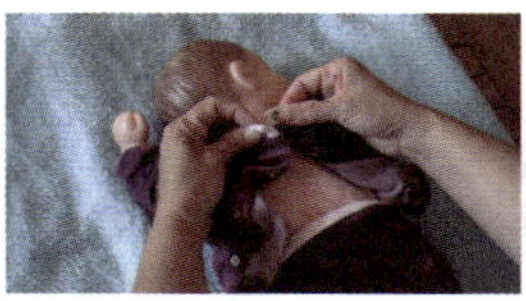

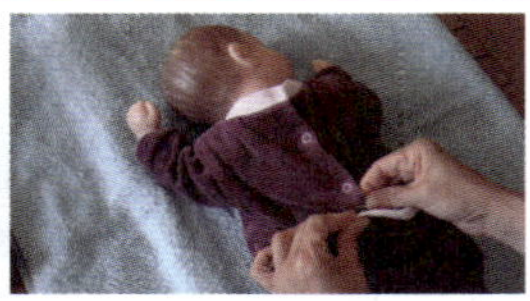

Mots-clés : Habillage, déshabillage, technique des trois doigts.

Fiche 36

La préparation et l'entretien de l'espace de soins

L'hygiène des espaces est essentielle et permet de préserver la bonne santé des enfants accueillis. La bonne préparation de l'espace de soins (disponibilité des produits d'hygiène, des couches,…) permet d'être disponible pour l'enfant, d'assurer ces soins sans stress et avec professionnalisme.

① Préparer les espaces de soins

Plus que l'espace de soins, il y a des espaces de soins : le lieu dans lequel l'enfant est changé voire soigné et les toilettes.

L'aire de change doit se trouver dans un espace clos sans communication directe avec la cuisine, le change étant l'activité la plus susceptible de contaminer l'environnement.

La surface où les enfants sont changés doit être imperméable, facile à nettoyer et à désinfecter, près d'un lavabo.

Pour assurer ces différents objectifs, la préparation de l'espace est essentielle. Le professionnel doit, en début de journée, s'assurer :

- de la **disponibilité en quantité suffisante des différents produits** nécessaires aux soins de change (couches, savon doux, lait, lingettes, gant, serviettes propres…), d'éventuels soins d'urgence (thermomètre, pansements, désinfectant, …) ;
- que le **matelas de change** ainsi que son support sont disponibles et déjà nettoyés ;
- que la **poubelle** avec couvercle peut être ouverte sans les mains et est munie d'un sac poubelle ;

Le confort de l'espace nécessite une température comprise entre 20 et 22°C. En effet, même si un change est rapide et que le risque de refroidissement est limité, cette température est nécessaire pour le confort de l'enfant.

À savoir

Après chaque change, à l'aide d'un détergent-désinfectant, nettoyer les souillures et désinfecter la table à langer ainsi que le matériel touché par l'adulte ou l'enfant.
Les vêtements souillés par les enfants seront manipulés avec des gants, ils ne seront pas lavés ou rincés par les professionnels, mais mis dans un sac hermétique fermé et rendu aux parents.

Pour les toilettes, vérifier que le nombre de réducteurs est suffisant et que du papier toilettes est disponible.

② Entretenir les espaces de soins

L'entretien des locaux est d'autant plus important, que le jeune enfant est un sujet à risque : son système immunitaire n'est pas encore mature, il est donc plus vulnérable aux contaminations.

Les règles de base

- Se mettre en tenue (blouse ou tablier réservés pour l'entretien).
- Se laver les mains avant et après la réalisation des différentes tâches.
- Organiser son circuit dans les différents espaces concernés dans la structure ou au domicile, terminer une pièce avant d'en commencer une autre sans revenir en arrière.
- Préparer son matériel pour éviter allers et retours et perte de temps.
- Travailler toujours du plus propre au plus sale.
- Travailler de haut en bas (par exemple pour le support de change...).
- Ranger l'environnement avant de commencer.
- Se munir de gants de ménage en bon état pour manipuler les produits ménagers (penser à les nettoyer et les désinfecter après chaque usage, puis à bien les laisser sécher à l'envers).
- Entretenir et nettoyer son matériel après usage (manches des balais, seaux...).

Pour une bonne utilisation des produits d'entretien, **voir fiche 23** (accidents domestiques et de la voie publique).

L'entretien des toilettes et du pot

1. Vider le support balayette WC dans la cuvette puis tirer la chasse.
2. À l'aide de la balayette WC et de la crème à récurer, nettoyer l'intérieur de la cuvette WC puis tirer la chasse.

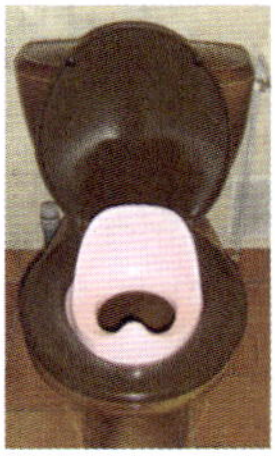

3. À l'aide d'une lingette imprégnée de solution détergente désinfectante, passer sur toutes les surfaces extérieures au WC : dérouleur papier WC, réservoir d'eau, extérieur de la cuvette, rebord et retour intérieur du WC, sans oublier la lunette ou le réducteur puis remettre une solution détergente désinfectante dans le support balayette WC. Attention à ne pas laisser la balayette et son support à portée des enfants.

Matériel à prévoir :
- gants de ménage ;
- crème à récurer ;
- lingettes pré imprégnées de solution détergente-désinfectante ;
- solution détergente désinfectante.

Pour l'entretien du pot et du réducteur, assurer un lavage et une désinfection après chaque usage avec une lavette imprégnée de détergent désinfectant.

Spécial COVID

- ✓ Nettoyer au minimum une fois par jour les sols et grandes surfaces avec les produits habituels ;
- ✓ Nettoyer et désinfecter régulièrement les petites surfaces les plus fréquemment touchées par les enfants et les professionnels dans les salles et autres espaces communs, au minimum une fois par jour et davantage si elles sont visiblement souillées ;
- ✓ Maintenir une attention particulière à l'hygiène des toilettes (adultes et enfants) et des plans de change, avec un nettoyage désinfectant adéquat et fréquent, au minimum une fois par jour ;
- ✓ Aérer les locaux régulièrement ;
- ✓ Placer immédiatement les couches et autres déchets dans une poubelle dédiée, équipée d'un couvercle à ouverture sans les mains, si possible contenant un sac poubelle doublé.

Mots-clés : Préparation, entretien, décontaminations, hygiène, désinfection, micro-organismes.

Fiche

37 L'installation du jeune enfant sur un matelas de change

Le matelas de change ou matelas à langer convient aux enfants dès la naissance. Il est essentiellement utilisé lors du change de la couche de l'enfant mais aussi lors de l'habillage ou encore lors de soins de plaie...

① Installer l'enfant sur le matelas

Dans les premiers mois, le jeune enfant sera en position allongée, puis vers 8/9 mois il pourra être installé en position assise en fonction du soin à réaliser.

Poser l'enfant sur le matelas

1. Le professionnel porte l'enfant hanché, le bras en ceinture et la main en cuillère pubienne. Il fait une fente avant, du côté opposé du porté de l'enfant. Il dit à l'enfant qu'il va le déposer

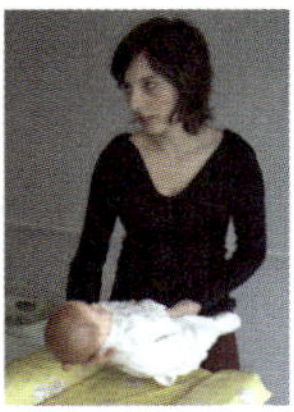

2. Le professionnel place sa main libre en cuillère à la nuque et pivote l'enfant dos à la table

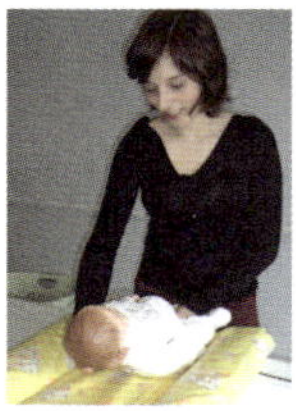

3. Le professionnel dépose l'enfant sur le matelas en commençant par les fesses puis la tête de l'enfant.

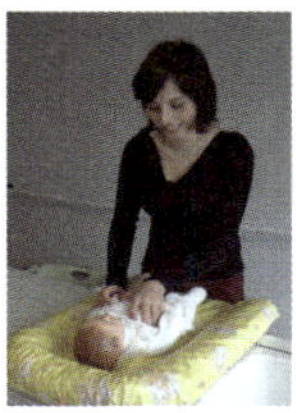

4. Le professionnel dégage ses mains et maintient l'enfant.

Le lever : prendre l'enfant et le porter

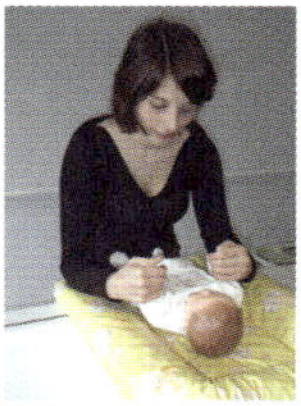

1. Le professionnel informe l'enfant qu'il va le prendre. Il place une main pubienne en maintenant les fesses et l'autre main en soupesant la nuque, avant-bras posé sur la table. Les pieds sont décalés en fente avant, côté de la main qui tient la tête.

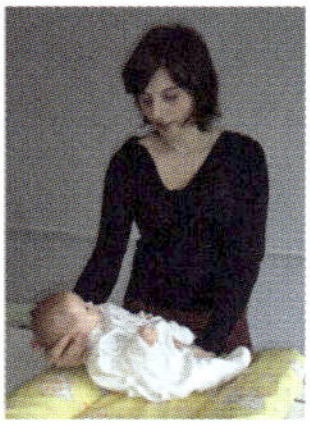

2. Le professionnel fait pivoter l'enfant et « l'assoit ».

3. Le professionnel plaque l'enfant contre lui.

4. Le professionnel fait une fente arrière pour s'éloigner de la table. L'assistante maternelle porte l'enfant hanché avec un bras en ceinture.

Le cas du grand enfant : levée et dépose de l'enfant sur le matelas

Dans les deux actions décrites ci-après, Le professionnel informe l'enfant en verbalisant le geste.

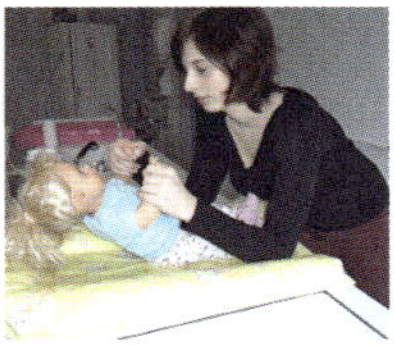

1. Il lui présente ses mains. Ses pieds sont en fente avant.

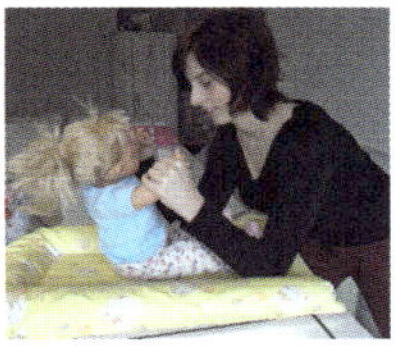

2. Le professionnel sollicite l'enfant pour qu'il se mette assis en tirant sur ses bras.

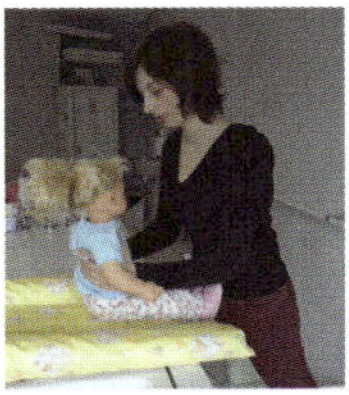

3. Le professionnel place ses mains en béquille sous les aisselles de l'enfant.

4. Il le soulève et le dégage de la table en faisant une fente arrière avec ses pieds.

5. Il le plaque contre lui et le porte hanché avec une barre fessière.

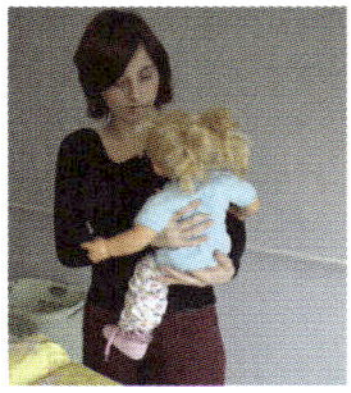

6. Le professionnel avance sa jambe du côté opposé au porté de l'enfant contre la table.

7. Il met ses deux mains en béquille d'aisselles pour dégager l'enfant de son corps et le mettre debout sur le matelas.

8. Le professionnel accompagne l'enfant pour s'asseoir.

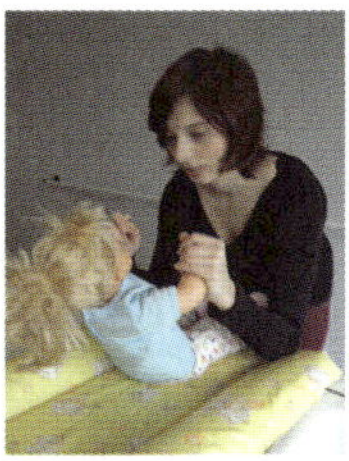

9. Il prend les mains de l'enfant, ses coudes sont appuyés sur la table.

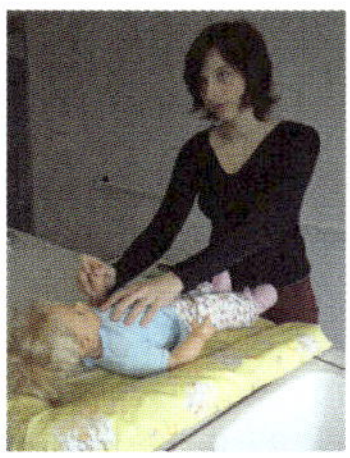

10. Le professionnel aide l'enfant à s'allonger sur la table.

Plus tard (vers 18/24 mois environ), l'enfant peut utiliser un marche-pied pour monter seul sur le matelas de change.

② Les régles d'hygiène, de confort, de sécurité et de communication

Plusieurs critères sont à respecter lors de ces différentes actions réalisées avec l'enfant.

Hygiène

Le tapis de change doit être désinfecté avant ou après chaque soin (matière PVC). Utiliser une serviette personnelle à chaque enfant.

Sécurité

Ne jamais laisser un enfant seul sans surveillance, toujours le tenir.

Confort

Positionner une serviette entre le matelas et l'enfant car le contact est froid en hiver et chaud en été.

Communication

Verbaliser chaque geste , parler à l'enfant.

À savoir

La plupart des structures multi-accueil sont équipées de plan de change avec un module escalier coulissant.

Mots-clés : Change, hygiène, confort, sécurité, table de change.

Fiche 38

Toilette et hygiène du visage et des mains

Les professionnels assurent les soins d'hygiène nécessaires au bien-être de l'enfant (change, lavage des mains et du visage). L'observation, l'échange verbal et gestuel lui permettent de prévenir, d'accompagner avec bienveillance et respect, les différentes réactions de l'enfant afin qu'il participe activement aux soins.

① La préparation du soin

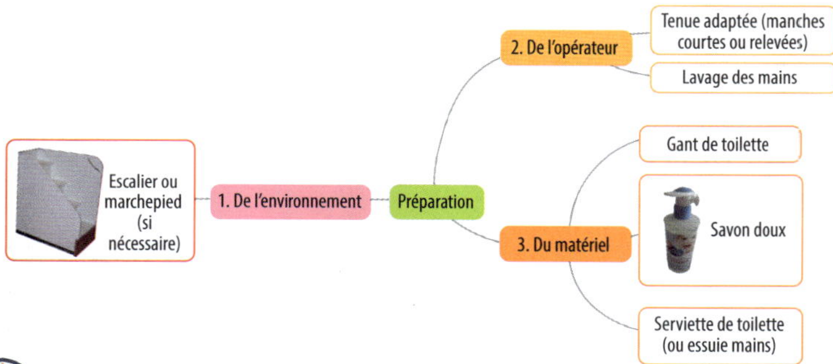

À savoir

Le savon en pain n'est pas recommandé car il reste humide et retient les micro-organismes contrairement au savon liquide qui reste plus hygiénique.

② La prise en charge de l'enfant

- Verbaliser le soin : « Marie, viens te laver le visage et les mains, je vais t'aider ».
- Installer l'enfant au lavabo et utiliser le marchepied ou un escalier si besoin pour que l'enfant soit à la hauteur du point d'eau (veiller à la sécurité de l'installation et prévenir les chutes en restant proche de l'enfant).
- Aider l'enfant, sans faire à sa place (respect de son autonomie), le valoriser, l'encourager et éventuellement lui chanter une comptine.

③ Le lavage des mains et du visage

Le lavage des mains

Pour ce soin, il convient de :

Enlever les souillures salissantes avec un papier à usage unique.	Remonter les manches si besoin et ouvrir le robinet (attention eau froide avant eau chaude).	Mouiller les mains. Prendre une dose de savon. Frotter. Rincer.	S'essuyer les mains en tamponnant.

Le soin du visage

Pour la réalisation de ce soin, il convient de :

Mouiller le gant à l'eau tiède.	Laver les yeux de l'extérieur vers l'intérieur (ou du plus propre au plus sale). Rincer le gant.	Savonner dans l'ordre suivant : front ➧ tempes ➧ joues ➧ nez ➧ menton ➧ bouche. Rincer dans le même ordre.	Essuyer en tamponnant.

Spécial COVID

Proposer aux enfants un atelier ludique sur les gestes barrières et le lavage des mains.

④ Après le soin

Le soin ne se termine pas une fois le nettoyage ou le lavage réalisé ; il convient d'associer l'enfant au-delà :
- faire participer l'enfant au rangement (gant, serviette…) ;
- l'installer à la prochaine activité sous le regard vigilant de l'adulte ;
- réaliser l'entretien du lavabo ;
- faire les transmissions du soin.

Mots-clés : Toilette du visage grand enfant, toilette des mains du grand enfant, autonomie.

Fiche 39

Le change de l'enfant

Le change assure l'hygiène du siège du nourrisson ainsi que son confort. Ce moment permet également d'instaurer une relation privilégiée avec l'enfant par une communication verbale et non verbale.

① Les différentes phases du change

Le change consiste à remplacer une couche sale par une couche propre après un nettoyage préalable du siège à l'eau et au savon. Il évite les problèmes de peau notamment l'érythème fessier (rougeur et irritation du siège).

S'informer

Recueillir les données indispensables au soin (érythème fessier, état de la peau, heure du dernier change, utilisation de produits particuliers, allergie, …).

S'organiser

- Préparation personnelle : (tenue professionnelle + lavage des mains).
- Préparation de l'environnement : fermer les fenêtres, vérifier la température de la pièce.
- Préparation préalable du plan de travail.

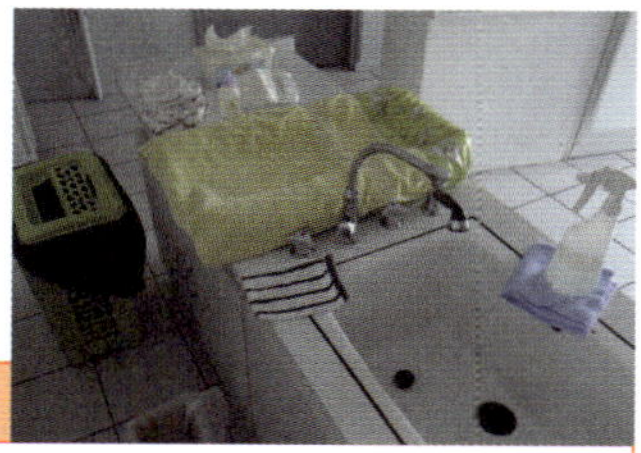

Matériels	Justifications
Lavabo	Point d'eau pour le change.
Poubelle	Pour évacuer directement la couche sale.
Corbeille à linge sale	Pour évacuer directement le linge sale (pyjama souillé...).
Matelas de change	Pour assurer le confort du bébé.
Couche propre	Pour mettre après le change.
Gant(s) de toilette	Pour le savonnage et le rinçage du siège. – Il peut être judicieux de prévoir deux gants (un pour le lavage et un pour le rinçage) surtout en cas de selles.
Serviette de toilette	Pour le confort et l'hygiène du bébé. – Une serviette par enfant.
Papier toilette ou lingette	Pour enlever le plus gros des selles si nécessaire.

Matériels	Justifications
Pâte à l'eau (crème contre l'érythème fessier)	En cas d'érythème fessier. – Attention, à n'appliquer que sur prescription médicale.
Savon liquide adapté	Pour savonner le siège. – Utiliser de préférence du savon liquide (plus hygiénique).
Vêtement(s) de rechange	En cas de souillure et en fonction du contexte (lever de sieste...).
Lavette + détergent désinfectant	Pour le bionettoyage du plan de change (matelas en particulier).

Conseils

On installera le matériel en organisant un côté propre et un côté sale.

Réaliser la technique

- Aller chercher l'enfant (respecter son autonomie en fonction de l'âge).
- Le poser sur la table à langer ou l'aider à accéder à la table.
- Lui expliquer le soin, le faire participer dans les limites de son autonomie.
- Retirer les chaussures et les vêtements du bas et les chaussettes.
- Ouvrir la couche, coller les adhésifs et observer : les selles (odeur, couleur, consistance, quantité…), les urines et l'état de la peau (rougeur…).
- S'il y a des selles, enlever le plus gros avec un coin de la couche propre, du papier toilette ou des lingettes.
- Fermer la couche avec les adhésifs (pour l'odeur et la vue), la jeter.
- Laver le siège avec le gant savonné, dans l'ordre suivant :

Pour les filles
- Écarter les grandes et les petites lèvres.
- Aller du méat urinaire vers l'anus.

Pour les garçons
- Nettoyer le pénis puis les bourses.

1. Le pubis
2. Les plis inguinaux
3. Les organes génitaux

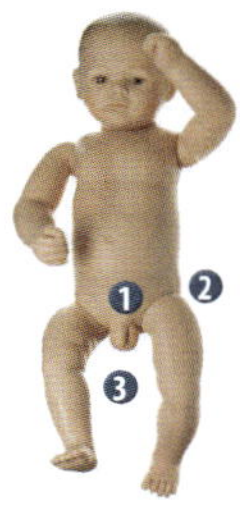

- Savonner en dernier les fesses du bébé.

PRENDRE SOIN ET ACCOMPAGNER L'ENFANT DANS LES ACTIVITÉS DE LA VIE QUOTIDIENNE

> **Conseils**
>
> On lavera le devant avec une face du gant savonné et l'autre face sera utilisée pour les fesses. On fera pivoter le gant entre chaque geste.

- Rincer avec l'autre gant dans le même ordre.
- Sécher en tamponnant la peau et en s'attardant dans les plis.
- Mettre une couche propre et fixer les adhésifs sans trop serrer (bord souple) mais bien ajuster.
- Vérifier l'adhérence des élastiques sur la peau pour éviter les fuites.
- Rhabiller l'enfant.
- Se frictionner les mains avec la SHA (Solution hydro-alcoolique).
- Ramener l'enfant et l'installer en sécurité.
- Ranger le matériel du plus propre au plus sale. Rincer le ou les gants, le ou les mettre au sale.
- Effectuer le bionettoyage du matelas à langer.
- Se laver les mains.
- Faire les transmissions écrites et orales (aspect des selles et des urines, participation de l'enfant, comportement…).

② Quels couches et matériels utilisés ?

Il existe plusieurs sortes de couches qui seront choisies en fonction :

- de l'âge de l'enfant ou de son poids (selon la marque, les tailles conviennent en général pour des bébés de 3 à 25 kg. On trouve actuellement sur le marché des couches pour les prématurés de 1 à 2,5 kg) ;
- de la tolérance de la peau de l'enfant à la composition de la couche ;

- de l'autonomie de l'enfant (les couches culottes permettent à l'enfant plus grand de mettre et enlever la couche de façon plus autonome et sont particulièrement intéressantes lors de l'apprentissage de la propreté).

– d'un mode de vie : couches lavables. Elles entraînent moins d'allergies cutanées et de pollution. Elles demandent un entretien supplémentaire (lavage, étendage….).

Les variantes

Selon le lieu de travail (domicile ou structure), il peut exister des variantes dans les produits et le matériel utilisés :
- gants de toilette réutilisables ou jetables, carré de coton ;
- serviettes de bain ou drap d'examen ;
- savon ou liniment (le liniment oléo-calcaire est un produit à base d'huile d'olive et d'eau de chaux qui protège la peau du bébé des érythèmes en y déposant un léger film). Le liniment se passe avec un coton sans rinçage.

Question à un pro

Quelle est la meilleure technique pour effectuer le change du bébé ?
Actuellement, on évite de tirer sur les pieds ou les chevilles du bébé pour mettre ou enlever la couche. En effet, des chiropracteurs ont observé que le fait de relever les pieds du bébé peut entraîner des problèmes de hanche et un inconfort digestif chez l'enfant (compression abdominale). Il est préférable de faire pivoter le bassin de l'enfant sur le côté en prenant la cuisse dans une main et en accompagnant le mouvement sur le côté opposé (le corps suit le mouvement). Cette technique est à utiliser pour mettre et enlever la couche ou pour laver les fesses du bébé.

Spécial COVID

✓ Désinfecter le plan de change entre chaque enfant, et le lavabo et la robinetterie au moins 2 fois par jour.
✓ Placer immédiatement les couches et autres déchets dans une poubelle dédiée, équipée d'un couvercle à ouverture sans les mains et contenant un sac poubelle doublé.
✓ Placer les linges utilisés lors de chaque change (serviette de change...) dans un bac de linge sale équipé d'un couvercle. Attention à ne pas tenir le linge sale contre soi.
✓ Changer le linge dès que nécessaire (et au moins une fois par jour pour les gants de toilette).
✓ Aérer régulièrement la pièce.

Mots-clés : Change, couche, plan de travail ou de change, hygiène, érythème.

Fiche

40 L'apprentissage de la propreté

L'acquisition de la propreté débute vers 2 ans mais ne sera acquise que vers 3 ans le jour et la nuit. Son évolution est très variable d'un enfant à l'autre. Il est important de laisser à l'enfant le temps nécessaire et ainsi de respecter son rythme.

① Conditions nécessaires pour l'acquisition de la propreté

Maturité physiologique + **Maturité intellectuelle** + **Maturité relationnelle et affective**

- **Maturité physiologique** : L'enfant doit pouvoir contrôler ses sphincters (= maturation du système nerveux). Repère : capacité de monter et descendre un escalier.
- **Maturité intellectuelle** : L'enfant doit pouvoir comprendre ce qu'on lui demande et faire le lien entre le pot et son besoin.
- **Maturité relationnelle et affective** : L'enfant doit avoir le désir de grandir, d'être autonome.

② Comment procéder ?

La propreté ne « s'enseigne » pas à proprement parler. Cela dépend de l'enfant. Il faut qu'il y soit prêt physiologiquement et, surtout, « psychologiquement ». En revanche, le professionnel peut et doit, tout simplement, le soutenir et l'encadrer. Surtout, faire confiance à l'enfant. Il faut également souligner que l'apprentissage de la propreté demande de la patience et de la persévérance.

Quand commencer ?

– Quand la couche reste longtemps sèche.

– Quand l'enfant s'intéresse au pot ou aux WC.
– Quand il se montre gêné par ses couches sales.
– Quand il devient facile de le laisser sans couche (en été en particulier)
– Jamais avant 18 mois.

Comment faire ?

– Proposer sans imposer.
– Valoriser l'enfant qui va sur le pot (même s'il ne fait pas).
– Favoriser l'autonomie (vêtements pratiques qu'il enlève et met seul...)
– Favoriser l'imitation des plus grands qui sont déjà propres.
– Avoir des propos adaptés et positifs.

Conseil

✓ Au début, il est important d'accepter les « accidents » qui peuvent être fréquents. Il faut encourager l'enfant sans le gronder ni le punir ou le dévaloriser.

Question à un pro

Vers quel âge un enfant est-il propre la nuit ?

✓ Il faut savoir qu'un enfant maîtrise ses selles (vers 24 mois) avant les urines et qu'il est propre le jour (vers 2 ans) avant la nuit (vers 3/4 ans).

3 Énurésie et encoprésie : des troubles des contrôles des sphincters

L'énurésie est un trouble du contrôle de la miction qui est involontaire, non contrôlé chez un enfant de plus de cinq ans. Ce n'est pas une incontinence.

Ce comportement est plus fréquent chez les garçons que chez les filles.

L'interrogatoire de l'enfant pourra mettre en évidence l'évènement déclencheur (déménagement, naissance, divorce des parents...) qu'il faudra savoir prendre en compte afin de le rassurer avec bienveillance. Sans cause évidente, il faudra orienter l'enfant vers un médecin.

L'encoprésie est quant à elle une défécation involontaire ou délibérée chez un enfant de plus de 6 ans. Elle est souvent révélatrice de carences éducatives.

Mots-clés : Acquisition de la propreté, maîtrise des sphincters, énurésie, encoprésie, miction, défécation.

Fiche

41 L'installation du jeune enfant dans un transat

Le transat est un matériel de puériculture qui s'adresse aux enfants de la naissance à 5 ou 6 mois. Il permet à l'enfant de se reposer, de jouer, de digérer tout en restant sous la surveillance du professionnel. Passé cet âge, l'enfant peut se retourner et se mettre en danger.

① Déposer l'enfant dans le transat

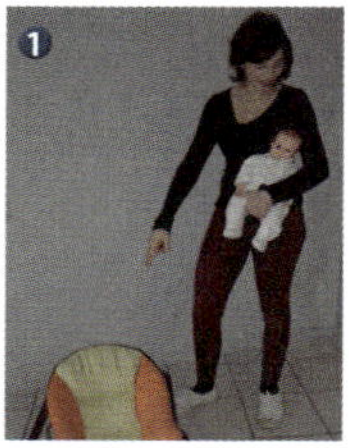

Le professionnel porte l'enfant hanché en ceinture avec une cuillère pubienne, il informe l'enfant.

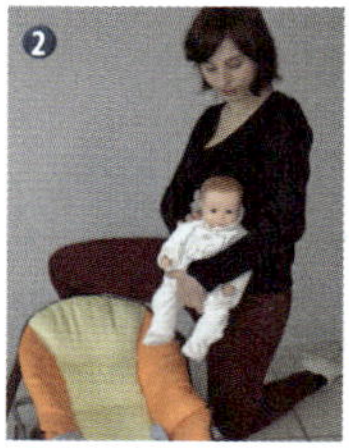

Le professionnel se baisse et prend la posture du « chevalier servant » en mettant le genou levé derrière le dossier, le genou au sol est celui du bras de la ceinture

Il place une cuillère de sa main libre à la nuque de l'enfant et l'accompagne dans le transat.

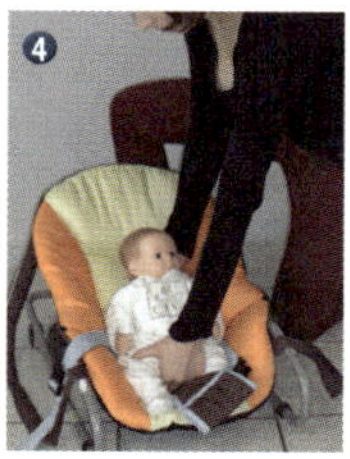

Le professionnel dépose l'enfant.

Le professionnel installe l'enfant confortablement.

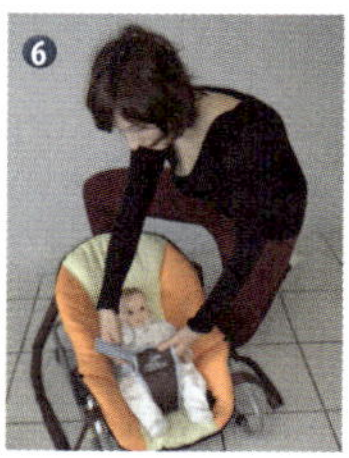

Le professionnel sangle l'enfant pour sa sécurité.

② Prendre l'enfant du transat

Le professionnel en position du chevalier servant dit à l'enfant qu'il va le prendre, puis il désangle l'enfant.

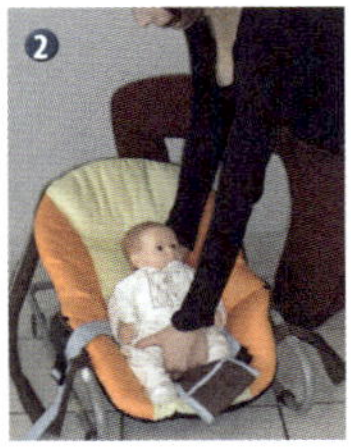

Le professionnel place une main en cuillère pubienne et une cuillère à la nuque.

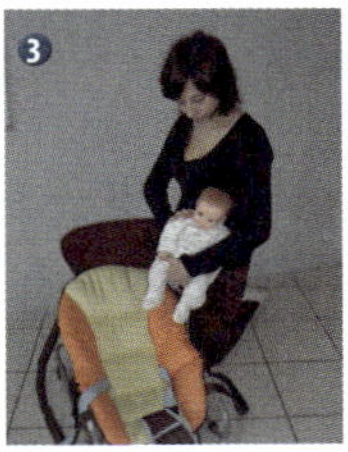

Il fait pivoter l'enfant, le fait glisser contre le dossier du siège et le plaque contre lui.

Le professionnel place son bras en ceinture.

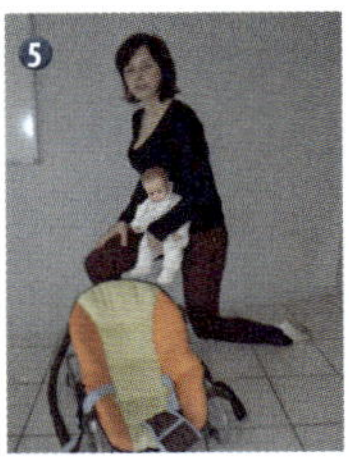

Il prend appui sur son genou levé et donne une impulsion sur la jambe pour se relever.

Le professionnel porte l'enfant hanché.

Tout au long de ces manipulations de l'enfant, il est important de respecter plusieurs critères : la sécurité, le confort et l'hygiène.

À savoir

Le transat, en apparence inoffensif, occasionne chaque année de trop nombreux accidents dont le plus grave est la chute d'une hauteur, quand le transat est posé sur une table, un canapé, etc..., et qu'il bascule vers le sol du fait des mouvements du bébé ou parce qu'il est renversé par un enfant plus grand!

1. Mettre un cale-tête pour maintenir la tête des jeunes enfants
2. Vérifier que le frein est bien positionné
3. Incliner le transat en fonction des besoins
4. S'assurer que le siège de l'enfant est bien au fond du transat et que l'enfant n'est pas en appui sur le bout des pieds
5. Ajuster les sangles à la taille de l'enfant (toujours attacher l'enfant)

Conseils

- ✓ Pour conserver le transat dans un état d'hygiène permanent, déhousser le transat et laver la housse autant de fois que nécessaire.
- ✓ Tout au long de la manutention, le professionnel communiquera avec l'enfant et lui expliquera ce qu'il lui fait. Il devra garder l'enfant sous ses yeux pour le surveiller.
- ✓ Il peut être ajouté un arceau pour l'éveil de l'enfant.

Mots-clés : Installation dans le transat, sécurité, risques, confort, posture du chevalier servant, cuillère pubienne.

Le sommeil de l'enfant

Le sommeil est une activité importante, indispensable pour le bien-être de l'enfant, ses performances mais aussi sa sécurité.

① Les intérêts du sommeil

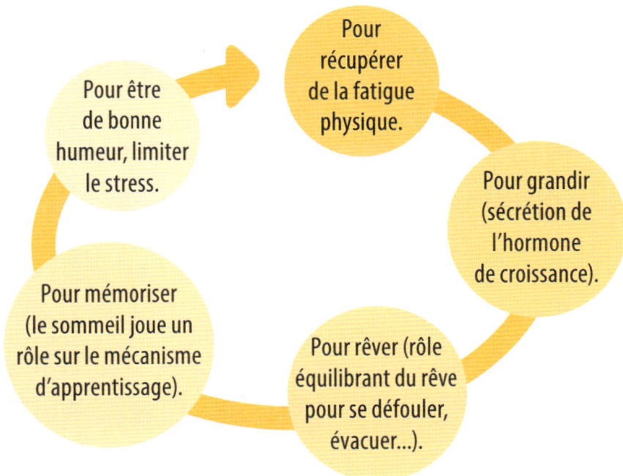

Le sommeil joue également un rôle important sur :
- le maintien de la vigilance à l'état d'éveil ;
- la régulation de fonctions telles que la glycémie ;
- la stimulation des défenses immunitaires.

② Le mécanisme du sommeil

Le sommeil se déroule en cycles de 2 heures environ, chaque cycle comportant 4 étapes :
- une période d'endormissement ;
- une période de sommeil lent ;
- une période de sommeil paradoxal ;
- une période intermédiaire ou sommeil léger.

En fin de cycle, soit l'enfant se réveille, soit il repart pour un nouveau cycle.

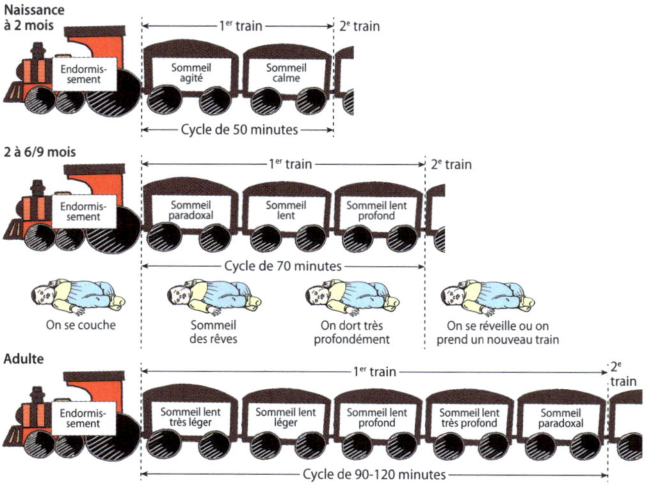

③ La durée de sommeil

À chaque âge son sommeil. Le sommeil peut se répartir de la façon suivante :

Âge	Nuit	Jour	Nombre de siestes et durée
Nouveau- né	8 à 10 heures	8 à 10 heures	Sommeil ponctué de nombreux réveils.
3 mois	9 à 12 heures	5 à 6 heures réparties en 4, 5 ou 6 siestes	Il différencie la nuit du jour. S'il dort plus le jour que la nuit, il faut limiter les stimulations la nuit (lumière éteinte...) et augmenter les stimulations le jour (jouer, clarté du jour...).
4 à 8 mois	11 à 12 heures	3 à 4 heures en 3 siestes	Siestes le matin et en début d'après-midi puis courte sieste en fin de journée.
9 à 17 mois	10 à 12 heures	2 à 4 heures en 2 siestes	Sieste en matinée et une autre en début d'après-midi.
18 à 23 mois	10 à 12 heures	2 à 3 heures en 1 sieste	Longue sieste en début d'après-midi.
2 à 3 ans	10 à 12 heures	1 à 2 heures	Sieste en début d'après-midi.

④ Des conditions nécessaires pour s'endormir

Chez l'assistant maternel ou en multi-accueil, il n'est pas facile pour certains enfants de dormir ailleurs que dans leur lit ou avec d'autres enfants.

Voici quelques conditions favorables à l'endormissement :

Conditions	À faire
1. Repérer les signes de fatigue annonçant l'endormissement	– L'enfant bâille, se frotte les yeux, devient grognon. – L'enfant a le regard immobile, ses paupières se ferment. – L'enfant cherche à se lover dans un coin douillet... **Attention :** Si l'adulte n'a pas repéré à temps ces signes de fatigue, passées 20 minutes, l'enfant devra attendre le cycle suivant pour s'endormir.
2. Créer un climat calme et sécurisant	– Proposer un jeu calme ; – lire une histoire ; – écouter une musique douce ; – installer l'enfant toujours dans le même lit et au même endroit (repère sécurisant). La préparation au sommeil est un code qui informe le corps qu'il va être l'heure d'aller dormir.
3. Respecter les rituels d'endormissement qui conditionnent la qualité du sommeil	– L'ambiance visuelle : veilleuse, lumière tamisée... – L'ambiance sonore : musique douce, chuchotements,... – La présence de l'objet transitionnel, de la sucette...
4. Veiller à la sécurité pendant la sieste	– Surveiller l'enfant pendant son sommeil. **Attention :** – l'interphone ne remplace pas la surveillance d'un adulte ; – pas d'animaux domestiques dans la chambre : les chats par exemple sont une source potentielle de risque d'étouffement.
5. Veiller à la qualité du réveil	– Faire en sorte que l'enfant se réveille spontanément. – Proposer un lever échelonné (lever les enfants au fur et à mesure de leur réveil).
6. Entretenir l'espace	– Entretenir les sols et surfaces du dortoir : au minimum une fois par semaine et plus si besoin. – Laver le drap housse et la turbulette sans les mélanger avec le linge de cuisine (les draps souillés risquent de contaminer le linge de cuisine).

Spécial COVID

✓ Changer et laver régulièrement les draps et la turbulette : dès que nécessaire et au moins une fois par semaine.
✓ Laver régulièrement les doudous : tous les deux jours environ.
✓ Attribuer un lit par enfant.

⑤ Le couchage

Plusieurs règles sont à respecter par le professionnel pour le couchage du jeune enfant. Elles sont d'autant plus importantes qu'elles préviennent la mort inattendue du nourrisson.

Sécurité :
Lit rigide à barreaux. ①
Pas de peluches ni d'oreillers, pas de couverture, pas de tour de lit.
Coucher l'enfant sur le dos.
Matelas ferme aux bonnes dimensions.
Turbulette adaptée. ②

Ergonomie :
Réglage de la position du matelas (position haute pour les nouveau-nés).

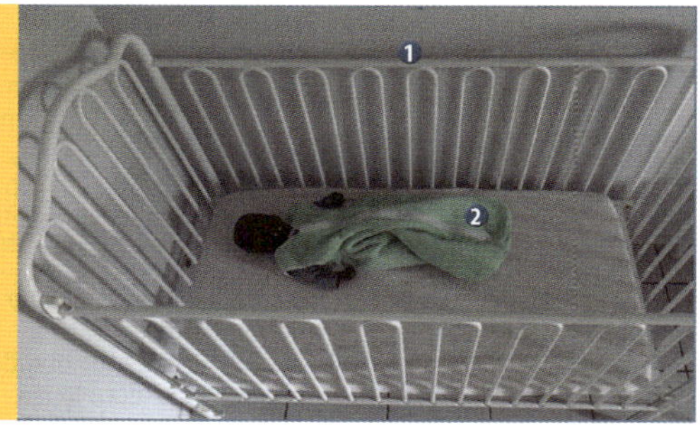

Attention à toujours remonter les barrières une fois l'enfant mis au lit.

Il existe plusieurs sortes de lits en fonction de l'âge de l'enfant et du lieu de la sieste :

Type : Lit parapluie
Âge : jusqu'à 3 ans

Lieu d'utilisation :
Au domicile de l'assistant maternel de manière occasionnelle. Attention, il est interdit de rajouter un matelas autre que celui du fournisseur.

Type : Lit cage à barreaux
Âge : enfants de moins de 2 ans

Lieu d'utilisation :
en multi-accueil, au domicile de l'AMA.

Type : Lits de camp empilables
Âge : à partir de 3 ans

Lieu d'utilisation :
à l'école maternelle.

Questions à un pro

Qu'est-ce que la mort inattendue du nourrisson ?

✓ La mort inattendue du nourrisson, que l'on appelle encore parfois le syndrome de mort subite, désigne la mort sans cause apparente. Elle se produit avant un an et le plus souvent entre deux et quatre mois et touche environ 400 enfants chaque année.

Y a-t-il des mesures particulières à prendre pour l'éviter ?

Quelques précautions permettent de diminuer le nombre des cas (sans toutefois les supprimer complètement) :

✓ coucher l'enfant sur le dos : le visage reste dégagé et l'enfant respire à l'air libre ;
✓ utiliser un matelas ferme aux dimensions du lit ;
✓ le lit doit être rigide et à barreaux, sans oreiller, couverture, couette ; dans le cas contraire, l'enfant risque de glisser sous la couette, d'enfouir son nez dans l'oreiller ou encore de se coincer entre le matelas et la paroi du lit ;
✓ éviter de trop couvrir l'enfant et de surchauffer sa chambre (température de la pièce à maintenir entre 18 et 20°C) ;
✓ ne pas fumer près du bébé.

6 Réfection du lit

La réfection du lit se limite souvent au changement du drap housse, les parents fournissant la turbulette.
Le protocole est suivant :

Avant de commencer : se laver les mains, aérer la pièce.

1. Préparer le matériel (drap housse propre, détergent-désinfectant et lavettes si besoin).
2. Retirer le drap du dessous sale et le mettre dans la panière.
3. Réaliser le bionettoyage du matelas (si plastifié) et des montants du lit.
4. Mettre en place le drap housse propre et vérifier qu'il n'y ait pas de plis.
5. Ranger le matériel.
6. Fermer les fenêtres.
7. Se laver les mains.

Mots-clés : Sommeil, mécanisme du sommeil, rythme du sommeil, mort inattendue du nourrisson, règles de couchage, réfection du lit, endormissement.

Fiche 43

La préparation des biberons

La préparation du biberon du bébé n'est pas à prendre à la légère. Non seulement pendant les premiers mois de sa vie, il en est le seul repas, mais de plus il est donné plusieurs fois par jour. Des procédures d'hygiène sont donc à respecter tant dans sa phase de préparation, que de conservation.

① Mode de préparation des biberons

Le nettoyage des biberons

Les biberons doivent absolument être préparés avec une hygiène rigoureuse pour éviter toute contamination bactérienne. La clé de cette hygiène est la propreté des ustensiles et des lieux.

- Dans un évier propre et vide, qu'il soit en verre ou en plastique, le biberon est à rincer à l'eau froide, puis à nettoyer et à laver avec un liquide vaisselle et avec un goupillon pour s'assurer que les parties du biberon moins accessibles sont bien nettoyées.
- Bien insister sur la rainure du fond du biberon, puis rincer à l'eau claire, laisser sécher à l'air libre puis le déposer sur un plan de travail propre pour son assemblage avant stockage dans un lieu sec et propre. Les tétines sont à séparer des bagues pour leur nettoyage.

Questions à un pro

Faut-il préférer la stérilisation au lavage ?

✓ Si tous les éléments du biberon (ne pas oublier le capuchon !) sont soigneusement lavés comme indiqués ci-dessus et utilisés rapidement, la stérilisation n'est pas utile même en structures.

Le lavage au lave-vaisselle n'est-il pas plus efficace ?

✓ Un lavage au lave-vaisselle est possible sur un cycle complet et à 65°, mais il n'est pas forcément plus efficient. Par ailleurs, les tétines de caoutchouc n'aiment pas le lave-vaisselle et sont à nettoyer manuellement.

La reconstitution du lait

Des eaux de source peu minéralisées dont l'étiquetage indique « Convient à la préparation des biberons » sont à préférer. L'utilisation de l'eau du robinet est également envisageable mais sa qualité étant très variable d'un lieu à un autre, elle est déconseillée. En revanche, les eaux provenant de carafes filtrantes ne sont pas les bienvenues car les filtres favorisent la prolifération de micro-organismes.

Attention !

L'eau embouteillée doit être conservée au réfrigérateur 24 heures maximum après ouverture.

Proportion pour la dilution → 1 mesure de lait pour 30 ml d'eau

La cuillère mesure (dosette) doit être maintenue sèche et jetée lorsque la boîte est consommée.

Les étapes de préparation

Avant chaque préparation mais aussi après celle-ci bien se laver les mains. Vérifier que le plan de travail est propre et la propreté du biberon.

Étapes de préparation	Description des étapes
Faire chauffer l'eau 	• Faire tiédir l'eau pour favoriser la dilution de la poudre de lait et verser dans le biberon la quantité d'eau tiède correspondant au nombre de mesures de lait ou bien reconstituer le lait à froid et le tiédir au chauffe biberon. • Éviter le micro-ondes et préférer le bain-marie ou le chauffe biberon (la forme du biberon ne se prête pas au réchauffement au micro-ondes car il existe une grande hétérogénéité de température au sein du biberon et donc des risques de brûlures graves).
Reconstituer le lait 	• Ajouter le nombre de mesurettes arasées de poudre. Certaines boîtes de lait ont une butée qui permet d'égaliser la mesurette de poudre. Si ce n'est pas le cas, utiliser le dos d'un couteau. • Verser la poudre de lait dans l'eau tiédie. Pour la dilution, suivre les dosages indiqués par le fabricant ou par les parents. **Attention :** bien utiliser la dosette de la boîte d'origine.

Étapes de préparation	Description des étapes
Agiter lait et eau 	• Fermer le biberon. Pour assurer une bonne étanchéité, visser correctement ensemble, la tétine et le cache-tétine. • Agiter jusqu'à la parfaite dilution de la poudre. Rouler le biberon entre les paumes des mains, horizontalement et non verticalement, pour éviter que des grumeaux de lait viennent se bloquer dans la tétine.
Contrôler 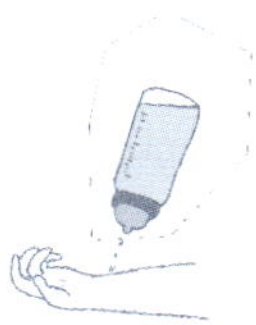	• Verser une goutte de lait sur l'intérieur du poignet, zone de peau particulièrement sensible. Cette vérification est indispensable pour éviter de brûler le bébé.

À savoir

Éviter de préparer les biberons à l'avance, préférer la préparation juste avant la tétée. Ne jamais garder un biberon non fini pour le proposer à nouveau plus tard (même en le conservant au réfrigérateur).
La boîte de lait en poudre se conserve bien refermée, environ 1 mois après son ouverture, dans un endroit frais et sec. La date d'ouverture et le nom de l'enfant seront mentionnés sur la boîte de lait.

Mots-clés : Préparation, reconstitution, hygiène, préparation du biberon, nettoyage du biberon.

Fiche 44

La prise du biberon du jeune enfant

Donner le biberon au nourrisson est un rituel répété plusieurs fois dans la journée qui nécessite de respecter des règles d'hygiène, de sécurité et de confort.

① Comment bien préparer ce moment de « soin » ?

Matériel nécessaire

- Le biberon préalablement préparé ;
- un bavoir propre ;
- une chaise (ou un fauteuil) dans laquelle vous serez confortablement installé(e).

La préparation

- Se mettre en tenue et attacher ses cheveux.
- Se laver les mains.
- Préparer la pièce où l'on va donner le biberon (vérifier la température de la pièce, régler la densité de l'éclairage).
- Préparer le matériel : le biberon, le bavoir, la chaise (ou le fauteuil).

Les actions préparatoires à ce moment

- Aller chercher l'enfant et verbaliser l'action.
- S'installer avec l'enfant (après avoir réalisé le change si nécessaire) : dos bien calé, jambes éventuellement relevées pour que le bébé ne soit pas trop couché, sa tête tenue dans le creux du coude de façon à ce qu'il puisse regarder l'adulte.
- Mettre le bavoir.
- Vérifier que la poudre (lait) soit bien diluée.
- Vérifier la température du biberon en versant une goutte au creux du poignet sans toucher la tétine.
- Adapter le débit (I, II ou III) à l'âge de l'enfant et à la consistance de la préparation.

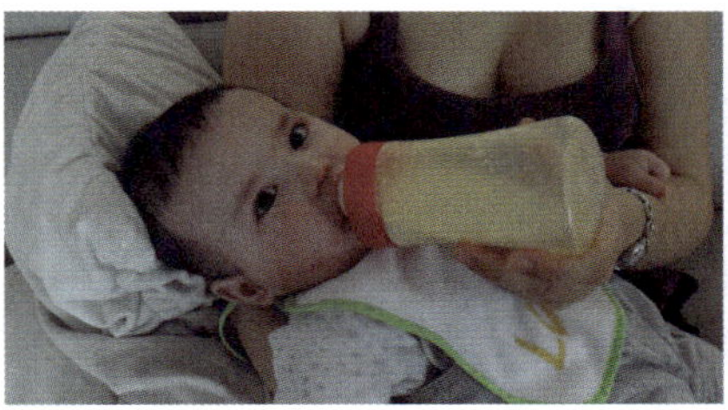

PRENDRE SOIN ET ACCOMPAGNER L'ENFANT DANS LES ACTIVITÉS DE LA VIE QUOTIDIENNE

- Incliner le biberon pour que la tétine soit toujours pleine de lait et ainsi que l'enfant évite d'avaler de l'air.
- Faire des arrêts lors de la prise du biberon pour les éructations (rots) et pour respecter le rythme de l'enfant.

Il se peut que l'enfant se montre intéressé pour prendre seul son biberon : ce désir, occasionnel ou pas, sera respecté.

② Que faire après ce soin ?

Actions après la prise du biberon

- À la fin de la prise du biberon, attendre quelques instants, redresser le bébé en position verticale contre le buste. L'aider à faire son rot (éructation) en tapotant ou en massant son dos légèrement.
- Essuyer la bouche du bébé avec le bavoir.
- Enlever le bavoir.
- L'installer confortablement (éviter de le recoucher immédiatement dans le lit).
- Communiquer tout au long du soin et faire les transmissions (heure et quantité de la prise, comportement de l'enfant.)

À savoir

Si du lait ressort de sa bouche comme un surplus, vérifier que la vitesse de la tétine est bien réglée et n'est pas trop rapide. Si le nourrisson semble se fatiguer au cours de la prise du biberon ou s'il met du temps à boire, il est possible que le lait coule mal. Dans ce cas, pensez à desserrer la bague du biberon ou à adapter la vitesse de débit de la tétine.

Le temps de la prise du biberon permet à l'enfant d'avoir un moment privilégié avec l'adulte qui s'en occupe.

Ranger le matériel

- Mettre le bavoir au sale.
- Nettoyer le biberon et tous les éléments séparés en insistant sur la tétine et la bague.
- Rincer l'ensemble des composants du biberon.
- Laisser sécher.
- Se laver les mains.
- Faire les transmissions : quantité prise, attitude de l'enfant...

Mots-clés : Biberon, éructation, transmissions, règles hygiène.

Fiche 45

Le service des repas de 18 mois à 4 ans

À partir de 18 mois, la diversification alimentaire (voir fiche 84) a débuté depuis plusieurs mois. L'enfant peut mâcher grâce à ses nombreuses dents. Souvent, il aime encore son biberon mais mange à la cuillère. Toutefois, comment organiser les repas, comment réagir en cas de refus, comment communiquer de façon correcte pour le motiver, et l'ouvrir à de nouvelles saveurs ?

① L'organisation des repas

Au niveau organisationnel se pose la question du choix de mettre en place ou pas plusieurs services de repas afin de constituer de petits groupes d'enfants et d'être plus disponible et dans une ambiance moins sonore.

L'installation des enfants et des adultes est aussi à penser : le confort de chacun en lien avec le choix du matériel sera important. Pour les enfants, on veillera à ce que la chaise soit à la bonne hauteur (les pieds au sol ou sur le repose-pieds), sécurisante, avec assise et dossier confortables. Pour l'adulte, l'assise également sera à prendre en compte, tout comme le fait de pouvoir se déplacer facilement autour de la table.

Enfin, s'organiser pour le temps du repas, c'est aussi avoir tout à disposition afin que l'adulte évite de se lever de trop nombreuses fois pendant et reste disponible pour les enfants.

② La gestion des repas

GESTION DU REPAS

S'organiser

Respecter les règles d'hygiène

- Lavage des mains
- Serviettes de table ou bavoirs personnels
- Entretien des tables, chaises et sols après le repas.

Respecter le rythme et l'autonomie de chacun

Être garant d'une ambiance adéquate

- Ambiance calme
- Disponibilité : pas de télévision allumée, pas de téléphone

Proposer un matériel adapté

- Mobilier adapté à la taille et confortable
- Couverts permettant une bonne préhension
- Assiette incurvée
- Tasse à bec, gobelet...

Pour bien accompagner les tout-petits dans leurs nouvelles découvertes alimentaires, une organisation adaptée de ces temps de repas est essentielle tout en tenant compte de certains principes d'hygiène, de sécurité et de confort. Le repas devient, au fur et à mesure que l'enfant grandit, un enjeu d'éducation, d'intégration et d'interrelation auprès des autres enfants et avec l'adulte.

Le temps du repas

Selon le nombre et l'âge des enfants accueillis, il est indispensable de réfléchir à la gestion du temps et de planifier son organisation afin de respecter au mieux le rythme de chacun d'entre eux. Pour cela, il faut tenir compte des horaires de biberon pour les bébés, des temps de sieste, de l'heure du lever, parfois très tôt le matin pour certains enfants, du temps nécessaire à chaque enfant pour bien manger, de l'accompagnement à l'autonomie (ex : tenir sa cuillère, boire avec sa tasse…).

L'annonce du moment du repas un peu avant permet aux enfants de se préparer et de terminer leur activité pour passer ensuite plus sereinement à table. De même, afin de favoriser sa disponibilité, le professionnel doit anticiper la préparation des repas pour que tout soit prêt au moment de manger.

Les règles d'hygiène

Le lavage des mains est un geste d'hygiène essentiel autant pour l'enfant que pour l'adulte avant et après le repas. Pour les plus petits, il est recommandé d'utiliser un gant (savonner puis rincer) qui soit propre à chaque enfant.

Les bavoirs en tissu seront également changés à chaque repas tandis que les bavoirs en plastique seront nettoyés et désinfectés en fin d'utilisation.

On veillera à limiter l'usage des lingettes, en les choisissant sans phénoxyéthanol et en les gardant pour des occasions (sorties au parc...).

Spécial COVID

Pour tous :

✓ Les professionnels se lavent les mains et lavent les mains des enfants au savon et à l'eau avant et après chaque repas ou goûter (comptines ou rites associés peuvent faciliter la réalisation) ;

✓ Comme en temps normal, il importe de veiller à ce qu'il n'y ait pas d'échange de nourriture, de boisson ou de couverts entre les enfants ;

✓ L'adulte porte un masque tout le long du repas ;

✓ L'adulte se met de côté plutôt que face à l'enfant pour l'aider à manger ;

✓ Le linge de table (serviettes, bavoirs, gants de toilette) est mis au sale après chaque repas ;

✓ Aérer la pièce avant et après la prise des repas.

En collectivité :

✓ Lorsque plusieurs groupes d'enfants sont réunis pour le repas, la distance d'un mètre entre les groupes est recommandée ;

✓ Si plusieurs groupes utilisent successivement le même espace pour les repas, celui-ci est nettoyé entre chaque groupe ;

✓ Lorsque plusieurs professionnels donnent à manger aux enfants, ils respectent entre professionnels les mesures de distanciation physique (min. 1 mètre).

Chez l'assistant(e) maternel(le) :

✓ Faire deux temps de repas : un pour sa propre famille et un pour les enfants accueillis ;

✓ Il est préconisé que pendant la durée de l'état d'urgence sanitaire les repas de tous les enfants soient préparés par l'assistant(e) maternel(le). Si cela n'est pas possible, les parents étiquettent et nettoient les contenants apportés, et l'assistant(e) maternel(le) fait de même avant de les placer au réfrigérateur.

③ La gestion des cas difficiles et attitudes communication

Il arrive que certains enfants aient des comportements ou habitudes alimentaires complexes à gérer :

- **L'enfant grignoteur**
  - il réclame et mange de petites quantités tout au long de la journée.
  - Le repas est préparé en choisissant des aliments que l'enfant aime pour l'inciter à manger.
  - On limite le nombre de prises entre les repas en fixant des repères (réveil de la sieste, retour de promenade…).
  - L'objectif est de parvenir aux horaires habituels des repas, car lorsque l'enfant ira à l'école, il mangera au cours des repas et non en dehors.

- **L'enfant qui refuse certains aliments**
  - ◊ On présente l'aliment refusé en très petite quantité : une cuillère à café, chaque fois qu'il est au menu. C'est en le présentant parfois 10 à 15 fois et en le faisant consommer par les autres convives qu'il sera accepté.
  - ◊ On peut intéresser l'enfant à l'achat, la culture ou la préparation de l'aliment.

- **L'enfant « petit mangeur »**
  - ◊ Il mange de petites quantités et ne termine pas ce qu'on lui propose. Il est possible que ses besoins nutritionnels soient moins importants que ceux du même âge.
  - ◊ Mieux vaut remplir peu son assiette de sorte qu'il demande à être resservi et régule ainsi son appétit

- **L'enfant n'accepte que des aliments sucrés**
  - ◊ Donner le plat principal sans montrer le laitage ou le dessert dès le début du repas.
  - ◊ Ne pas multiplier les laitages, les fruits ou les desserts sous prétexte que l'enfant a faim.
  - ◊ Au repas suivant, choisir un plat plus apprécié.

Conseils

Certaines attitudes ne donnent rien à long terme. Par exemple :

- ✓ Féliciter l'enfant quand il a terminé son assiette : il mange parce qu'il a faim et non pour plaire à l'adulte.
- ✓ Faire du chantage : « si tu manges tes épinards, tu auras le droit de regarder une vidéo ou d'aller jouer à l'extérieur. ».
- ✓ Donner des aliments-récompense (bonbons, glaces…). L'enfant imagine qu'on l'aime uniquement si on lui donne une sucrerie.
- ✓ L'obliger à terminer son assiette.

Mots-clés : Repas, rythme, aliment, goût, comportements alimentaires.

Fiche 46

L'aide à la prise du repas en école maternelle

Le temps du repas est un moment important de la journée de l'enfant. Il apaise sa faim, permet de faire découvrir de nouveaux goûts, textures, donne du plaisir à manger mais aussi crée des liens avec les adultes et les autres enfants. L'aide à la prise des repas doit respecter l'enfant dans son individualité (goûts, appétit, rythme…) avec ce qui constitue son identité culturelle et familiale.

① Avant le repas

Le repas est un rite pendant lequel l'enfant exprime son autonomie que le professionnel accompagne. La préparation de ce moment est importante.

La préparation au repas

Le professionnel :
- se met en tenue et attache ses cheveux ;
- se lave les mains ;
- préparer le matériel nécessaire à la prise du repas : couverts, assiettes, verres, serviettes ou bavoirs.

Les actions à prévoir

La préparation mobilise également un nombre d'actions spécifiques qui sollicitent l'enfant. Le professionnel :
- prévient les enfants ;
- leur propose de se laver les mains ;
- les installe à table, leur propose de mettre seuls leur serviette.

Il est préférable de proposer un mobilier adapté au jeune enfant (table basse, siège bas qui permettent de toucher le sol avec les pieds) de façon à respecter le confort de l'enfant.

> **Conseil**
> De nombreux professionnels (professeurs, ATSEM...) de maternelle ritualisent ce moment par un chant, ou par le petit train (« queue leu leu » jusqu'à la cantine)... C'est un repère sécurisant pour les enfants.

② Pendant le repas

L'attitude de l'adulte lors du repas

L'adulte doit être disponible lors du repas. Il peut s'asseoir avec les enfants pour les servir si besoin, les aider tout en respectant l'autonomie des jeunes élèves. Il va introduire progressivement des règles de vie au cours du repas (qui ne doivent pas être trop rigides) : apprendre à manger avec les couverts, respecter les règles de politesse...

Le professionnel va profiter de ce moment pour verbaliser et faire verbaliser les enfants sur les goûts (« c'est acide », « c'est amer »...), les préférences (« j'aime », « je n'aime pas »...), leur découverte (« je connais », « je ne connais pas »)...

Il va accompagner l'enfant sans le forcer, accepter que l'enfant ait son propre rythme, son propre appétit.

> **Question à un pro**
> **Comment est organisée la préparation des repas dans les écoles primaires ?**
> ✓ La responsabilité de la restauration collective relève de la collectivité locale. Le service est généralement assuré par du personnel communal. Parfois, la gestion est assurée par une société de restauration collective.

③ Après le repas

L'aide du professionnel se poursuit au-delà de la prise du repas. Celui-ci va :
- retirer les serviettes et les ranger ;
- proposer aux enfants de se laver les mains, la bouche et les dents ;
- ranger les assiettes, les couverts, les verres, les plateaux... , puis faire la vaisselle.

En fonction de l'organisation de la cantine, il est possible de solliciter les élèves pour qu'ils aident à ramasser les couverts, les assiettes, etc...

– nettoyer et désinfecter les tables, chaises et sol ;
– se laver les mains puis noter les transmissions.

Question à un pro

Un enfant ayant une allergie alimentaire peut-il manger à la cantine ?

✓ Il est difficile de prévoir des menus dont l'état de santé nécessite un régime alimentaire particulier. En revanche, la mise en place de « panier-repas » dans le cadre d'un PAI (projet d'accueil individualisé) est possible. Dans ce cas-là, la famille assure la pleine responsabilité de la fourniture du repas, du conditionnement et de son transport tout en respectant la chaîne du froid. >voir fiche 54.

4 Le temps du repas : un apprentissage de la socialisation

La socialisation est un processus au cours duquel l'enfant va apprendre à vivre en société, va intérioriser des normes et des valeurs qui vont l'aider à construire son identité.

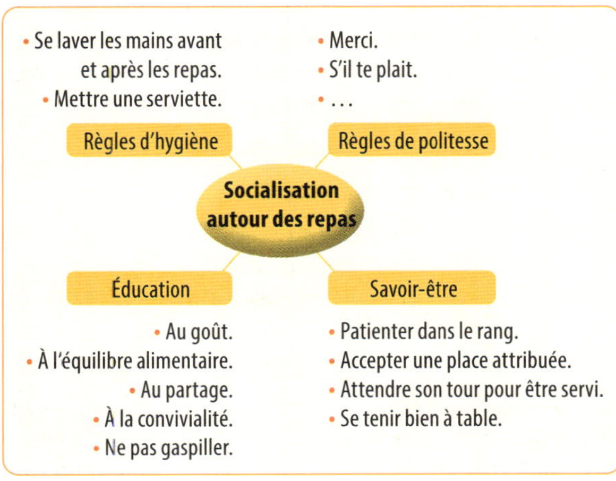

Spécial COVID

Insister sur les gestes barrières, éviter le brassage des groupes classe, nettoyer et désinfecter le mobilier après chaque passage, aérer.

Mots-clés : Repas, école maternelle, cantine, socialisation, autonomie, allergie alimentaire.

Fiche 47 La maltraitance et la protection de l'enfant

Les formes de maltraitance comme celles de bienveillance sont plurielles. Elles ne s'appliquent pas qu'aux adultes mais également aux enfants. Les personnes ayant la responsabilité des enfants sont concernées mais aussi exposées. Par conséquent, elles doivent connaître l'ensemble des règles juridiques et modes d'actions, acquérir les compétences pour les entrevoir et le cas échéant mettre en œuvre des actions de réassurance auprès de l'enfant.

① La bientraitance

Le concept de la bientraitance

Le concept de bientraitance a émergé au début des années 2000 et a été renforcé par le plan « Opération bientraitance » lancé par le gouvernement français en 2009. La bientraitance n'est pas seulement l'absence de maltraitance, mais une démarche active que la Haute- autorité de santé définit comme « une manière d'être, d'agir et de dire, soucieuse de l'autre, réactive à ses besoins, respectueuse de ses choix et de ses refus ».

Les attitudes adaptées à la bientraitance

La démarche de bientraitance englobe :

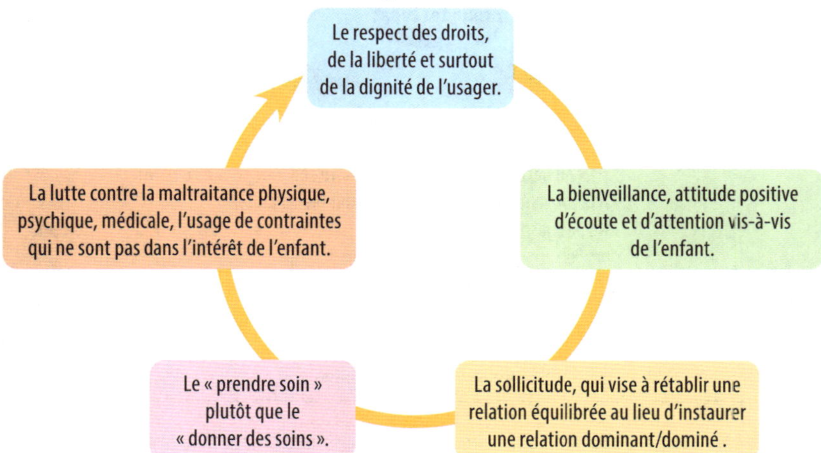

② La maltraitance

Qu'est-ce que maltraiter un enfant ?

Selon l'ODAS (Observatoire national de l'action sociale), il existe deux catégories d'enfant en danger :

❶ **Les enfants en risque**	• Cette catégorie d'enfants englobe ceux dont les conditions d'existence risquent de mettre en danger leur santé, leur sécurité, leur moralité, leur éducation, leur entretien. • Ces enfants ne sont pas pour autant maltraités.
❷ **Les enfants maltraités**	• Ce sont des enfants victimes de violences physiques, d'abus sexuels, d'actes de cruauté mentale, de négligences lourdes ayant des conséquences graves sur leur développement physique ou psychologique.

Les signes de maltraitance

Le professionnel devra être attentif pour repérer les signes qui doivent amener à suspecter une maltraitance. Toutefois, un signe isolé n'est pas nécessairement significatif de maltraitance.

Les signes physiques	Les signes psychiques ou comportementaux
• morsures, griffures ; • plaques d'alopécie (cheveux arrachés) ; • brûlures dont les localisations sont inexpliquées, marques de coups, fractures multiples et inexpliquées ; • habillement mal adapté, aspect négligé ; • retard important du développement.	• troubles du comportement (agressivité, agitation, isolement...) ; • syndrome dépressif ; • troubles du sommeil (cauchemars) ; • peur des adultes ; • refus de jouer ; • refus de se dévêtir ; • vocabulaire inadapté pour l'âge, retard de langage ; • énurésie (émission d'urines non maîtrisées), encoprésie (émission involontaire de selles) ; • refus de se dévêtir.

③ La transmission d'informations préoccupantes

La transmission d'informations préoccupantes est une procédure qui permet d'informer les services sociaux et le procureur de la République qu'un enfant est en situation de danger.

Question à un pro

Est-ce qu'en dénonçant un enfant en risque ou maltraité, on ne divulgue pas des informations relatives au secret professionnel ?

✓ Non, la transmission d'informations préoccupantes concernant un enfant en risque ou maltraité est une obligation légale. La non-dénonciation de mauvais traitements est un délit puni par la loi de trois ans d'emprisonnement et 45 000 euros d'amende.

④ La protection du mineur

En France, il existe un double système de protection adapté en fonction des situations : la protection administrative et judiciaire.

Types de protection	Interlocuteurs	Missions
La protection administrative	Les services d'ASE (aide sociale à l'enfance)	L'ASE apporte un soutien éducatif et/ou financier à domicile : – accompagnement familial renforcé par des aides (aide financière, intervention de travailleurs sociaux...) ; – AEMO (Aide éducative en milieu ouvert). L'ASE accueille et prend en charge les enfants confiés par les parents ou un juge (y compris en urgence).
La protection judiciaire	Le procureur de la République et le juge des enfants	En fonction du dossier, le procureur de la République peut prendre trois types de décisions : – en cas d'urgence, il peut placer le mineur (en lien avec l'ASE) ; – il saisit le juge des enfants ; – il classe le dossier sans suite.

Mots-clés : Bientraitance, maltraitance, informations préoccupantes, enfants en risque, enfants maltraités, protection du mineur, AEMO, ASE.

Fiche 48

La prise de température et l'hyperthermie

La fièvre est un symptôme fréquent chez l'enfant. C'est une réaction de défense de l'organisme.

① Qu'est-ce que la fièvre ?

La fièvre est une élévation de la température corporelle au-dessus de 37,5°C le matin et 38°C le soir. Elle est dite modérée jusqu'à 38,5°C, élevée entre 38,5°C et 40,5°C et sévère au-delà de 40,5°C.

Il est donc important de :

– repérer les causes de la fièvre (maladie infantile, vaccination, coup de chaleur...) ;

– traiter la cause et la fièvre si elle est élevée afin d'éviter les complications.

À savoir

La fièvre peut être la source de trois complications :

✓ la déshydratation ;

✓ les convulsions hyperthermiques ;

✓ l'hyperthermie maligne (rare, elle peut entraîner le décès de l'enfant ou des séquelles cérébrales sévères).

Les convulsions (d'une durée de 2 à 3 minutes) se caractérisent par :

✓ une phase convulsive qui comprend : une phase tonique (perte de connaissance, pâleur, l'enfant se raidit) suivie d'une phase clonique (mouvements saccadés que l'on ne peut pas arrêter en touchant l'enfant) ;

✓ une phase post-critique marquée par un enfant mou et inconscient.

② Conduite à tenir en cas d'hyperthermie

Observer et repérer les signes

- Yeux brillants
- Enfant chaud
- Enfant grognon

Prendre la température

- Éviter la température rectale.
- Préférer la température axillaire, tympanique ou frontale.

Lutter contre l'hyperthermie

Attention : ne pas lui donner de bain.

- Déshabiller l'enfant.
- Le rafraîchir (gant frais sur le visage, les bras...).
- Lui donner à boire.

Attention ! Les médicaments (pour lutter contre la fièvre) ne peuvent être donnés que sur prescription médicale.

③ Les différentes prises de température

La prise de la température est un acte assez fréquent chez le jeune enfant. Elle se justifie à chaque fois que le comportement de l'enfant n'est pas habituel. La mesure de la température peut se faire à différents endroits du corps et avec différents types de thermomètres.

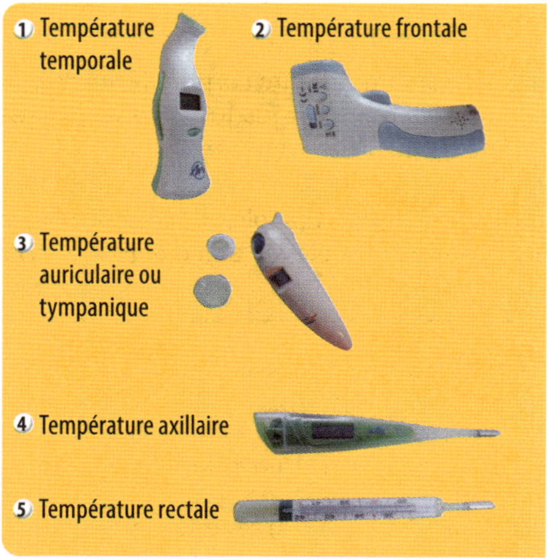

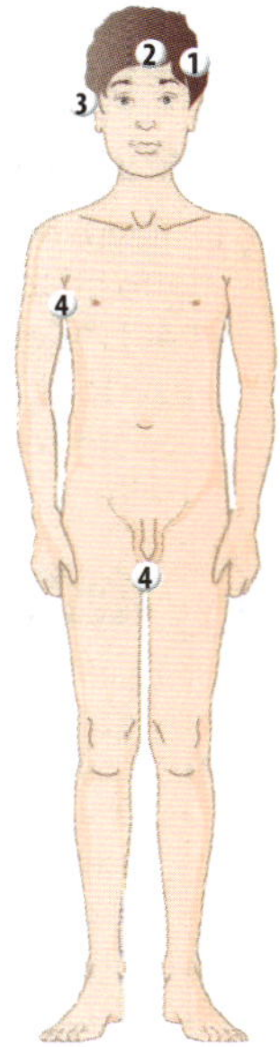

À savoir

L'indicateur frontal n'est pas précis, il peut donner une indication fausse sur la température. Les températures auriculaires et temporales sont pratiques (pas de déshabillage de l'enfant) mais nécessitent de maîtriser la technique et un matériel plus coûteux.

④ La technique de la prise de la température axillaire

La température axillaire est la plus utilisée : le matériel est peu coûteux, est souvent utilisé par les parents et est une technique hygiénique.

Préparation

- Se mettre en tenue et se laver les mains (voir fiche 79) ;
- préparer le matériel :

◊ thermomètre (gallium ou électronique à embout souple de préférence) ;
◊ s'il s'agit d'un thermomètre à gallium, l'agiter pour qu'il se mette au minimum
◊ coton (ou compresse non stérile) ;
◊ alcool à 70°C ;
- désinfecter le thermomètre si nécessaire avec de l'alcool et du coton (ou une compresse).

Déroulement

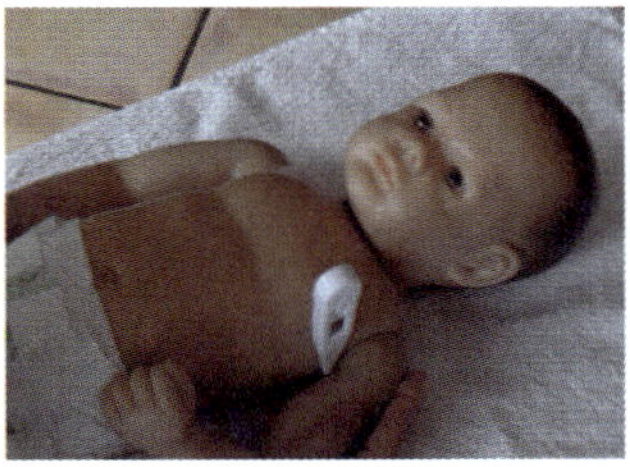

- Prévenir l'enfant et lui expliquer ce qu'on va faire ;
- l'installer confortablement (dans les bras par exemple) selon l'âge ;
- vérifier que l'aisselle soit bien sèche (essuyer éventuellement la sueur) ;
- positionner le thermomètre dans le creux axillaire et bien plaquer le bras contre le thorax ;
- maintenir le thermomètre dans cette position ;
- attendre que le thermomètre sonne (si le thermomètre est digital) ou au moins 10 minutes si c'est un thermomètre au gallium ;
- lire la température sur le thermomètre ;
- rajouter 0,5°C à la valeur lue (exemple : 38°C lus donne 38,5°C). *Il existe cependant des thermomètres étalonnés différemment et pour lesquels la valeur à rajouter est mentionnée sur la notice.*

Après

- Nettoyer le thermomètre à l'eau froide et au savon puis avec de l'alcool à 70°C :
  ◊ pour le thermomètre au gallium, le secouer pour le remettre au minimum ;
  ◊ pour le thermomètre électronique ne pas le laisser sous un jet d'eau ;
- ranger le thermomètre dans son étui et ranger le matériel ;
- ranger le matériel ;
- se laver les mains ;
- faire les transmissions (**voir fiche 56**) ;
- prendre les mesures adaptées en fonction des résultats (déshabiller l'enfant…) ;
- prévenir les parents si fièvre (température supérieure à 38°C).

Mots-clés : Température, thermomètre, hyperthermie.

Fiche 49

Les maladies infectieuses

Les maladies infectieuses se caractérisent par des phases successives identiques. Certaines sont éruptives, des lésions cutanées sont visibles, d'autres, non éruptives, sont néanmoins contagieuses. Les maladies infectieuses infantiles apparaissent fréquemment lors de la garde d'un enfant en collectivité, car elles sont contagieuses.

① Les étapes des maladies infectieuses

Les maladies infectieuses comportent plusieurs étapes :

Pénétration de l'agent pathogène

Incubation
Phase silencieuse pendant laquelle les symptômes ne sont pas encore apparents, mais l'enfant « couve » sa maladie et est particulièrement contagieux.

Premiers signes non spécifiques de la maladie

Invasion
Apparition des premiers symptômes de la maladie le plus soiuvent non spécifiques (fièvre, asthénie…).

Signes spécifiques à la maladie

Phase d'état
Apparition des symptômes caractéristiques de la maladie (en particulier l'éruption pour les maladies éruptives).

- Convalescence : retour complet à l'état de santé.
- Complications : peuvent être responsables de séquelles et conduire au décès.
- Rechute : reprise de la maladie avant guérison complète
- Récidive : nouvelle infection.

② Les maladies non éruptives

Les oreillons

Les oreillons sont une maladie virale, contagieuse et non éruptive qui peut être évitée grâce à un vaccin obligatoire. Les signes de la maladie sont :
- une parotidite (inflammation des glandes salivaires : les parotides) ;
- le gonflement, une douleur à la mastication, une déformation du visage ;
- une fièvre modérée ;
- des maux de tête.

Les complications possibles sont :
- une méningite (inflammation des méninges) ;
- une orchite (inflammation des testicules).

La coqueluche

C'est une maladie respiratoire provoquée par le bacile de Bordet et Gengou.

Les signes de la maladie les plus fréquents sont la rhinite, des éternuements, de la fièvre, des quintes de toux répétées. Si le traitement est possible par une antibiothérapie, la vaccination est obligatoire.

3 Les maladies éruptives

La scarlatine, la rougeole, la rubéole tout comme la varicelle sont des maladies infectieuses éruptives (macule, papule, vésicule) et infantiles.

La scarlatine : symptômes et phases du développement

La scarlatine est une maladie infectieuse éruptive due à une bactérie (de la famille des streptocoques). Elle se transmet par voie aérienne ou par contact direct ou indirect.

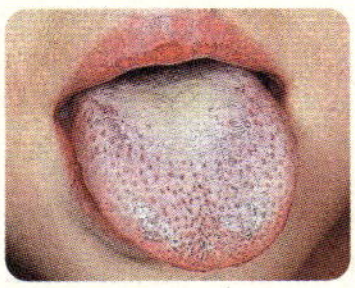

Incubation : 1 à 10 jours.
Invasion : fièvre élevée, angine, difficultés à avaler, gorge rouge et enflammée, ganglions gonflés au niveau du cou.
Phase d'état : éruption généralisée (plaque rouge sans intervalle de peau saine), fièvre élevée, langue blanche puis rouge framboise.

Complications :
- Convulsions liées à la fièvre.
- Atteinte rénale.
- Atteinte articulaire.

Prévention : il n'existe pas de vaccin contre la scarlatine mais des mesures simples d'hygiène permettent d'éviter la contamination (lavage de mains...).

La bonne conduite à tenir face à la scarlatine et tout d'abord de lutter contre la fièvre et de la surveiller régulièrement. Bien communiquer aux parents et veiller à ce que le cahier de transmissions soit correctement rempli. Informer les parents des autres enfants que vous avez en charge au domicile, en structure ou à l'école. Si l'enfant a un suivi médicamenteux, ne jamais dépasser la dose prescrite.

À savoir

La scarlatine nécessite une éviction de l'enfant jusqu'à deux jours après le début de l'antibiothérapie.

La rougeole

La rougeole est une maladie infectieuse éruptive due à un virus. Elle se transmet par voie aérienne (toux, éternuements...), par les mains et par des objets contaminés.

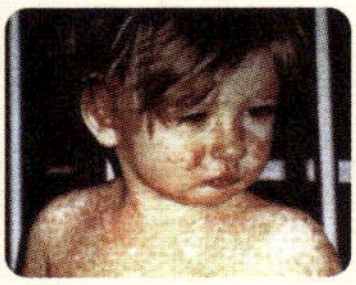

Incubation : 10 jours.
Invasion : fièvre importante (39°C à 40°C), rhume et yeux larmoyants, taches blanches à l'intérieur des joues.
Phase d'état : maculo-papules rouges avec intervalles de peau saine.

Complications :
- Convulsions hyperthermiques.
- Encéphalites.
- Complications broncho pulmonaires et oculaires.

Prévention : la vaccination contre la rougeole est recommandée.

Pour lutter contre cette maladie infectieuse, il est important de lutter dans un premier temps contre la fièvre puis de la surveiller. Pratiquer des DRP (désinfection rhino-pharyngée), humidifier l'air et prendre soin des yeux avec du sérum physiologique. Assurer les transmissions aux parents et informer les autres parents d'enfants. La vaccination est obligatoire.

À savoir

La rougeole nécessite une déclaration obligatoire aux autorités sanitaires et une éviction de 5 jours à partir du début de l'éruption.

La rubéole

La rubéole est une maladie infectieuse éruptive due à un virus. Elle se transmet par voie aérienne (toux, éternuements...), par les mains et par des objets contaminés.

Comme pour la rougeole, il est important de lutter contre la fièvre et de la surveiller. Pratiquer des désinfections rhino-pharyngées.

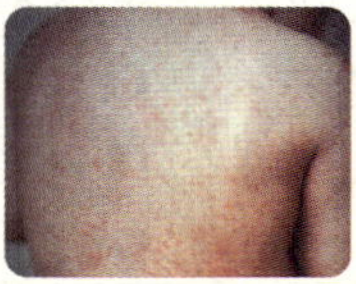

Incubation : 15 jours.
Invasion : fièvre modérée, rhume, ganglions au niveau du cou.
Phase d'état : éruption de maculo-papules rosées (sur le visage puis le corps sauf la paume des mains et les plantes des pieds).

Complications :
- Malformation embryonnaires (avant 3 mois de grossesse).
- Retard de croissance (après 3 mois de grossesse).

Prévention : vaccination.

Assurer les transmissions aux parents et informer les parents des autres enfants (surtout si l'une des mères est enceinte). La vaccination est obligatoire.

La varicelle

La varicelle est une maladie virale ayant une transmissibilité élevée. Le virus est transmis dans les sécrétions par voie aérienne ou bien s'échappe des vésicules cutanées.

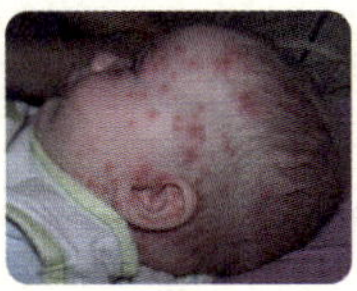

Éruption cutanée en 3 phases :
– macules rosées,
– vésicules claires,
– croutes.
Invasion : Prurit (démangeaisons).
Température élevée avant éruption.

Complications :
- Surinfection par grattage et apparition de cicatrices indélébiles.

Prévention : vaccination.

À savoir

La vaccination, même à titre préventif, n'est pas obligatoire.

Les mesures et la conduite à tenir en cas de varicelle avérée chez le jeune enfant, sont les suivantes :
– veiller à l'hygiène des mains ;

- lutter contre la fièvre (hydrater, découvrir l'enfant, et lui donner, en cas de prescription uniquement, un médicament antipyrétique ;
- assurer la transmissions aux parents ;
- informer les parents des autres enfants après diagnostic.

À savoir

Que ce soit en crèche ou en école, la varicelle n'implique pas d'éviction de la structure. Cependant, la fréquentation de la structure durant la phase aigüe de la maladie n'est pas souhaitable.

Pour l'ensemble de ces maladies éruptives, l'aspect des éruptions se présente ainsi :
- les macules sont des tâches rosées avec intervalles de peau saine s'effaçant à la pression ;
- les papules sont des petits boutons rouges légèrement surélevés s'effaçant également à la pression ;
- les vésicules sont des « petits sacs » remplis d'un liquide clair : lorsque le liquide est purulent, ils sont nommés pustules ;
- les croûtes représentent la cicatrisation d'une vésicule ou d'une pustule.

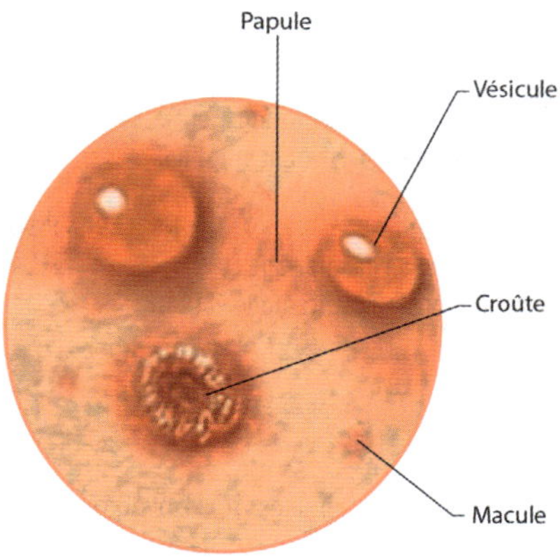

Mots-clés : Rougeole, scarlatine, rubéole, varicelle, oreillons, coqueluche, maladie éruptive, maladie non éruptive, maladie infectieuse, incubation, prévention, invasion, antibiothérapie, surinfection, prurit.

Fiche 50

Les maladies parasitaires

Les infections générées par des parasites se multiplient et sont très fréquentes en collectivités.

Ne pas considérer les maladies provoquées par les parasites chez les enfants comme un phénomène préoccupant est une erreur. Quand ils jouent dans les bacs à sable ou sont en contact avec des animaux domestiques, les enfants peuvent être infestés par des parasites. Les parasitoses sont contagieuses et nécessitent des règles d'hygiène strictes.

1 Les parasitoses intestinales

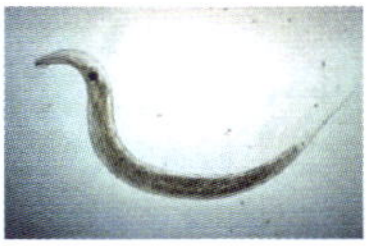

Fréquentes, les parasitoses intestinales sont des affections dues à la présence de parasites dans l'intestin. L'oxyurose est la plus connue chez l'enfant.

À savoir

Les oxyures sont des petits vers parasites ronds blanchâtres vivant à l'intérieur du gros intestin et que l'on trouve essentiellement chez l'enfant.

Mode de transmission	Signes cliniques	Complications	Conduite à tenir
• **Voie digestive** : les oxyures se propagent à la suite du portage à la bouche des doigts souillés.	• Prurit (démangeaisons) anal, surtout la nuit. • Agitation. • Vers dans les selles. • Perte d'appétit. • Diarrhées.	• Surinfection des zones de grattage. • Appendicite à oxyures.	**En préventif** • Bien se laver les mains en particulier après être allé à la selle, avant de manger. • Couper les ongles courts et les brosser si nécessaire. **À titre curatif** • Donner la prescription médicale (généralement en une prise à renouveler 3 semaines plus tard). • Changer la literie. • Dormir en pyjama.

Dans tous les cas, transmettre aux parents toute observation en faveur d'une parasitose intestinale.

Conseil

En terme de prévention, il convient d'être vigilant avec la propreté des mains, de faire attention à bien nettoyer les aliments et de veiller à traiter et vermifuger régulièrement nos animaux domestiques. Les terrains de jeux pour petits enfants peuvent aussi représenter une menace dans la mesure où différentes espèces de parasites se transmettent par les excréments des animaux.

② Les ectoparasitoses

Les ectoparasitoses sont dues à des parasites vivant à la surface de la peau. Il en existe deux principales chez l'enfant : la pédiculose (due au pou) et la gale.

La pédiculose

À savoir

Les poux, ectoparasites de 1 à 4 mm de long, sont munis de 3 paires de pattes terminées par de puissantes griffes. Ils évitent la lumière, se déplacent à l'aide de griffes de cheveu en cheveu et sont adeptes du camouflage.
La femelle pond jusqu'à 300 œufs appelés lentes. Ces lentes sont solidement collées aux cheveux grâce à une sécrétion qu'elle produit. Les lentes éclosent après 8 jours et deviennent adultes au bout de 10 jours. Les poux, larves et adultes, se nourrissent de sang (= hématophage) qu'ils prélèvent en piquant leur hôte 2 à 4 fois par jour.

Mode de transmission	Signes cliniques	Complications	Conduite à tenir
• **Par contact direct** (cheveu à cheveu). • **Par contact indirect** (brosse à cheveux, chapeau, bonnet, taie d'oreiller...)	• Prurit (démangeaisons) au niveau de la nuque et derrière les oreilles. • Présence de lentes sur le cheveu. • Présence de poux.	• Surinfection des zones de grattage. • Récidive probable si traitement incorrectement réalisé.	**En préventif** • Ne pas échanger les bonnets, écharpes, chapeaux, brosses... • Attacher les cheveux longs. **À titre curatif** • Passer le peigne fin (suppression des lentes). • Administrer un shampoing ou une lotion ou une mousse anti-poux en suivant les indications du fabricant. • Traiter l'environnement (literie, ...)

Il est important d'informer les parents qu'une épidémie de poux est présente dans la structure car ils doivent surveiller le cuir chevelu de leur enfant (conditions pour se débarrasser des poux).

La gale

La gale est une affection contagieuse. Il y a infestation parasitaire par un acarien qui s'introduit sous la peau, pond ses œufs et se développe en formant de petits sillons sous la peau. Contrairement à certaines idées reçues, elle touche toutes les tranches d'âge, toutes les populations et tous les milieux socio-économiques.

Mode de transmission	Signes cliniques	Complications	Conduite à tenir
• **Par contact direct** : contact prolongé peau à peau. • **Par contact indirect** : par la literie contaminée par exemple.	• Prurit (démangeaisons) surtout la nuit. • Lésions de grattage et vésicules. • Sillons rouges sous la peau (poignets, doigts puis coudes, fesses, pubis...).	• Surinfection des lésions de grattage. • Lésions de type eczéma.	**En préventif** • Entretenir l'environnement pour éviter la contamination. **À titre curatif** • Traitement anti parasitaire oral ou local (de la personne et des autres membres de la famille). • Traitement de l'environnement (linge, literie, vêtements...).

Quelle que soit la parasitose, il faudra informer les autres parents pour qu'ils surveillent leurs enfants. Le traitement est réalisé, la plupart du temps, par les parents. En aucun cas, le professionnel ne pourra prendre l'initiative de donner un médicament sans prescription médicale.

Mots-clés : Parasitose, poux, gale, vers, infection, traitement, contamination, oxyurose, pédiculose.

Fiche 51 Les situations d'urgence et les gestes de premiers secours

Les situations d'urgence lorsque l'on a la responsabilité d'un enfant peuvent être nombreuses. Quelles que soient les circonstances, il importe d'apprécier correctement la situation et de réaliser les gestes de premiers secours de manière appropriée. Si un SST (sauveteur secouriste au travail) est présent sur le lieu de l'accident, il prendra en mains la situation jusqu'à l'arrivée des secours.

① Les principes de bases en cas de situation d'urgence

Face à une situation d'urgence, la conduite à tenir par le sauveteur est toujours la même. Elle se décline en quatre étapes :

Protéger →	Examiner →	Alerter →	Secourir
• Que s'est-il passé ? • Persiste-t-il un danger ? Si oui, supprimer le danger pour éviter le suraccident (par exemple éteindre la gazinière...) ou réaliser un dégagement d'urgence de la victime. • Attention à mettre les autres enfants en sécurité, les rassurer.	Permet de collecter des informations sur l'état de la victime : • Saigne-t-elle ? • S'étouffe-t-elle ? • Répond-elle ? • Respire-t-elle ?	• Appeler les secours. • Préciser votre identité et le numéro d'appel et répondre aux questions posées. • Attention, dans certaines situations, il sera judicieux d'alerter la hiérarchie (en structure ou à l'école maternelle par exemple) • Prévenir la famille	• Réaliser les gestes d'urgence en fonction de la situation.

À savoir

Auprès de qui donner l'alerte ?

✓ Le SAMU (15), lorsqu'il s'agit d'une urgence vitale.
✓ Les pompiers (18), s'il s'agit d'une situation de péril ou d'accident.
✓ Le médecin traitant ou le pédiatre pour recueillir un conseil médical (fièvre importante, coupure...) ou obtenir un rendez-vous de visite médicale.
✓ La police (17) si vous constatez une infraction.
✓ Le centre anti-poison s'il existe des risques toxiques ou d'intoxication.

Aussi bien dans le cas de l'accueil collectif qu'individuel, une fiche est remplie par les parents afin de collecter :
- les numéros de téléphone des parents (travail et domicile) ansi que les autres personnes responsables autorisées et mentionnées par les parents (parent proche, voisin….) ;
- le numéro du médecin traitant ou du pédiatre.

Il est conseillé d'afficher les numéros d'urgence près du téléphone.

② Quelle attitude adopter ?

Selon l'urgence, les moyens de communication avec les familles restent identiques à ceux du quotidien :
- transmissions orales en fin de journée aux parents, si la situation n'est pas grave ;
- transmissions écrites sur un cahier des gestes effectués, de l'état de l'enfant et de son évolution au cours de la journée ;
- appel téléphonique aux parents si la situation est plus grave.

À faire	À ne pas faire
• Évaluer l'atteinte et la gravité de la situation. • Rassurer l'enfant. • Téléphoner aux secours et aux parents. • Être clair, se contenter des faits, ne pas faire d'interprétation ni de diagnostic. • Faire les premiers gestes, surveiller en attendant les secours.	• Paniquer. • Appeler les parents si la situation peut attendre la transmission du soir. • Prendre l'initiative de donner des médicaments sans avis médical. • Donner à boire et à manger à la victime.

Certaines structures ont mis en place des protocoles d'urgence (souvent en collaboration avec le médecin référent) qui définissent la marche à suivre lors de situations d'urgence.

À savoir

Dès la rentrée scolaire ou en structure ou dès la signature du contrat avec l'AMA, les parents signent une autorisation de faire tous les gestes de secours en cas de problème y compris de faire appel à une équipe médicale en urgence (transfert à l'hôpital, opération chirurgicale, anesthésie…).

La formation du personnel aux gestes de premiers secours peut être intéressante, car elle permet d'être préparé à gérer des situations d'urgence, de mettre en œuvre les bons gestes, même si ces situations sont relativement rares.

③ Les actions de secours

Examiner		**Alerter les secours**	 
Saignements abondants		**Étouffement**	
La victime ne répond pas		**La victime ne répond pas et ne respire pas**	
La victime ne répond pas et respire		**La victime se plaint de malaise**	
Brûlure		**Douleurs empêchant les mouvements, plaie**	
Arrêter le saignement		**Désobstruer les voies aériennes**	
Rétablir artificiellement une respiration et circulation sanguine efficace		**Libérer les voies aériennes (PLS)**	
Mettre au repos, écouter, questionner apprécier l'état de la victime		**Éviter une aggravation de la brûlure**	
Éviter une aggravation de la fracture supposée ou de la plaie		**La victime répond**	

Mots-clés : Urgence, gestes de premiers secours, n° d'urgence, transmission, victime, sauveteur, plan d'intervention.

Fiche 52

Soigner une plaie

Une plaie est une lésion de la peau. Le plus souvent elle est bénigne : dans ce cas, on la nomme éraflure ou écorchure. Elle doit être prise en charge pour arrêter l'écoulement de sang et éviter le risque d'infection. Le professionnel veillera à supprimer la cause ayant provoquée la plaie pour éviter le sur-accident ou la récidive.

① Les différents types de plaie

La gravité des plaies dépend à la fois de leur profondeur et de leur localisation. Il est important de distinguer une plaie bénigne, superficielle, profonde ou grave.

Plaie superficielle ou simple

Elle atteint la couche superficielle : l'épiderme. L'organisme va répondre par une réaction inflammatoire locale : dilatation des vaisseaux sanguins, chaleur, douleur, gonflement.

Plaie profonde

Elle atteint l'épiderme le derme voire les tissus sous- jacents et l'hypoderme.

Plaie bénigne → À déterminer selon : ← **Plaie grave**

– la taille,
– la localisation,
– la profondeur,
– l'aspect
(saignements + ou - abondants).

Les complications sont possibles si la plaie est mal soignée et peuvent se traduire par des infections.

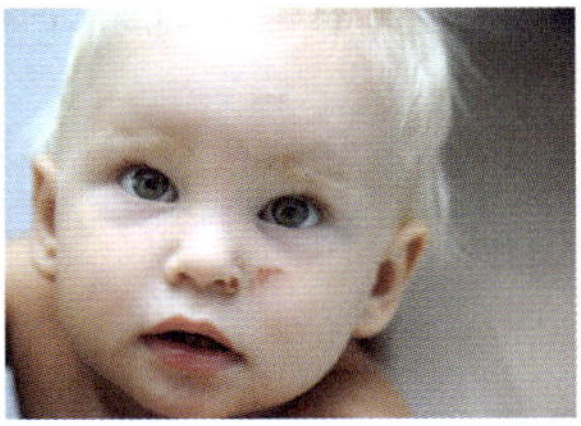

② Conduite à tenir

La plaie simple						
1. Protéger le ou les enfant(s).	**2.** Se laver les mains et mettre des gants.	**3.** Rassurer calmer. Asseoir ou allonger l'enfant.	**4.** Examiner la plaie.	**5.** Enlever les corps étrangers superficiels avec une pince à épiler propre et désinfectée.	**6.** Nettoyer la plaie à l'eau et au savon avec une compresse stérile en forme de parachute du centre de la plaie vers la périphérie.	**7.** Rincer la plaie avec une autre compresse.
8. Sécher par tamponnement du centre de la plaie vers la périphérie.		**9.** Passer un antisepti-que si prescription médicale.	**10.** Mettre éventuelle-ment un pansement.	**11.** Réinstaller l'enfant.	**12.** Vérifier la vaccination (tétanos) et surveiller.	**13.** Transmettre l'incident.

La plaie grave (même étapes jusqu'à l'examen de la plaie) :		
Alerter les secours.	Ne jamais retirer un corps étranger. Ne pas faire boire.	Compression manuelle directe. Rassurer en attendant les secours.

À savoir

Composition de la trousse pour les plaies :
Une boîte de compresses stériles, des gants jetables, une pince à épiler, des pansements, du savon liquide. L'assistant maternel doit également avoir à son domicile une trousse à pharmacie qu'il devra emporter lors des sorties.

Mots-clés : Plaie superficielle, plaie profonde, lésion, saignements, infection, douleur.

La détresse respiratoire

Les détresses respiratoires de l'enfant représentent près de 25 % des motifs de consultation aux urgences pédiatriques. Les causes sont nombreuses. Le professionnel doit agir très rapidement afin que les fonctions vitales ne soient pas en danger.

Pour qui ?
• Manœuvre de Mofenson : elle doit être effectuée chez l'enfant de moins de 1 an. • Manœuvre de Heimlich : elle ne concerne que l'enfant de plus de 1 an.
Quel principe ?
• 1 à 5 tapes dans le dos suivies de 1 à 5 compressions.
Combien de temps ?
Jusqu'à expulsion du corps étranger ou jusqu'à l'arrivée des secours.

① Comment réagir en cas de détresse respiratoire ?

Il est essentiel de savoir rapidement reconnaître, évaluer et prendre en charge une gêne respiratoire de l'enfant.

② La manœuvre de Mofenson (enfant de moins d'un an)

La technique

1. Coucher le nourrisson tête penchée en avant à califourchon sur votre avant-bras.

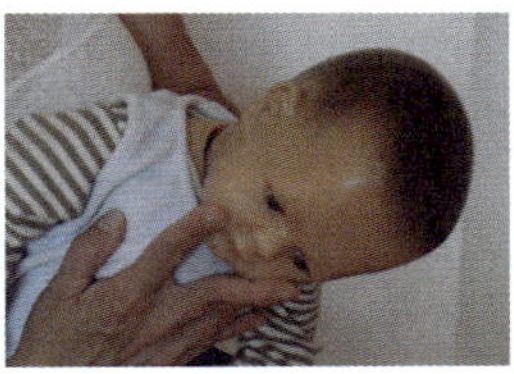

2. Maintenir la tête avec les doigts de part et d'autre de la bouche sans appuyer sur la gorge.

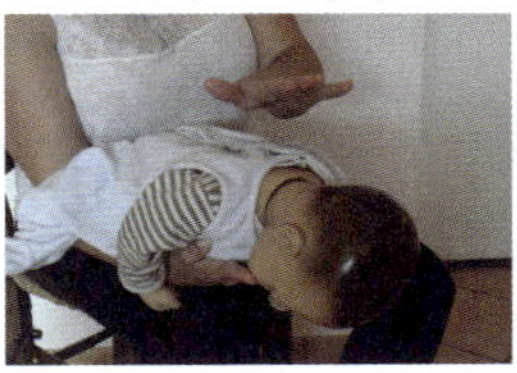

3. Donner 1 à 5 tapes dans le dos, entre les omoplates, avec le talon de la main ouverte.

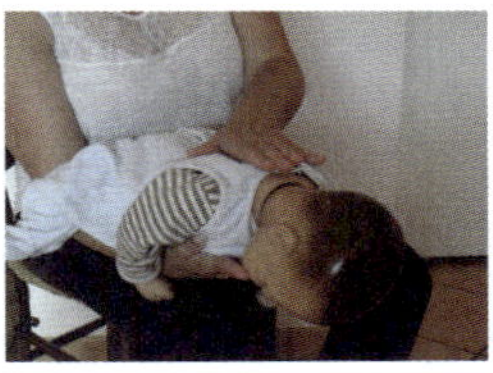

Les tapes sont efficaces (l'enfant reprend sa respiration) : la manœuvre est terminée.	Les tapes sont inefficaces : il faut appliquer 1 à 5 compressions thoraciques.

Les compressions thoraciques

4. Placer votre avant-bras contre le dos du nourrisson et votre main sur sa tête : le nourrisson est alors entre vos deux avant-bras et vos deux mains. 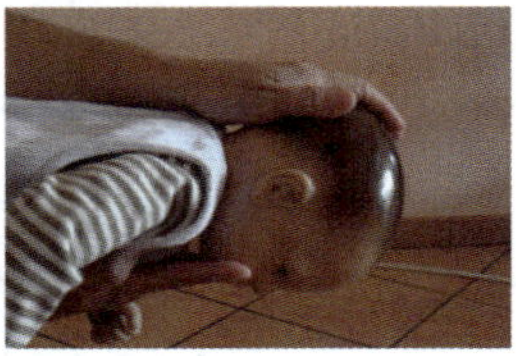	**5.** Retourner le nourrisson sur le dos tout en le maintenant fermement.
6. L'allonger tête basse sur votre avant-bras qui repose sur votre cuisse. 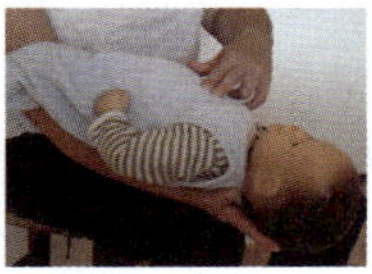	**7.** Effectuer de 1 à 5 compressions profondes sur le devant du thorax, avec deux doigts (index et majeur), au milieu de la poitrine sur la moitié inférieure du sternum (en dessous de la ligne des mamelons). 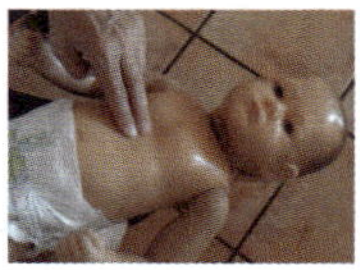

③ La manœuvre de Heimlich (enfant de plus d'un an)

La technique

Effectuer une à cinq tapes vigoureuses dans le dos. Ces tapes peuvent provoquer une toux réflexe capable de débloquer le corps étranger et de l'expulser.

À savoir

La manœuvre de Heimlich est totalement inefficace et même dangereuse quand la personne tousse (c'est le signe que l'air passe). Elle se pratique exclusivement dans les cas d'asphyxie (quand l'air ne passe plus et qu'aucun son ne sort de la bouche de la victime).

1. Laisser la victime dans la position où elle se trouve (assise ou debout).	**2.** Se placer en arrière de la victime : - soutenir son thorax avec une main et le pencher vers l'avant ; 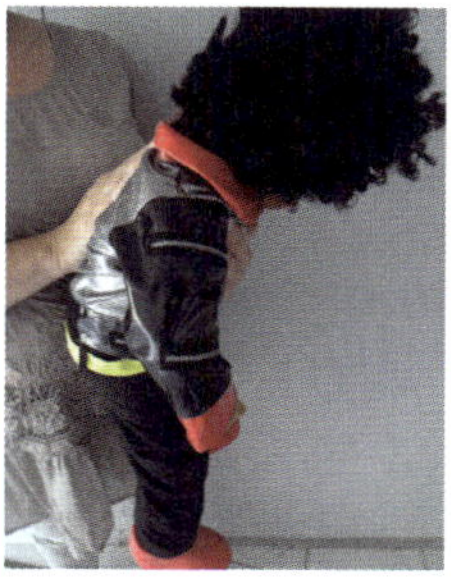 - donner 1 à 5 tapes vigoureuses dans son dos, entre les deux omoplates, avec le talon de l'autre main ouverte.

Réaliser une à cinq compressions abdominales si les cinq tapes dans le dos ne sont pas efficaces.

Les compressions thoraciques

3. Se placer derrière la victime contre son dos (si la victime est assise, fléchir les genoux pour être à sa hauteur).	**4.** Enlacer la victime en plaçant les bras sous les siens.
5. S'assurer que la victime est bien penchée en avant. 	**6.** Placer le poing fermé juste au-dessus du nombril et au-dessous du sternum. 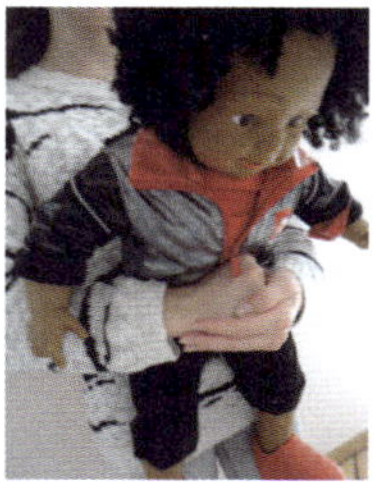
7. Mettre l'autre main sur la première, les avant-bras n'appuyant pas sur les côtes.	**8.** Tirer en exerçant une pression vers l'arrière et vers le haut et effectuer 1 à 5 compressions.

En cas d'inefficacité, réaliser à nouveau une à cinq tapes dans le dos puis, si besoin, une à cinq compressions abdominales et ainsi de suite.

À savoir

Les manœuvres de désobstruction sont efficaces si le corps étranger peut se dégager au cours des différentes tentatives. Si le corps étranger n'est pas rejeté de la bouche, attention il peut y être resté. S'il est visible et accessible, le retirer prudemment avec les doigts en crochet. S'il y a absence de reprise rapide de la respiration, il est recommandé d'appeler très rapidement les secours (le 15, le 18 ou le 112 depuis un portable).

④ Que faire après une manœuvre ?

Après l'expulsion de corps étranger, il faudra :
- installer l'enfant dans la position où il se sent le mieux ;
- surveiller son état ;
- communiquer avec l'enfant : le rassurer, lui parler, l'observer ;
- demander un avis médical.

Mots-clés : Détresse respiratoire, manœuvre de Mofenson, manœuvre d'Heimlich, compression.

Fiche 54

Le projet d'accueil individualisé

Le projet d'accueil individualisé (PAI) est un document écrit qui organise la vie quotidienne de l'enfant en établissement. Il précise ses besoins thérapeutiques (traitement, régime alimentaire, pathologies chroniques, allergies ...) pour permettre d'assurer sa sécurité et compenser les inconvénients liés à son état de santé.

① Qui est concerné par un PAI ?

Le PAI concerne les enfants atteints de troubles de la santé tels que :
- des pathologies chroniques (asthme, épilepsie...) ;
- des allergies (alimentaires, piqûres d'insectes...) ;
- des intolérances alimentaires.

Question à un pro

Le PAI est-il réservé aux enfants scolarisés ?

✓ Non, pas du tout. Qu'il s'agisse d'EAJE (établissement d'accueil pour jeunes enfants) ou d'assistant maternel, un PAI d'un enfant atteint de maladie chronique peut être signé. Le PAI précisera la conduite à tenir, et lorsque cela est nécessaire, le médecin pourra montrer et expliquer comment administrer un médicament ou quelle attitude adopter.

② Qui signe un PAI ?

- La famille sollicite le directeur de l'EAJE, l'AMA ou le chef d'établissement pour mettre en place un PAI.
- Le médecin scolaire et/ou le médecin traitant rencontrent la famille et l'enfant ou l'élève afin de cerner ses besoins et déterminer les aménagements susceptibles d'être mis en place.
- Un document est élaboré avec les modalités de prise en charge particulières de l'enfant.

À savoir

Le cas des allergies alimentaires

Dans le cas particulier des allergies alimentaires, les évictions seront notifiées. Si la réalisation des repas par la collectivité comporte trop de risques pour l'enfant, un panier repas préparé par la famille peut être apporté.

Mais trois points essentiels sont à observer :

- la famille assure la pleine et entière responsabilité des repas (composants, conditionnements,...) ;
- tous les éléments du repas doivent être identifiés pour éviter les erreurs ;
- il conviendra de respecter la chaîne du froid, de la fabrication du repas jusqu'à sa présentation à l'enfant.

③ Que contient un PAI ?

À savoir

Un PAI peut être établi pour une période allant de quelques jours à une année scolaire. Il peut être reconduit d'une année sur l'autre (et être réactualisé).

Mots-clés : PAI, allergies alimentaires, régimes alimentaires, pathologie chronique, dispense, aménagement horaire, incompatibilité.

Méthode et conseils pour réussir l'épreuve orale

① L'élaboration des fiches

Avant cette épreuve, le candidat doit préparer deux fiches.

	Fiche relative à la réalisation d'un soin quotidien	Fiche relative à l'accompagnement de l'enfant dans ses découvertes et ses apprentissages
Quel type de soin présenter ?	**RC3. Réaliser des soins du quotidien :** – Dispenser des soins liés à l'hygiène corporelle et au confort de l'enfant. – Dispenser des soins liés à l'alimentation. – Dispenser des soins liés à l'élimination. – Dispenser des soins liés au sommeil.	**RC2. Mettre en œuvre des activités d'éveil en tenant compte de la singularité de l'enfant** Les activités créatives et d'éveil culturel, telles que par exemple : éveil musical, conte, lecture, expression corporelle, artistique, jeux...
Exemples de sujets	– Change – Apprentissage de la propreté – Lavage des mains du jeune enfant – Hygiène buco dentaire – Prise du biberon – Lavage du nez (DRP) – Mise en place d'un PAI…	– Peinture à la main. – Parcours psycho moteur – Pâte à sel – Découverte des sens – Jeux d'eau…
Quelle structure présenter ?	L'EP1 prend appui sur une PFMP d'au moins 4 semaines auprès **d'enfants de 0 à 3 ans**. Les lieux peuvent être : en EAJE (multi accueil, halte-garderie, micro crèche, un jardin d'enfants...), auprès d'un assistant maternel agréé, en MAM, ou auprès d'un service d'aide offrant des prestations de service d'enfants de moins de 3 ans. **ATTENTION, l'école maternelle n'est pas un lieu adéquat pour cette épreuve.**	
Quel support réaliser ?	Vous aurez dans votre académie une trame de la fiche à présenter ainsi que les contraintes à respecter : – recto ou recto/verso en fonction des académies. – date pour renvoyer les fiches... Ces points peuvent varier d'une académie à l'autre.	

Les fiches comprennent :
- la présentation succincte du contexte (structure, nombre d'enfants...) ;
- le déroulement de la pratique (utiliser des tirets et des verbes d'action) ;
- un bilan de votre activité.

Ce que vous devez faire :

- Respecter les consignes académiques :
  → Nombre de pages.
  → Bandeau de la page de présentation.
  → Police, taille de police.
- Personnaliser la fiche et ne pas vous contenter d'une fiche type.
- Choisir un sujet précis (par exemple plutôt que de traiter le change, traiter le change de l'enfant X porteur de couches lavables).
- Indiquer les objectifs de votre action.
- Savoir expliquer le vocabulaire utilisé, justifier les étapes.
- Préparer votre oral et vous entraîner pour respecter le temps imparti.
- Anticiper les questions du jury en lien avec le choix du sujet en vous renseignant sur le thème.
- Présenter les deux fiches complètes (même si vous avez réalisé le soin et l'activité sur un même enfant dans une même structure).

Ce que vous ne devez pas faire :

- Présenter une fiche technique type (elle doit être adaptée à l'enfant choisi).
- Recopier une fiche technique d'un livre.
- Présenter une activité à partir d'une vidéo vue sur Internet et faite par une autre personne.
- Lire la fiche mot pour mot lors de l'oral.
- Ne pas savoir justifier vos choix (matériel, moment de la journée...).

② L'oral

Cette épreuve s'organise en deux parties d'une durée totale de 25 minutes :
- tout d'abord un exposé du candidat qui prend appui sur ses deux fiches ;
- puis un entretien avec le jury.

Les jurys sont constitués de deux membres :
- un professeur de la spécialité et un professionnel ;
- ou deux professeurs de la spécialité.

ÉPREUVE 2
Exercer son activité en accueil collectif

EP2 : Exercer son activité en accueil collectif (coefficient 4)

<table>
<tr>
<th>Scolaires (établissements publics et privés sous contrat)
Apprentis (CFA et sections d'apprentissage habilités)
Formation professionnelle continue (établissements publics)</th>
<th>Candidats libres
Enseignement à distance
Scolaires (établissements privés hors contrat)
Apprentis (CFA et sections d'apprentissage non habilités)
Formation professionnelle continue (établissements privés)</th>
</tr>
<tr>
<td>CCF (deux situations d'évaluation d'égale valeur).</td>
<td>Contrôle ponctuel écrit.
Épreuve écrite d'une durée de 1 h 30.</td>
</tr>
<tr>
<td>Situation 1 d'évaluation :
au centre de formation
L'épreuve comporte des questions écrites qui évaluent tout ou partie des compétences et des savoirs ciblés.

Le travail demandé et le degré d'exigence sont ceux du référentiel au niveau terminal.</td>
<td rowspan="2">Une PFMP d'au moins 4 semaines ou une expérience professionnelle d'au moins 12 semaines en école maternelle ou en EAJE ou en ACM (moins de 6 ans) est exigée pour présenter l'épreuve EP2.

Les candidats qui n'ont aucune expérience professionnelle au sein des structures indiquées pour s'inscrire en EP1 ou en EP2 doivent réaliser les 16 semaines de PFMP prévues par l'annexe PFMP.

L'épreuve comporte des questions qui évaluent tout ou partie des compétences et des savoirs du bloc « Exercer son activité en accueil collectif ».

Le travail demandé et le degré d'exigence sont ceux du référentiel au niveau terminal.</td>
</tr>
<tr>
<td>Situation 2 d'évaluation :
au cours d'une PFMP
Le candidat est évalué au cours de l'une ou de l'autre PFMP de la dernière année de formation d'une durée minimum de quatre semaines en EAJE ou ACM (moins de 6 ans).

L'évaluation est réalisée uniquement en milieu professionnel. La PFMP fait l'objet d'une évaluation conduite par le tuteur.
Un bilan est effectué en fin de PFMP et donne lieu à une proposition de note établie conjointement par le tuteur et un professeur d'enseignement professionnel.</td>
</tr>
</table>

Inscrire son action dans le réseau des relations Enfant - Parents - Professionnels

Fiches 55 à 61

Fiche 55 Assurer une situation d'échange avec l'enfant et la famille

Dès la prise en charge de l'enfant, les échanges avec les parents débutent. Quel que soit le type d'accueil, les échanges seront quotidiens, écrits et oraux. Le professionnel devra être disponible et à l'écoute. Avant la prise en charge de l'enfant au domicile ou en structure, une période d'adaptation sera prévue.

① La période d'adaptation

En amont de la période d'adaptation, les parents recherchent un mode d'accueil pour leur enfant. Une fois décidés, l'entretien préalable que les parents auront avec la responsable de la crèche constitue une situation d'échanges très importante. Celle-ci est un moment privilégié de prise de connaissance pendant lequel le professionnel expose la façon dont il travaille.

La période d'adaptation constitue un deuxième temps dans cette relation parents/professionnels qui s'établira tout au long de l'année. Cette période d'adaptation (qui dure souvent 2 à 3 jours organisés de façon progressive) est nécessaire avant tout accueil d'un enfant. Elle permet de faire connaissance avec l'enfant et la famille, mais aussi d'échanger sur les besoins de l'enfant et ses habitudes. Elle est l'occasion de rassurer les parents.

② Les échanges au quotidien

Le matin et le soir la famille et le professionnel échangent sur les points et faits importants de la journée et de la nuit. Pendant ces moments «d'arrivée » et de «départ », l'enfant comme le parent revivra un temps de séparation et aura besoin de la présence attentive et accompagnante de l'adulte. Au-delà de cette bienveillance, le professionnel peut, dans certaines cas, présenter la journée aux parents (« Ce matin nous irons au marché », « Cet après-midi, une activité d'expression corporelle est prévue »...). Ainsi les parents (et l'enfant) peuvent se projeter sur la planification de la journée.

Quelques mises en garde cependant sont à noter :
- il sera important que le professionnel sache poser un cadre afin que le parent ne déborde pas sur un temps d'accueil du matin ou du soir trop long ;
- il doit rester à sa juste place (il n'est ni psychologue, ni conseiller conjugal...) ;
- le centre d'intérêt et d'échanges doit rester l'enfant.

③ Les supports

Le premier mode de communication et d'échange quotidien se fait très souvent par le lien du cahier de transmission, c'est pourquoi il est important que le professionnel le tienne correctement et y écrive l'ensemble des informations (habitudes, évolutions, difficultés, déroulement de la journée…) utiles et attendues par la famille. Les supports de transmission peuvent être variés. Il peut y en avoir de plusieurs sortes :

- **La grille d'observation** : elle permet de faire un point objectif sur les acquisitions de l'enfant au niveau psychomoteur, du langage… C'est une trace écrite qui permet une relecture à distance. Elle peut être un moyen d'échange sur les progrès de l'enfant.
- **La feuille de rythme** : particulièrement intéressante pour le jeune enfant pendant la période d'adaptation, elle permet de repérer le rythme habituel de l'enfant et le professionnel peut s'organiser en fonction de ce rythme. Attention cependant, car l'erreur serait d'oublier que l'enfant en grandissant change de rythme et qu'il faudra s'y adapter.
- **Le cahier de bord** : c'est un cahier qui fait l'aller-retour entre le domicile de l'assistant maternel et celui de l'enfant. Il est rempli jour après jour avec les évènements importants. Il peut être enrichi de dessins, photos...

Les transmissions orales permettront de compléter les transmissions écrites. Elles ont l'intérêt d'être rapides et immédiates. (**voir fiche 56**)

À savoir

Les efforts de communication des professionnels ne parlent pas toujours aux parents et parfois, ne leur permettent pas de se saisir du vécu de leur enfant. Les temps de transmissions sont courts. Par ailleurs, l'enfant est toujours présent lors de ces échanges. Il convient donc d'aborder sans détour les points sensibles tout en gardant son calme et en ne s'appuyant que sur du factuel.

Spécial COVID

Lors de ces temps d'échanges, il est rappelé l'importance :

- ✓ du port du masque obligatoire pour les adultes, et des principes de distanciation à respecter,
- ✓ de l'utilisation de sur-chaussures,
- ✓ du lavage des mains à l'entrée pour enfants et parents (utilisation de SHA ou GHA possible pour les adultes).

Mots-clés : Transmissions, communication, échanges, période d'adaptation, grille d'observation, feuille de rythme, cahier de bord.

Fiche 56

Les transmissions d'informations à la famille

La transmission des faits quotidiens vécus par l'enfant est autant nécessaire pour les parents (compte rendu du déroulement de la journée pour l'enfant) que pour le professionnel (éléments portant sur la nuit, le repas de la veille, les vacances...). Elle permet également une continuité de la prise en charge de l'enfant (transmissions professionnel / professionnel) en structure multi-accueil.

La transmission peut être écrite ou orale, le matin et le soir, et dans tous les cas, ce doit être un moment privilégié entre parents et professionnels.

1 Les intérêts de la transmission

- Comprendre rapidement la situation et les soins nécessaires à réaliser.
- Respecter le rythme de l'enfant et ses habitudes.
- Assurer des relations cohérentes et continues entre les différents membres de l'équipe.
- Informer des acquisitions motrices (l'enfant marche seul...), les progrès (l'enfant mange seul à la cuillère).
- Faciliter le repérage de maladies, de handicaps, de troubles de comportement ...
- Faciliter la communication par des échanges oraux parent(s)/professionnel(s), professionnel/professionnel ou laisser une trace écrite.

2 Les transmissions écrites et orales

En fonction de la situation mais aussi du lieu d'exercice, les transmissions peuvent être écrites et /ou orales et présentent des intérêts différents.

	Transmissions écrites	Transmissions orales
Avantages	Elles sont une preuve juridique. Elles sont durables (référence possible en cas de contestation, pour vérifier un soin...). Elles engagent celui qui a transmis. Elles sont une référence pour l'équipe.	Elles sont immédiates et rapides. Elles s'adaptent à la personne, au lieu, au moment. Elles permettent le réajustement. Elles permettent et facilitent l'échange.
Inconvénients	– Elles engendrent une multiplication de documents. – Parfois, ce sont des informations secondaires et sans intérêt. – Elles peuvent être fastidieuses à rédiger ou à lire.	– Elles peuvent être oubliées. – Elles peuvent être transformées, interprétées et non fidèles. – Elles ne laissent pas de trace. – Elles ne sont pas contrôlables.

③ Caractéristiques des transmissions écrites

Pour être complètes et pertinentes, les transmissions doivent avoir un certain nombre de caractéristiques. Elles ne doivent relater que des faits.

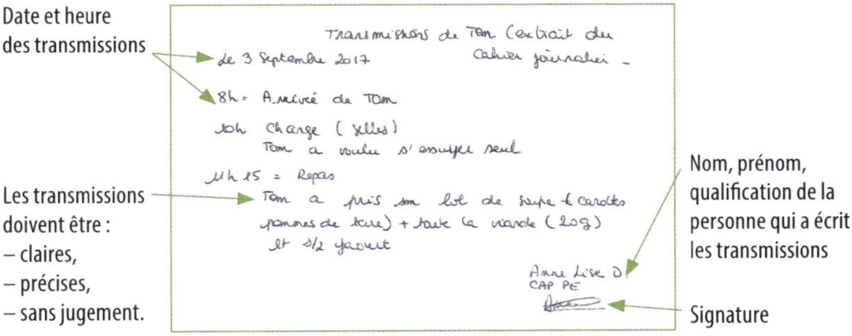

Voici quelques conseils pour les transmissions écrites :

Préférer...	– A mangé son bout de pain et ½ ramequin de compote au goûter. – A pleuré 6 minutes après le départ de sa maman, puis s'est consolé avec son doudou. – A observé un long moment les copains pendant l'atelier pâte à sel sans souhaiter y participer.
Plutôt que...	– N'a rien mangé. – N'a fait que pleurnicher ce matin. Est resté accroché à son doudou toute la matinée. – N'a rien voulu faire pendant l'atelier pâte à sel.

Les supports écrits des transmissions sont multiples :
- La grille d'observation : elle permet de noter de façon précise l'évolution d'un enfant et de garder une trace.
- La grille de développement psychomoteur : les professionnels notent les progrès de l'enfant.
- La cahier journalier de l'enfant.

Spécial COVID

Saluer sans se serrer la main.

Mots-clés : Transmissions écrites, transmissions orales, supports de transmission.

Fiche 57 Les outils de communication adaptés pour le partage d'informations

La communication se définit comme l'action d'échanger, de mettre en commun des informations ou des messages pour les transmettre et créer une relation entre individus. Lors des situations professionnelles, la communication revêt diverses formes. De l'accueil de l'enfant et de sa famille, à l'arrivée des collègues, lors des soins, elle est présente à tous moments de la journée.

① Les principes de communication

Dans une situation de communication, il y a :
- **l'émetteur** (qui ?) est celui qui envoie un message ;
- **le récepteur** (à qui ?) qui reçoit le message ;
- **le message** (quoi ?) qui comprend le contenu de l'information transmise et reçue ;
- **par le biais d'un canal auditif ou visuel** (comment ?).

Le récepteur peut répondre au message reçu, c'est la rétroaction ou le feed-back.

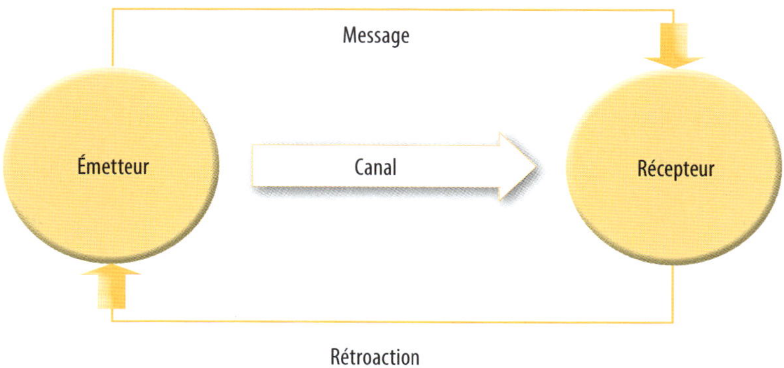

Exemple de situation de communication :
Patricia, puéricultrice, demande au père de Sarah : « Avez-vous pensé à ramener des couches pour Sarah ? ». Celui-ci répond : « Oui, elles sont dans le sac de Sarah ».
Émetteur : Patricia, la puéricultrice.
Récepteur : le père de Sarah.
Canal : auditif.
Message : « Avez-vous pensé à ramener des couches pour Sarah ? »
Rétroaction : «Oui, elles sont dans le sac de Sarah. »

② Les moments clés de la communication

Au cours d'une journée en crèche ou en école maternelle mais aussi au domicile de l'AMA, les moments de communication sont multiples et le nombre d'informations est conséquent.

Dès l'entrée dans la structure. ▶ Lors de l'accueil journalier. ▶ Après chaque soin ou activité. ▶ À la fin de la journée. ▶ Lors des réunions ou du changement d'équipes.

③ Les formes de communication

Verbale ▶
- orale (la voix, les mots) ;
- écrite (lettre, mail, SMS, cahier de transmissions…).

Non verbale ▶
- mimiques, expressions, gestes, pleurs ;
- regard, attitudes, postures.

La communication non verbale peut parfois accompagner la communication verbale et ainsi lui donner une signification complémentaire.
Communiquer, c'est aussi écouter. L'écoute active est une forme de communication essentielle en relation aidante qui regroupe des techniques associées tant à la forme verbale qu'à la forme non verbale de la communication.
Enfin, pour être bien reçu de l'autre et compris, un interlocuteur doit utiliser le même langage ou connaître suffisamment bien le langage de l'autre pour être en mesure de le décoder.

Communication non verbale :
Exemples d'écrits rédigés sur le cahier de transmissions.

→ LA SIESTE Comment se déroule le moment de la sieste…	→ L'APRÈS-MIDI Déroulement de l'après-midi…
Si pour la sieste elle veut bien dormir dans le petit lit mais ne veut pas la turbulette, vous me le dites, je vous ferai passer 1 petit drap et 1 couverture.	Rien de spécial. Noëlle fait beaucoup de progrès pour aller au pot, elle l'a souvent demandé, souvent quand je lui changeais la couche et chaque fois, elle a fait pipi.

④ Les outils de communication

Quelle que soit la taille ou le type de structure d'accueil ou d'école, le choix du bon outil, mode et vecteur de communication est primordial pour atteindre l'objectif visé.

Oral
- téléphone ;
- dialogue en vis-à-vis, réunion.

Ecrit
- courrier, dépliant, brochure,affiche, photos, mails et autres modes de supports numériques (blog, e-mailing...) ;
- tableau, fiche de renseignements, cahier de transmissions.

⑤ Conseils pour une bonne communication

Aujourd'hui la communication est permanente et plurielle. Parfois, trop de communication peut nuire à une bonne communication et à la qualité des messages transmis. Il est donc important de veiller à :

Choisir l'endroit

– éviter les parasites (bruits, ...) ;

– prévoir un espace suffisant, calme et confortable.

Choisir le bon canal et le bon code

Le code (langue, langage des signes, couleurs...) doit être compris par tous.

Reformuler

– S'assurer de la bonne compréhension du message, questionner.

Avoir des qualités relationnelles

– Observer, être à l'écoute, regarder, être disponible et positif, respecter ...

Mots-clés : Communication, canal, transmission, message, formes, communications verbale et non verbale, émission, réception, écoute.

Fiche 58

Le partage d'informations entre professionnels

Dans les structures multi-accueil ou en école maternelle, les échanges dans une équipe pluridisciplinaire sont fréquents et nécessaires (continuité de soins, d'activités, points d'organisation, relations concernant les parents,...). Il est donc essentiel de planifier des créneaux pour que ces échanges (réunions d'équipe, réunions avec un intervenant extérieur…) s'avèrent utiles et efficaces. Par ailleurs, les temps de formation sont importants car ils permettent au professionnel de s'enrichir et donc d'enrichir l'équipe.

① Les réunions entre professionnels

En accueil collectif, ces réunions peuvent être organisées avec tout le personnel ou une partie uniquement de celui-ci. Elles ont plusieurs objectifs : s'accorder sur un point d'organisation, échanger à propos d'un enfant ou de parents avec lesquels les échanges sont difficiles ou pour lesquels il y a un changement de situation familiale, préparer une réunion de parents, un évènement, ...

Ces réunions permettent :
- la **cohérence du travail d'équipe** : l'ensemble du personnel est amené à adhérer au projet d'établissement, à se l'approprier, et pourquoi pas, à le discuter pour l'enrichir ou le faire évoluer ;
- la **stabilité et la continuité dans l'accueil** offert aux enfants et à leur famille : les transmissions concernant les habitudes des enfants lors des accueils, les réflexions partagées autour des actions menées, les observations de chacun amenant à des soins mieux suivis et plus cohérents ;
- l'**adaptabilité des prestations proposées** : les besoins des enfants et des familles évoluent et les pratiques doivent être remises en questions régulièrement pour y répondre au mieux (par exemple : L'organisation des groupes d'âges d'enfants convient-il toujours ? Comment assurer une meilleure sécurité dès l'accès à la structure ?...) ;
- l'**organisation du travail** et des activités proposées en cohérence et en harmonie avec les pratiques professionnelles de la structure.

Ces réunions ont un rythme variable selon les structures (taille, nombre de professionnels…) et peuvent être programmées une fois par semaine, une fois par mois, selon les besoins....

Généralement, un compte rendu est rédigé de façon à laisser une trace des décisions prises et pour pouvoir les évaluer. Il sera également utile pour les absents à la réunion afin qu'ils aient ainsi une trace des échanges.

À savoir

Les qualités d'un compte rendu sont d'être complet, concis, clair (organisation par paragraphes, utilisation d'un vocabulaire approprié et compréhensible par tous...), précis et fidèle (utiliser les mots justes, pas de jugement, pas d'interprétations ni de critiques), daté. Il sera accessible par les personnes concernées (envoi par mail, dans un classeur...).

② Les réunions avec un intervenant extérieur

Certaines structures font le choix de faire intervenir un intervenant extérieur (souvent un psychologue) pour accompagner l'équipe des professionnels dans des difficultés qu'elle peut rencontrer (conflits, tensions...). Elles font aussi appel à ces intervenants pour mieux comprendre les difficultés rencontrées avec un enfant ou une famille.

Il peut s'agir également d'analyses professionnelles sur les pratiques, la juste distance émotionnelle à adopter vis-à-vis d'un enfant...

À savoir

D'autres réunions peuvent être envisagées avec des objectifs différents tels que :

- ✓ des échanges multi-accueil /école maternelle : accueil des enfants du multi-accueil en école maternelle... ;
- ✓ des informations de la PMI : nouveaux textes législatifs... ;
- ✓ des échanges entre multi accueils : mutualisation de matériel, échanges de pratiques...

③ La formation

Les stages de formation continue sont importants car ils viennent en soutien et en relais de la pratique professionnelle afin de permettre à chaque membre de l'équipe de questionner, renforcer ses compétences et connaissances de l'enfant. Ces temps permettent également des échanges entre professionnels et s'avèrent souvent très riches.

Mots-clés : Réunions d'équipe, compte rendu, formation, prise de note.

Le projet d'établissement en accueil collectif

Le projet d'établissement concrétise les réflexions concertées de l'équipe pluridisciplinaire de la structure d'accueil. Adapté aux familles, son objectif est de leur présenter (mais aussi aux institutions partenaires) les grands axes éducatifs, les modalités de travail et de réflexion que l'équipe met en œuvre pour proposer aux enfants un accueil de qualité.

① Le projet d'établissement en structure d'accueil

Le projet d'établissement permet :
- d'organiser les pratiques et le fonctionnement de la structure (jours et horaires d'ouverture, nombre de semaines de fonctionnement annuel… ;
- de communiquer sur les missions et les moyens de les réaliser ;
- de s'assurer que le personnel, le gestionnaire et les parents ont bien chacun leur place dans le fonctionnement quotidien de la structure.
- de présenter les dispositions particulières lors d'accueil d'un ou plusieurs enfants présentant un handicap, de maladies chroniques ou d'enfants de famille en situation d'extrême pauvreté.

De façon plus explicite et précise, il répond aux questions :

• **Pour qui ?**
Au travers du projet social expliquant comment la crèche s'intègre dans son environnement géographique, social, économique et démographique.

• **Pourquoi ?**
Au travers du projet éducatif précisant les dispositions prises pour assurer l'accueil, les soins, le développement, l'éveil et le bien-être des enfants. Ce projet éducatif doit aussi être un support d'échanges avec les parents.

• **Comment ?**
Au travers du projet pédagogique, qui précise les moyens déployés pour atteindre les objectifs fixés en termes d'aménagement de l'espace, d'organisation des groupes d'enfants et de réponses aux besoins de l'enfant (soins, sommeil, alimentation, jeux, stimulations, etc.).

Le projet d'établissement doit être porté à la connaissance des familles et des partenaires. (**voir fiche 4**)

À savoir

Le projet d'établissement est un outil qui évolue. Il doit donc faire l'objet de modifications régulières avec les équipes. Ce travail permet de fédérer les professionnels, les dynamiser et donner du sens à leurs pratiques. Ces évolutions doivent s'appuyer sur les nouveaux besoins des familles. Par conséquent, l'organisation de temps d'échanges périodiques, individuels et collectifs, avec les parents permettra d'adapter au mieux le projet d'établissement.

② Les étapes d'élaboration du projet

Le déroulement classique d'un projet suit un enchaînement logique de phases et d'étapes, depuis l'identification du besoin jusqu'à sa mise en œuvre.

• **Étape 1** : Analyse du bilan, diagnostic
Cette étape comprend une analyse du besoin « détecté » et une étude d'opportunité.

• **Étape 2** : Définition des objectifs et choix d'une stratégie
Tout projet nécessite la mise en place d'objectifs organisationnels, de faisabilité, de budget… clairs et raisonnés. À ce stade, la définition d'une stratégie doit être définie.

• **Étape 3** : Élaboration du plan d'actions en lien avec les objectifs
Cette phase importante comprend la définition du projet, le périmètre d'actions, le planning, mais aussi l'évaluation des facteurs de risques et d'échecs.

• **Étape 4** : Validation du projet par la hiérarchie
Tout projet nécessite un assentiment de la hiérarchie. Correspond-il aux besoins et objectifs de la structure, quels moyens humains et financiers mettre en place. Sans validation du projet par la hiérarchie, pas de projet !

• **Étape 5** : Mise en place du projet
Cette phase d'ordonnancement, de planification mais aussi de gestion de suivi est primordiale pour le succès du projet. Durant cette phase, tout problème, retard doit immédiatement être partagé avec l'ensemble de l'équipe et la hiérarchie pour « recadrage « éventuel du projet.

• **Étape 6** : Bilan, évaluation du projet et remédiation éventuelle
Qu'il soit une réussite ou non, tout projet doit être évalué. Qu'est-ce qui a permis de réussir ? Pourquoi le projet ne convient pas ? Qu'est-ce qui est perfectible ? Sans pointer du doigt le ou les responsables, cette mise à plat permet au groupe de progresser.

Mots-clés : Projet d'établissement, projet éducatif, projet d'accueil, projet pédagogique.

Les situations d'écoute et de communication avec l'enfant

Même si l'enfant est trop jeune pour s'exprimer avec des mots, il communique. Dès son plus jeune âge, l'enfant émet des demandes. Il est donc important d'être attentif et à l'écoute de ses attentes. Il a également besoin qu'on lui explique ce qu'il va vivre pour anticiper les évènements, se projeter et se sentir en sécurité. Il est nécessaire qu'il puisse comprendre et être acteur.

① La communication avec l'enfant

À mesure que l'enfant se développe et grandit, il arrive à mieux s'exprimer et parler de ce qu'il ressent. Ceci étant, même en grandissant, la présence de l'adulte peut l'aider à comprendre et à exprimer ses émotions. En communiquant avec l'enfant, le professionnel est à l'écoute de ses émotions et répond à son besoin de les partager.

Le professionnel peut aider et accompagner le jeune enfant en verbalisant ce qu'il a l'intention de faire (soins, accompagnement aux sanitaires, présentation d'un jeu…) avant toute action en utilisant le « je » (« je vais te laver les mains », « je vais t'installer pour te nettoyer le nez »...). L'utilisation de mots simples mais non infantilisants, une communication verbale précise et compréhensible sont importants pour établir cette relation privilégiée avec l'enfant.

La parole du professionnel doit être douce mais audible et parfois ferme, selon les situations.

Pour que l'enfant puisse avoir une continuité entre son domicile et celui du professionnel où il est en garde, il est important de l'appeler par son prénom et d'éviter un surnom employé ou non par les parents. De même, des petits noms tels «mon poussin » ou «ma puce » sont à éviter car trop connotés affectivement et donc pas très professionnel. Enfin, il est important que le professionnel choisisse le nom par lequel l'enfant le nommera.

Il peut être important de verbaliser certaines de ses attitudes, de ses émotions (« je vois que tu ne veux pas manger ta purée ! ») sans les juger. Poser des mots sur les ressentis de l'enfant, c'est l'aider à être reconnu, à comprendre ce qu'il se passe pour lui.

À savoir

Le jeune enfant appréhende d'abord le monde au travers de ses sensations, de la découverte de son corps, de ses perceptions sensorielles. Les mots des adultes viennent peu à peu nommer et structurer ce vécu et lui donner du sens. À partir de 2 ans, l'enfant passe progressivement d'une compréhension perceptive du monde et des événements à une compréhension narrative : le langage se développe, et il comprend d'ailleurs les mots avant de pouvoir les prononcer et les utiliser lui-même. Enfin, entre 3 ans et 6 ans, les repères spatio-temporels se mettent en place. Il saisit alors le sens des adverbes de temps et d'espace : « avant », « maintenant », « après », « ici », « ailleurs », etc.

② Écouter et échanger avec l'enfant

L'information donnée à l'enfant doit l'être à l'aide de mots simples, de phrases courtes, et au présent, car il n'y a pas de notion de temporalité avant l'âge de 3 ans. Il est souhaitable que le professionnel se place physiquement au niveau de l'enfant, car c'est moins impressionnant. Enfin, joindre le geste à la parole permet au tout-petit de mieux comprendre. Les moments importants sont ceux pendant lesquels le professionnel et l'enfant ont une relation de proximité voire « d'intimité ». C'est lors des moments de soins, des repas, des activités, et bien sûr lors de soins de santé que l'enfant attend un échange et une assurance que le professionnel peut lui procurer en verbalisant ce qu'il fait.

Durant ces moments et ces différentes actions, le professionnel doit apprendre à :
- être disponible et se rendre disponible pour l'enfant (téléphone éteint...) ;
- créer une ambiance adaptée et calme ;
- respecter son rythme d'élocution et de compréhension ;
- être attentif et à l'écoute lorsqu'il veut parler ;
- encourager l'enfant sans se moquer ;
- éviter d'exercer un chantage affectif.

Lorsque l'enfant commet une bêtise, il convient de condamner les actes et non l'enfant. Dans ce cas, il est préférable de lui expliquer que ce qu'il a fait n'est pas bien, sans le blesser avec des propos qui le touchent et peuvent affecter l'image qu'il a de lui-même.

Mots-clés : Écoute, communication, rassurer, interaction, verbalisation.

L'acquisition du langage

L'acquisition du langage est une étape majeure de la vie des enfants. Le professionnel, dès le plus jeune âge de l'enfant, mais bien sûr ensuite à l'école maternelle, joue un rôle important dans l'accompagnement et la stimulation de son langage.

① Les phases d'acquisition du langage de 0 à 2 ans

Les habiletés de communication des enfants apparaissent dès le début de leur vie. Jusqu'à 1 an, ils apprennent à communiquer et découvrent les sons de leur langue. Ils « s'entraînent » à les utiliser en babillant. Vers 1 an, ils commencent à utiliser des mots simples. De 18 à 24 mois, on assiste à une explosion du vocabulaire et les enfants commencent à construire de petites phrases.

Les étapes d'acquisition du langage

	0 à 6 mois	7 mois à 1 an	13 -18 mois	19-24 mois
Stades et étapes d'acquisition du langage	• Peu à peu différenciation des pleurs (variation en intensité, hauteur). • Dès 2 mois, vocalises et sons légers riches en voyelles « a,e… », gazouillements.	• Dès 7 mois, babillages « reu, peu, beu… » • Vers 10 mois, monosyllabes « ma, pa, da… » • Vers 12 mois, premiers mots-phrases significatifs « encore ».	• Période pendant laquelle l'enfant possède un langage global significatif. Il associe deux mots « papa pati » ou « maman vint ».	• Période pendant laquelle on assiste à une explosion du langage. L'enfant utilise le verbe.

Comment accompagner et stimuler cette acquisition ?

Parler correctement et chaque fois que cela est possible à l'enfant.

Encourager l'enfant, le valoriser.

Être à l'écoute de l'enfant.

Nommer ce que l'enfant montre ou regarde avec intérêt (« c'est une pomme »).

Être précis dans le vocabulaire (ex : « tu fais manger ta poupée" au lieu de "elle mange »).

Raconter ou lire des histoires, commenter des images.

Chanter, dire des comptines.

② L'acquisition du langage au-delà de 2 ans

À partir de 2 ans, les enfants commencent à comprendre des notions plus abstraites. Ils perçoivent certaines notions spatiales et différencient « dessus » et « dessous » ou « haut » et « bas ».

Où en est l'enfant dans son acquisition du langage ?

À partir de 2 ans, l'enfant comprend et peut suivre des directives données, comme : «Assieds-toi sur ta chaise. » Il utilise régulièrement des phrases de 2 ou 3 mots pour s'exprimer : « Maman prend biberon », et pour poser des questions.

Vers 3 ans, l'enfant prononce plusieurs sons correctement et comprend mieux des histoires simples. Il peut répondre aux questions posées au fil de la lecture comme par exemple : « Où est caché le petit lapin ? », « Qui est là ? », « Pourquoi il est parti ? ».

Comment l'accompagner et l'encourager ?

Lui parler l'aide à construire son vocabulaire, mais aussi à comprendre le rôle des choses qui l'entourent. Par exemple, lui montrer un panier et lui dire : « C'est dans le panier que l'on va ranger tous tes livres. »

L'enfant aime aussi voir et revoir des personnages connus sur des photos, dans des livres ou des revues, sur des affiches… Regarder avec lui et utiliser des phrases simples pour décrire ce qui est montré, comme : « C'était l'anniversaire de Gabrielle. » Cela l'aidera à mieux comprendre son univers et la place qu'il y occupe.

Enfin, regarder souvent avec l'enfant des livres avec des histoires courtes. Lire avec lui et non à sa place.

De nombreux jeux de société amènent aussi l'enfant à développer son langage (imiter les sons d'animaux, répondre à une question, demander à lancer le dé...).

Mots-clés : Acquisition du langage, communiquer, verbaliser, vocabulaire, lire, accompagner.

Exercer son activité en école maternelle

Fiches 62 à 71

Fiche 62 L'école maternelle : missions, rythmes et règles de vie

À partir de septembre 2019, l'instruction est obligatoire pour tous les enfants à partir de 3 ans.

① Rôles et missions de l'école maternelle

Dans le cadre de la nouvelle loi « pour une école de confiance », l'instruction obligatoire pour tous les enfants à partir de 3 ans (contre 6 ans jusqu'à maintenant) a été votée. Cette mesure a pris effet à la rentrée de septembre 2019. C'est une façon de valoriser l'école maternelle tout en préservant l'égalité des chances pour tous. L'école est mixte et gratuite si elle est publique. Il existe également des écoles maternelles privées sous contrat d'association avec l'État ou des écoles maternelles privées.

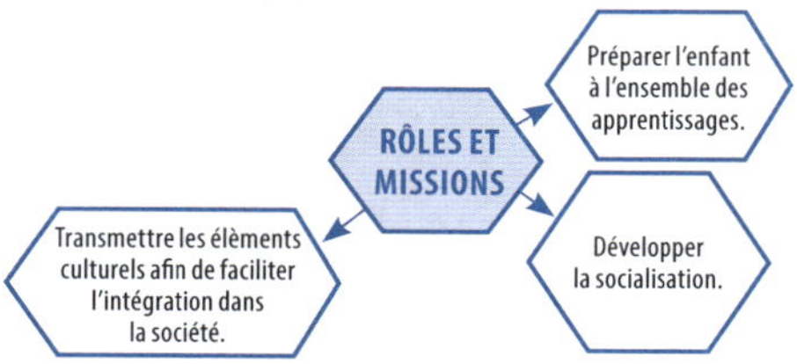

À l'école maternelle, le socle des apprentissages des trois années du cycle 1 est structuré en 5 domaines.

Cette organisation permet à l'enseignant d'identifier les apprentissages visés et de mettre en œuvre leurs interactions dans la classe. Chacun de ces cinq domaines est essentiel au développement de l'enfant et doit trouver sa place dans l'organisation du temps quotidien.

– **Mobiliser le langage dans toutes ses dimensions** : il s'agit de réaffirmer la place du langage à l'école maternelle. La stimulation et la structuration du langage oral et l'entrée progressive dans la culture de l'écrit constituent des priorités et concernent l'ensemble des domaines.

- **Agir, s'exprimer, comprendre à travers l'activité physique et agir, s'exprimer, comprendre à travers les activités artistiques** : ces domaines permettent de développer les interactions entre l'action, les sensations, l'imaginaire, la sensibilité et la pensée.
- **Construire les premiers outils pour structurer sa pensée et explorer le monde** s'attachent à développer une première compréhension de l'environnement des enfants et à susciter leur questionnement. En s'appuyant sur leur vécu, l'école met en place un parcours qui leur permet d'ordonner le monde qui les entoure, d'accéder à des représentations usuelles et aux premiers savoirs.

② L'organisation des cycles à l'école

L'école maternelle correspond au cycle 1, c'est-à-dire aux premières années de l'école primaire.

Cycle 1 : Cycles des apprentissages premiers	Toute petite section Petite section Moyenne section Grande section
Cycle 2 : Cycle des apprentissages fondamentaux	CP cours préparatoire CE1 Cours élémentaire 1re année CE2 Cours élémentaire 2e année
Cycle 3 : Cycle de consolidation	CM1 : Cours Moyen 1re année CM2 : Cours moyen 2e année 6e du collège

③ Le personnel en école maternelle

Le Directeur d'école

- Il agit sous l'autorité de l'inspecteur d'académie relevant du ministère de l'Éducation nationale.
- Il préside l'école et doit avoir 3 ans de service en tant que professeur des écoles.

Professeur des écoles

- Il a un statut de fonctionnaire de l'Éducation nationale.
- Il est chargé de la mise en oeuvre des activités pédagogiques.
- Il est responsable des enfants qui lui sont confiés pendant toute la durée des horaires scolaires (tant sur le plan pédagogique qu'au plan de la sécurité

des personnes et des biens (les élèves ne doivent pas être laissés seuls en classe ou dans la cour).
- Au cours de la journée, le professeur des écoles est assisté par l'ATSEM qui va l'aider dans différentes taches.

ATSEM (agent territorial spécialisé en école maternelle)

- Il agit sous une double hiérarchie : sous l'autorité du Directeur de l'école d'une part et sous celle du maire de la commune d'autre part.
- L'ATSEM a trois fonctions essentielles :

  • **Une fonction éducative** : l'accueil des enfants et de leur famille, l'habillage, le déshabilalge, les soins d'hygiène et de confort, le réconfort, l'écoute, aide aux repas et collations ... ;

  • **une fonction d'aide pédagogique** : sous la responsabilité du professeur des écoles, il/elle aide au niveau matériel pour les activités pédagogiques (la préparation des activités scolaires, l'aide à l'encadrement d'activités, l'accompagnement des sorties scolaires, la participation au service de surveillance (cour, acccueil, goûter, sieste...) ;

  • **une fonction d'entretien du matériel** : le professionnel est responsable de la propreté de la classe (rangement et entretien du matériel pédagogique, rangement de la bibiothèque de la classe ou de l'école, nettoyage, entretien des locaux scolaires, des équipements mobiliers, des sanitaires.

4 Le rythme scolaire en école maternelle

L'école maternelle permet la socialisation de l'enfant dans un groupe et favorise le vivre ensemble en respectant les règles d'une collectivité. Le rythme scolaire s'inscrit comme l'une des règles fondamentales.

Le rythme hebdomadaire

La durée hebdomadaire de temps scolaire est de 24 h. Depuis 2017, les enfants vont à l'école soit sur une semaine de 4 jours et demi soit sur quatre jours sur dérogation. L'introduction de cette nouvelle dérogation donne davantage de souplesse aux acteurs locaux afin de répondre le mieux possible aux singularités de chaque contexte local. Le décret visant à permettre cette nouvelle organisation a été publié le 29 juin 2017 au *Bulletin officiel*.

Le rythme quotidien

Exemple d'organisation d'une journée.

Horaires (variables)	Personnel	Activités	Habitudes
7 h 30	. ATSEM ou ALAE (animateur)	. Accueil des enfants (hors temps scolaire).	. Moment de séparation des parents. . Arrivées échelonnées des enfants. . Transmissions des informations. . Installation des enfants (déshabillage, rangement des doudous...). . Réinvestissement de l'espace (activités autonomes et individuelles).
9 h	. Professeur des écoles . ATSEM	. Les rituels	. La date et la météo du jour. . L'appel des enfants.
9 h 15		. Les ateliers / les activités	. En fonction des domaines d'apprentissage.
9 h 45		. Rassemblement	. Rangement de la classe et des supports de l'activité précédente. . Passage aux toilettes.
10 h		. La collation	. La collation est préparée par la structure ou par les parents.
10 h 15		. La récréation	. Moment de détente, de défoulement, de socialisation, d'échanges ...
10 h 45		. Les ateliers / les activités	. En fonction des domaines d'apprentissage.
11 h 20	. ATSEM ou ALAE	. La sortie et le déjeuner	. Au domicile ou en service de restauration collective.
13 h 30	. Professeur des écoles . ATSEM	. La sieste	. Jusqu'à 4 ans, un enfant a besoin d'un temps de sommeil dès la fin du déjeuner : une sieste d'une durée d'1 h 30 min. à 2 heures. Les plus de 4 ans ont une activité « calme ».
15 h		. Un réveil échelonné	. Passage aux toilettes. . Goûter.
15 h 30		. Les ateliers/les activités	. En fonction des domaines d'apprentissage.
16 h		. Sortie de l'école	. Retour des parents. . Transmissions.
16 h à 18 h 30	. ATSEM ou ALAE	. L'accueil en périscolaire	. Ateliers (sport, théâtre...). . Départs échelonnés.

Le rythme annuel

L'année scolaire comporte environ 36 semaines de début septembre à début juillet avec des temps de vacances (en général de 2 semaines) à la Toussaint, à Noël, en février (vacances d'hiver) et au printemps. Les vacances d'été durent 7 semaines.

5 Les règles de vie en école maternelle

Les règles de vie permettent à l'enfant de se socialiser, d'apprendre à vivre en collectivité. Certains supports (dessin, charte…) affichés par le professeur des écoles ou confectionnés par les enfants sont affichés dans la classe pour rappeler les règles de vie à respecter pour un « bien vivre ensemble ».

<table>
<tr><th>Ce que l'enfant doit faire</th><th>Rôle de l'adulte</th></tr>
<tr><td>Parler doucement.</td><td rowspan="14">– Il est primordial que l'adulte fasse respecter ses règles à tous.
– Un rappel à l'ordre est souvent nécessaire pour que l'enfant remarque son attitude et la rectifie.
– L'adulte doit être un « modèle » pour l'enfant et ne doit pas faire ce qu'il interdit.
– Le professionnel doit être vigilant, il doit être observateur, patient, à l'écoute et bon négociateur en cas de discordes.
– Enfin, il envisage l'attitude que l'équipe doit adopter si un enfant déroge aux règles de vie.</td></tr>
<tr><td>Ranger ses affaires.</td></tr>
<tr><td>Écouter le camarade qui parle.</td></tr>
<tr><td>Demander la parole.</td></tr>
<tr><td>Attendre d'avoir la permission avant de prendre la parole.</td></tr>
<tr><td>Être poli, utiliser les mots « magiques » (merci, bonjour…).</td></tr>
<tr><td>Faire le travail demandé.</td></tr>
<tr><td>Poser des questions si on ne comprend pas.</td></tr>
<tr><td>Effectuer ses responsabilités de classe (arroser les plantes, effacer le tableau).</td></tr>
<tr><td>Respecter les autres.</td></tr>
<tr><td>S'excuser si on a mal agi.</td></tr>
<tr><td>Prendre soin du matériel.</td></tr>
<tr><td>Jeter les papiers à la poubelle.</td></tr>
<tr><td>Ne pas courir à l'intérieur (classe, couloirs…).</td></tr>
</table>

Un règlement propre à chaque espace de vie (réfectoire, dortoir…) peut être aussi envisagé.

Spécial COVID

Limiter le brassage entre élèves de groupes différents.

Mots-clés : École maternelle, cycles, temps scolaire, ATSEM, professeurs des écoles, rythme, règles de vie.

Fiche 63

Préparation, animation d'un atelier et remise en état des locaux

Le professeur sollicite très souvent l'ATSEM pour préparer, encadrer et/ou animer une activité pédagogique pendant le temps scolaire. Une bonne gestion de l'activité prévoit sa préparation, son déroulement, le rangement des matériels et équipements et le bilan de celle-ci.

① Les différentes phases d'une activité pédagogique

L'ATSEM est informée par le professeur des écoles du déroulement des activités de la journée pour assurer pleinement son rôle d'aide pédagogique. Pendant le temps de classe, le professeur demeure toujours responsable des élèves et la pédagogie est de sa compétence. L'ATSEM est tenue d'orienter les parents vers le professeur pour toute question relative à celle-ci.

ACTIVITÉ

PRÉPARATION	ACTIVITÉ PROPREMENT DITE / DÉROULEMENT DE L'ACTIVITÉ	RANGEMENT REMISE EN ÉTAT
– Définir l'activité, ses objectifs, les buts recherchés. – Vérifier si le matériel et les produits sont disponibles en stock en quantité suffisante ou les acheter. – Expérimenter en faisant une activité "test". – Installer le lieu (nappe de protection...), aménager l'espace, le mobilier. – Préparer le matériel .	– Prévenir les enfants de l'activité. – Installer l'(les) enfant(s). – Énoncer les consignes orales ou les règles. – Adapter sa méthode d'animation au groupe et à l'âge des enfants. – Aider à la réalisation si besoin (Attention à ne pas faire à la place de l'enfant ou pour l'enfant). – Animer l'activité. – Diversifier l'activité (proposition de variantes...). – Inciter à la communication, et échanger. – Laisser une grande part à la créativité. – Surveiller les enfants. – Prévenir que l'activité va se terminer.	– Évacuer le "sale" (linge,...). – Évacuer les déchets. – Laver les mains (enfants, vous-même). – Bionettoyer les différentes surfaces (supports,tables, chaises, sols...). – Nettoyer et ranger le matériel. – En fonction de leur âge, les enfants peuvent prendre part au rangement et à la remise en état de la pièce.

② La participation de l'ATSEM à la gestion de l'activité pédagogique

L'enseignant confie très souvent à l'ATSEM, après lui avoir explicité, la mise en œuvre d'un travail pédagogique déjà préparé.

La préparation et l'encadrement d'un atelier de motricité doivent se faire en concertation avec l'enseignant. Ce dernier et l'ATSEM se partagent les tâches d'organisation, de remise en place des matériels lourds et/ou encombrants, sachant que la sécurisation du matériel est de la responsabilité de l'enseignant.

L'ATSEM se tient à disposition du professeur pour l'exécution des travaux nécessaires à la réalisation des activités (préparation matérielle, remise en ordre après l'activité, rangement et entretien du matériel éducatif...).

La répartition des ateliers est discutée avec l'ATSEM si celui-ci anime un groupe d'enfants en décloisonnement. Dans ce cas, il importe que l'enseignant de la classe ou un autre enseignant de l'école puisse être à portée de voix de l'atelier pour des raisons de sécurité et de responsabilité.

Pendant les heures de classe, l'ATSEM est à la disposition de l'enseignant pour la préparation du matériel nécessaire aux activités, l'assistance aux différents ateliers de travail et la préparation des fêtes scolaires organisées par l'école. L'enseignant veille à anticiper ses demandes pour que ce temps de préparation matérielle ne se fasse pas au détriment de l'aide directe aux enfants.

③ Comment évaluer l'activité ?

Avec le professeur, il est important que l'ATSEM évalue l'activité pour le cas échéant la proposer de nouveau en cours d'année ou d'en prévoir des variantes si celle-ci n'est pas parfaite ou au contraire a séduit.

- Interroger oralement les enfants sur l'activité : intérêt, apprentissages, découvertes, travail à plusieurs,…
- Transmettre par écrit aux parents (attitudes des enfants, acquisitions, prolongements éventuels à la maison…).
- Analyser l'activité (ce qui a marché, ce qui peut être amélioré…) et partager avec le professeur des écoles.

Mots-clés : Préparation d'une activité, installation, rangement, évaluation, aptitudes.

Fiche 64

Gestion et animation d'un groupe d'enfants

Gérer les temps de vie quotidienne demande une certaine organisation pour soi-même, mais plus encore lorsqu'on doit gérer tous les aspects ou presque de celle-ci pour un groupe d'enfants. En plus d'un certain sens des priorités et de l'organisation que cette gestion nécessite, il ne faut pas en oublier les aspects d'écoute et de sécurité.

① Les modes d'animation

Il existe trois types de dynamiques de groupe.

Animation directive : position dominante de l'animateur qui est à l'initiative et dirige l'activité.

Animation coopérative : tout le monde est à égalité, l'animateur tient compte de l'avis de chacun.

Animation laxiste ou laisser faire : le groupe fait ce qu'il veut, l'animateur est excessivement tolérant au risque d'être confronté à des débordements.

② Le rôle de l'animateur

En tant qu'animateur, il est extrêmement important d'avoir l'attention des enfants pour pouvoir leur proposer des activités, des missions, … afin que l'accueil ne se résume pas à une simple rencontre d'enfants qui ont envie de se défouler ensemble. Les explications et conseils suivants sur la gestion du groupe visent à permettre à l'animateur de vivre pleinement son projet et ses animations, sans devoir faire de discipline de façon permanente.

- Avoir un vocabulaire précis et adapté ;
- rappeler et faire expliquer les règles ;
- gérer les conflits ;
- favoriser les échanges et le respect entre enfants ;
- observer les réactions et attitudes de chacun ;
- veiller à la sécurité ;
- solliciter ;

– favoriser l'autonomie ;
– valoriser et rassurer.

À savoir

L'animateur doit gérer le groupe sans pour autant oublier l'individualité et la singularité (personnalité) de chacun de ses membres.

③ Communiquer avec le groupe

Lors de la communication avec un groupe d'enfants, il est important d'être précis, de relater des faits, et de ne pas porter de jugement. Il convient d'appliquer les principes de base de la communication et de les adapter en fonction des interlocuteurs.

À qui ?
Aux enfants concernés et sous la responsabilité de l'animateur, mais aussi .... à l'ensemble au professeur et à l'équipe.

Quoi ?
Les observations faites lors d'une activité. *(Postures aisées ou difficiles, nouvelles acquisitions, comportement lors du jeu.)*
Les règles d'une activité. *(Contraintes, respect vis-à-vis des autres (chacun joue à tour de rôle, on écoute ce que dit l'eautre...))*
La plaie du genou d'un enfant. *(Origine, étendue, soins réalisés...)*

Quand ?
À une heure déterminée, le moment de la journée.

Pourquoi ?
Pour laisser évaluer l'activité.
Pour tenir informé, pour la continuité des actions.
Pour suivre l'évolution des progrès et les difficultés du ou des enfants.

Mots-clés : Groupe, animation, communication, responsabilité, encadrement, évaluation.

Fiche 65

Les mesures de sécurité en école maternelle

L'institution scolaire assume la responsabilité des élèves qui lui sont confiés : il lui appartient donc de veiller à ce qu'ils ne soient pas exposés à subir des dommages et qu'ils n'en causent pas à autrui.

① Qui assure la surveillance et la sécurité des enfants ?

La responsabilité des enfants et de leurs actes s'étend à l'intérieur des locaux scolaires ainsi qu'à l'extérieur dès lors que des enseignements s'y déroulent. Elle concerne les enseignants ainsi que toute personne (ATSEM,…) qui participe à la mission éducative de l'école.

LES SORTIES

LES LOCAUX

LA COUR DE RÉCRÉATION

La surveillance couvre l'ensemble des activités prises en charge par l'école, qu'elles soient obligatoires ou facultatives, et toute la durée au cours de laquelle l'élève est confié à l'institution scolaire.

Le directeur d'école organise l'accueil et la surveillance des élèves. Le service de surveillance à l'accueil et à la sortie des classes du matin et de l'après-midi et pendant les récréations est défini en conseil d'école. Un roulement des professeurs et des ATSEM est organisé.

À savoir

À l'école maternelle, avant la prise en charge des enfants par les professeurs, ceux-ci sont sous la seule responsabilité des parents. Les parents sont aussi responsables du choix de la personne désignée pour reprendre un enfant à la sortie des classes.

② Les locaux

La sécurité des locaux concerne aussi bien l'éclairage, la température, la ventilation… que la sécurité du mobilier (porte antipince-doigts, angles arrondis…).

À savoir

- ✓ **Les exercices d'évacuation** sont obligatoires. Ils ont lieu au moins une fois par trimestre, le premier exercice devant se dérouler dans le mois qui suit la rentrée scolaire. Ils sont consignés dans le registre de sécurité et ont pour objet l'entraînement des élèves et des adultes (professeurs, ATSEM…) sur la conduite à tenir en cas d'incendie. Ils servent à reconnaître le signal sonore d'alarme, à prendre connaissance des consignes de sécurité, à reconnaître les circuits d'évacuation et le point de rassemblement, à mettre en évidence les anomalies de fonctionnement.
- ✓ **Le plan particulier de mise en sûreté** (PPMS) doit permettre la mise en œuvre des mesures de sauvegarde des élèves et des personnels en attendant l'arrivée des secours ou le retour à une situation normale.
- ✓ **Le plan vigipirate** implique l'interdiction de stationner devant les établissements scolaires. L'accueil des enfants doit être assuré par un personnel de l'école. L'école est fermée à clé : son accès n'est autorisé que dans le respect des consignes arrêtées par la commission de sécurité.

③ La cour de récréation

La cour de récréation est un lieu propice aux accidents car les enfants, plus libres de leurs mouvements, se défoulent sans se soucier forcément des dangers. Dans le cadre de la présence de jeux aménagés (toboggan, balançoire…), la commune est responsable et doit procéder à leur maintenance.

Pendant les récréations, la surveillance incombe aux professeurs avec l'aide le cas échéant de l'ATSEM. L'accueil et le départ dans et en dehors de la cour de récréation doivent être organisés pour éviter les intrusions extérieures ou absences d'enfants.

④ Les sorties scolaires

Les sorties scolaires relèvent d'une réglementation spécifique (cf. la circulaire n° 99-136 du 21 septembre 1999). En cas de sortie régulière ou de sortie occasionnelle avec ou sans nuitée, l'école doit veiller au nombre d'adultes préconisé et obligatoire pour assurer la sécurité des élèves.

À savoir

Le droit à l'image est une mesure de sécurité obligatoire en école maternelle. Les photos des enfants ne peuvent être publiées sans l'autorisation signée des parents.

Mots-clés : Sécurité, responsabilité, surveillance, encadrement, prise en charge.

Participer aux temps périscolaires, extrascolaires et aux travaux collectifs de l'école

Le temps périscolaire est constitué des heures qui précèdent et suivent la classe durant lesquelles un encadrement est proposé aux enfants scolarisés. Le temps extrascolaire se situe en soirée, le mercredi lorsqu'il n'y a pas classe, en fin de semaine et pendant les vacances.

① Le temps périscolaire

Le temps périscolaire est un temps pendant lequel l'enfant scolarisé est encadré hors temps scolaire : le matin, le soir, le temps méridien. Il recouvre cinq grands temps de la journée :

- **Le temps du transport scolaire**
- **La période d'accueil avant la classe**
- **Le temps de la restauration à l'école**
- **Après la classe, les études surveillées, l'accompagnement scolaire, les activités culturelles et sportives**
- **Le mercredi après-midi**

Il peut s'agir d'un ALAE (accueil de loisirs associé à l'école) ou d'un ALSH (accueil de loisirs sans hébergement).

> **À savoir**
>
> Le « plan mercredi » : un accueil de loisirs périscolaire spécifique
> Le « plan mercredi » permet d'offrir aux enfants des activités dans le prolongement du temps scolaire. Les activités culturelles, sportives et liées à l'environnement sont privilégiées. Les activités organisées dans le cadre du « plan mercredi » s'inscrivent dans trois thèmes principaux : culture, nature, sport. Elles s'étendent le plus souvent sur plusieurs séances.

② Le temps extrascolaire

Le temps extrascolaire concerne les temps de garde de l'enfant en dehors des jours de classe : le mercredi (si pas classe ce jour-là), le samedi, les vacances scolaires.

Ce temps est pris en compte le plus souvent dans le cadre d'un ALSH (accueil de loisirs sans hébergement).

③ Taux d'encadrement

Le taux d'encadrement **du temps périscolaire** est le suivant :
- 1 animateur pour 10 enfants de moins de 6 ans ;
- 1 animateur pour 14 enfants de plus de 6 ans.

Le directeur peut être inclus dans les calculs pour les accueils de loisirs de plus de 50 enfants.

Lorsqu'un PEDT (projet éducatif de territoire) a été signé, il est possible d'alléger le taux d'encadrement avec 1 animateur pour 14 enfants de moins de 6 ans (et 1 pour 18 enfants de plus de 6 ans).

Le taux d'encadrement du **temps extrascolaire** est le suivant :
- 1 animateur pour 8 enfants de moins de 6 ans ;
- 1 animateur pour 12 enfants de plus de 6 ans.

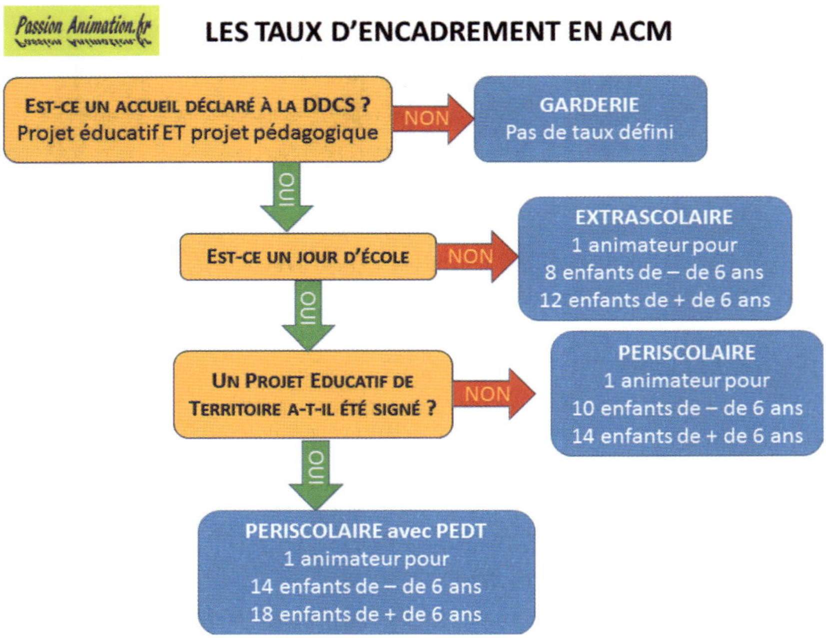

Schéma extrait de la revue *Le J de l'Animation.*

④ Statuts

Ils sont organisés le plus souvent par des associations ou des collectivités territoriales (communes, communautés de communes) mais aussi parfois par des comités d'entreprise ou encore des particuliers.

À savoir

Chaque accueil doit faire l'objet d'une **déclaration** auprès des services de la direction départementale de la cohésion sociale (DDCS).

⑤ Les travaux collectifs de l'école

Durant les temps scolaires et périscolaires les activités mises en œuvre sont nombreuses et les sollicitations de l'ATSEM sont également variées et très fréquentes. Celle-ci doit assurer les travaux collectifs de l'école (remise en état du matériel, nettoyage des salles ou des sanitaires).

Liste des travaux collectifs pris en charge par l'ATSEM

- L'ATSEM assure la propreté constante et le bon état des jouets et du matériel mis à disposition des enfants.
- L'ATSEM veille à ne pas laisser à la portée des enfants des meubles ou escabeaux susceptibles d'être escaladés, ainsi que de petits objets susceptibles d'être ingérés.
- L'ATSEM s'assure de la fermeture constante des locaux interdits aux enfants : cuisine, bureaux, matériels pédagogiques (crayons, ciseaux, cutters...), pharmacie...
- L'ATSEM doit repérer, isoler et ne pas utiliser en présence des enfants les produits toxiques ou potentiellement dangereux (produits d'entretien…).
- L'ATSEM signale au personnel enseignant et à l'autorité territoriale, toute anomalie technique constatée dans les locaux scolaires (matériels de jeux extérieurs…) et tout problème de sécurité ou de conformité affectant le matériel mis à disposition des enfants.
- Enfin, l'ATSEM participe à la préparation et la mise en état de propreté des locaux et du matériel servant directement aux enfants. (**Voir fiche 63**)

Mots-clés : Temps périscolaire et extrascolaire, accueil, ATSEM, animateur, commune, sécurité, activités, remise en état des locaux.

Fiche 67

Le bionettoyage

Le bionettoyage est défini comme un procédé destiné à réduire la contamination biologique des surfaces.

① Qu'est-ce que le bionettoyage ?

Le bionettoyage s'obtient par la combinaison de trois étapes :

Le nettoyage avec un détergent. + Le rinçage. + La désinfection avec un désinfectant. = BIONETTOYAGE

L'utilisation d'un produit détergent-désinfectant permet de ne réaliser qu'un seul passage (on rincera seulement dans le cas de surfaces alimentaires).

Détergent : produit qui élimine les souillures, les salissures.
Désinfectant : produit qui élimine ou tue les micro-organismes après nettoyage.

② Les étapes d'un bionettoyage efficace

Que ce soit en structure ou à domicile, le bionettoyage doit impérativement être réalisé en début ou en fin de technique de soins (entre deux enfants).

1. Se mettre en tenue et se laver les mains.
2. Préparer le matériel et les produits : lavette et détergent-désinfectant.

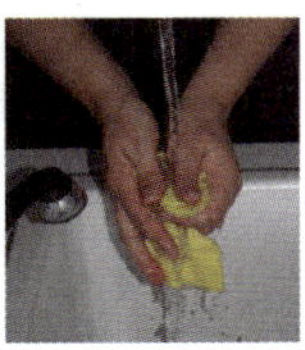

3. Mouiller la lavette en microfibres ou intissée.

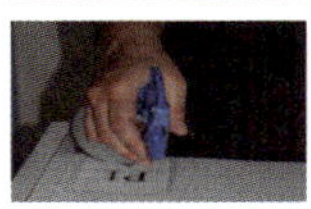

4. Vaporiser la lavette ou le plan de travail avec le détergent-désinfectant.

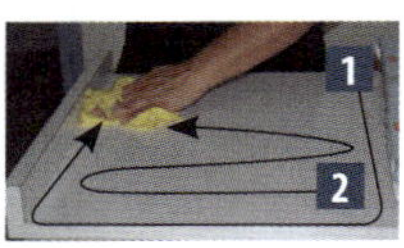

5. Commencer par le plan de travail (n° 1) détourage (bord extérieur), puis la surface intérieure en zigzag (n° 2).

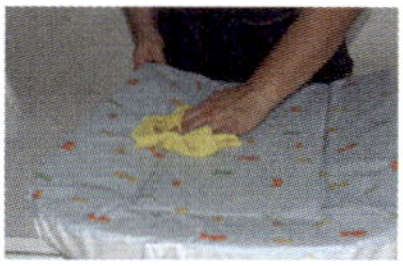

6. Procéder de la même façon pour le bionettoyage du matelas de change.

7. Robinetterie (de haut en bas).

8. L'extérieur de l'évier.

9. L'intérieur de l'évier.

10. Évacuer pour le lavage, la lavette dans le filet ou le récipient prévu.

11. Se laver les mains

À savoir

Certaines structures disposent de lavettes jetables pré-imprégnées ou pas qu'il faut mettre à la poubelle après la procédure. Par ailleurs, il peut y avoir des codes couleur pour les lavettes (rose pour les surfaces alimentaires, bleu pour la table à langer...).

③ Les règles d'hygiène et de nettoyage

En matière d'hygiène, il est important de toujours travailler du plus propre au plus sale et de haut en bas.

Spécial COVID

Nettoyer et désinfecter régulièrement les petites surfaces les plus fréquemment touchées par les enfants et les professionnels dans les salles et autres espaces communs, au minimum une fois par jour et davantage si elles sont visiblement souillées.

Mots-clés : Détergent, désinfectant, bionettoyage, lavette, nettoyer, désinfecter, contamination biologique des surfaces.

Fiche 68 Matériels et méthodes de nettoyage des sols et surfaces

Pour mener à bien l'entretien des locaux, l'école met à disposition du matériel qui doit être tenu dans un local fermé à clé.

① Le nettoyage des surfaces : l'essuyage humide

L'essuyage humide des surfaces permet de réaliser un dépoussiérage et d'enlever les salissures en évitant de les remettre en suspension dans l'air.

Matériel nécessaire : une lavette (ou chiffonnette) à usage unique + un détergent/désinfectant ou une lavette pré- imprégnée.

Technique appropriée :
- se mettre en tenue, se laver les mains et mettre des gants ;
- préparer le lieu et aérer la pièce ;
- procéder au détourage (faire le tour de la surface avec la lavette) de la surface à désinfecter puis terminer en faisant des « S » ;
- mettre les lavettes au sol ou les jeter (si elles sont à usage unique), ranger le matériel et se laver les mains.

À savoir

✓ Pas d'aller-retour avec la lavette.
✓ Respecter les codes couleur (par exemple lavette jaune pour l'alimentaire…).
✓ Toujours travailler de haut en bas et du plus propre au plus sale.

② Le nettoyage des sols

Le balayage humide

Le balayage humide permet de collecter et éliminer la poussière et les déchets sur le sol avec un balai équipé d'un bandeau humidifié.

Matériels nécessaires

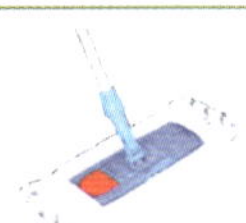 **Le balai rasant (ou trapèze)**	Le balai rasant est : – hygiénique : changement de bandeau de lavage à chaque pièce, – ergonomique. En revanche, cela nécessite une grande quantité de bandeaux (1 par pièce).

 **Le balai à franges**	Le balai à franges est peu hygiénique (la frange n'est pas renouvelée à chaque pièce) et peu ergonomique (la frange mouillée est lourde).

Les techniques appropriées

La méthode de la godille	La méthode au poussé
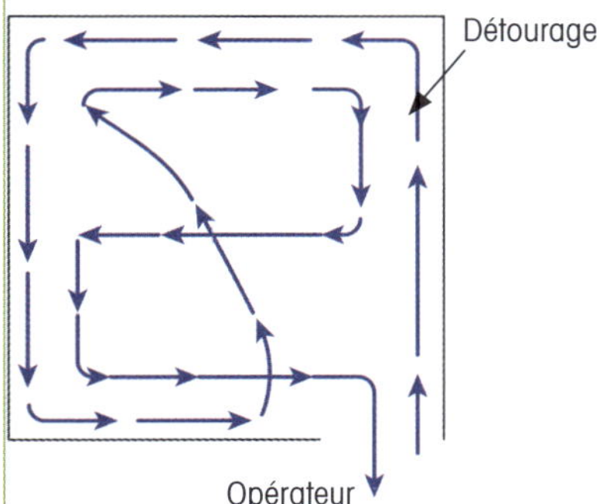 On déplace le balai en le tirant vers soi, en reculant, tout en ayant un déplacement rectiligne. Seul le balai exécute des zigzags d'une large ampleur (2 m environ). Cette technique est appropriée pour les surfaces encombrées et réduites.	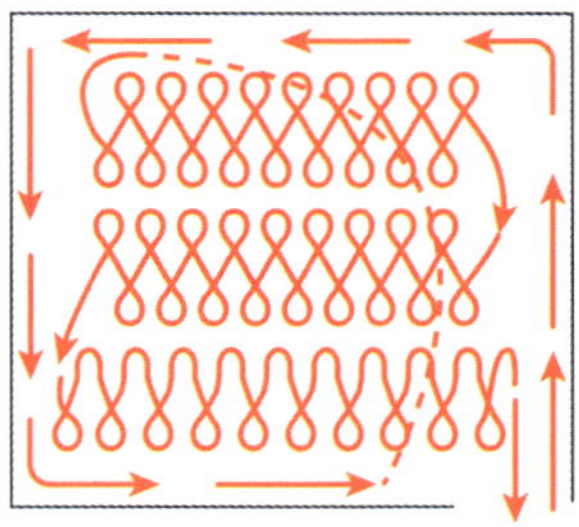 Le balai est déplacé en le poussant devant soi, tout en lui imprimant un léger mouvement oscillant pour favoriser le déplacement des salissures et les maintenir devant le balai. Cette technique est adaptée pour les surfaces non encombrées et les couloirs.

À savoir

Le balayage à sec est interdit car il soulève la poussière. De même, les balais et balayettes en fibres naturelles et manches en bois sont à proscrire.

Le lavage des sols

Tout lavage des sols est précédé d'un balayage humide. Le lavage peut être manuel ou mécanique. L'objectif final est d'obtenir un sol propre.

Matériel nécessaire

 **Le balai Faubert**	Le balai Faubert est : – peu hygiénique : les franges et les solutions sont à renouveler à chaque pièce ; – peu ergonomique car la frange mouillée est lourde Cette méthode nécessite en outre l'utilisation d'une presse pour l'essorer. Enfin, il est nécessaire de manipuler les seaux pour remplacer les solutions qui se saturent très rapidement.

La technique appropriée

	– Tremper les franges dans le seau bleu dans lequel se trouve une solution de détergent ou de détergent-désinfectant. – Essorer à l'aide de la presse. – Laver les sols. – Rincer les franges dans le seau rouge contenant de l'eau claire (pour les rincer) avant de les tremper à nouveau dans le seau bleu. La méthode à la godille ou au poussé utilisée sera la même que pour le balayage humide.

Le lavage mécanisé

 **La mono-brosse**	– La mono-brosse équipée d'une disque, récure les sols. Elle est robuste, elle offre un bon rendement et est assez silencieuse. – Il existe un risque d'aérobio-contamination lorsqu'elle est employée « à sec » pour l'utilisation de spray cire et de produit de lustrage, – La formation du personnel est indispensable pour son utilisation et sa maintenance.

Spécial COVID

Nettoyer au minimum une fois par jour les sols et grandes surfaces avec les produits habituels.

Mots-clés : Dépoussiérage, essuyage humide, balai trapèze, balai rasant, balai à franges, balai Faubert, méthode de la godille, méthode au poussé, lavage des sols, lavage mécanisé.

Fiche 69

Le lavage de la vaisselle

Après le repas, la vaisselle est lavée le plus souvent de façon mécanique. Au domicile, mais aussi parfois en structures multi-accueil ou en école maternelle, le personnel ou le professionnel peut être amené à laver la vaisselle manuellement.

① Le lavage mécanique

Les cycles de lavage des lave-vaisselles industriels ne durent que quelques minutes et sont sensiblement plus courts que ceux des lave-vaisselles domestiques. Le tableau ci-après montre les températures atteintes lors des différents processus de lavage de la vaisselle correspondant aux exigences hygiéniques pour l'élimination des restes alimentaires et des micro-organismes.

	Lave-vaisselle multi-cuves, à convoyeur ou à casiers	Lave-verres	Lave-vaisselle mono-cuve	Lave-vaisselle pour conteneurs réutilisables
Prélavage à l'eau claire	Jusqu'à 40° C			
Prélavage	40 à 50° C			
Lavage principal	60 à 65° C	55 à 60° C	60 à 65° C	60 à 65° C
Rinçage	60 à 70° C			
Rinçage à l'eau claire	80 à 85° C	65° C	80 à 85° C	80 à 85° C

Les produits

Il est conseillé d'utiliser un détergent spécifique pour lave-vaisselle, du sel régénérant et un produit de rinçage.

La préparation et le suivi du déroulement de l'action

Avant la mise en action du lavage, le professionnel se met en tenue, se lave les mains et vérifie le niveau du produit de rinçage et du sel régénérant.

La préparation et le chargement du lave-vaisselle suit l'ordre suivant :
- débarrasser la vaisselle des restes alimentaires, et le cas échéant, rincer légèrement si des matières sont sèches et collées ;

- ranger les assiettes et les plats dans le panier inférieur ;
- déposer les couverts dans le panier prévu à cet effet ;
- ranger dans le panier supérieur les verres, bols, tasses et petits récipients.
- remplir le bac de distribution du produit de lavage et s'assurer que rien n'entrave la rotation du bras d'aspersion ;
- fermer le lave-vaisselle, sélectionner le programme puis appuyer sur la touche « départ » pour lancer le cycle de lavage.

À savoir

En fin de cycle et après refroidissement, sortir la vaisselle en commençant par la partie inférieure et la ranger dans un placard.

② Le lavage manuel

Matériel et produits

Il est préférable d'utiliser un évier à deux bacs équipé d'un égouttoir. Se munir d'une lavette et d'un tampon à récurer. Il est utile de disposer à proximité d'un torchon propre et sec, de gants et de produit vaisselle.

Déroulement et suivi de l'action

- Se mettre en tenue, se laver les mains et mettre les gants ;
- débarrasser la vaisselle des restes alimentaires ;
- classer la vaisselle par catégorie d'objets et la placer sur le plan de travail ;
- remplir les deux bacs d'eau chaude et ajouter le détergent dans le bac ;
- tremper la vaisselle dans le bac de lavage en respectant l'ordre du plus propre au plus sale et du plus petit au plus grand ;
- frotter avec la lavette (et si besoin utiliser le tampon à récurer) ;
- tremper la vaisselle dans le bac de rinçage ;
- sortir la vaisselle et la déposer sur l'égouttoir ;
- essuyer la vaisselle avec un torchon propre et sec et la ranger dans un placard ;
- vider les bacs et éliminer les déchets alimentaires présents dans l'évier ;
- laver, rincer et essuyer l'évier et le plan de travail ;
- rincer et égoutter la lavette, le tampon à récurer et ranger le matériel.

À savoir

Contrôler la propreté visuelle de la vaisselle (avant et après avoir fait la vaisselle).

Mots-clés : Vaisselle, lave-vaisselle, déchets, détergent, hygiène.

L'entretien du linge

L'entretien du linge en structure multi-accueil et en école maternelle doit répondre à des règles strictes d'hygiène. Le professionnel doit s'assurer des conditions d'entretien du linge en se référant à l'étiquette de composition et d'entretien du tissu.

① Le tri du linge

Le tri consiste à séparer les éléments ne pouvant être lavés ensemble (températures de lavage distinctes, couleur(s) qui dégorge(nt) ou linge souillé : serpillères à ne pas mélanger…). Il s'effectue en amont de l'entretien (par exemple : utilisation d'une première panière pour les éléments de literie et d'une autre panière pour les lavettes lavables…) ou lorsque le professionnel doit mettre la machine à laver le linge en fonctionnement.

Ne pas oublier de vérifier les poches des vêtements au préalable et d'enlever les objets ne devant pas être lavés : mouchoirs jetables, barrettes…

② La lecture du code d'entretien du linge

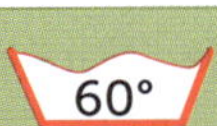				
Lavage en machine Le chiffre indique la température maximale. Si une main est représentée, il faut effectuer un lavage à la main ou au maximum à 40°C.	**Traitement à l'eau de Javel** ou chlorage dilué à froid autorisé.	**Séchage** en tambour autorisé. Le nombre de point(s) représenté(s) dans le pictogramme indique la chaleur à ne pas dépasser : • température modérée 60°C ; •• pas de limite de température.	**Repassage**, à la température indiquée selon le nombre de point(s) présent(s) dans le pictogramme: • 110° C ; •• 150° C ; ••• 200° C.	**Nettoyage à sec.** Une lettre indique quels solvants peuvent être utilisés. **A** : tous les solvants. **P** : tous, sauf le trychloréthylène. **F** : pas de nettoyage à sec en laverie.
Dans le cas où le pictogramme est barré, l'action est interdite (chlorage, séchage en machine, repassage…) 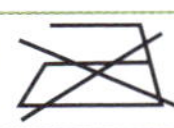				

③ Les produits d'entretien du linge

Les détergents servent à décoller les salissures et à les mettre en suspension dans l'eau. Ils peuvent être présentés et commercialisés sous différentes formes : en poudre, en liquide, en gel, en pastilles ou en capsules.

Les produits adoucissants ou assouplissants : ces produits peuvent être ajoutés dans le compartiment de la machine à laver prévu à cet effet. Cependant, ils sont souvent associés au détergent de base. Ils servent à assouplir (rendre moins rêche) et parfumer le linge.

Les détachants : ils enlèvent les tâches tenaces sur le linge. Il faut les adapter aux types de tâches.

Les anticalcaires : ces produits d'entretien de la machine à laver évitent le dépôt de calcaire sur les résistances électriques.

À savoir

Les produits d'entretien dont certains sont extrêmement dangereux et toxiques doivent être hors de portée des enfants pour éviter leur ingestion. L'aspect de certaines capsules colorées peut par exemple attirer l'enfant et être confondu avec un bonbon. Il faut respecter les instructions de dosage des produits et vérifier leur date de péremption.

④ Mise en fonctionnement de la machine à laver le linge

Pour faciliter l'accessibilité et l'utilisation des machines à l'ensemble de l'équipe, une notice (ou protocole) d'entretien et d'utilisation peut être affichée dans le local prévu à cet effet. En règle générale, les informations concernant les cycles de lavage et autres spécificités de la machine sont bien mentionnées sur la machine. La procédure à suivre est la suivante :

- remplir le lave-linge sans trop le charger ;
- sélectionner le programme (vous référer à l'étiquette du linge) ;
- sélectionner la température et la vitesse d'essorage ;
- sélectionner les options possibles (demi-charge d'eau, programme court, départ immédiat ou différé…) ;
- mettre les produits adéquats en respectant les dosages et volumes ;
- actionner le bouton « départ ».

Une fois la machine terminée, procéder à la décharge du linge et à son séchage en machine ou sur un étendoir.

⑤ Entretenir le linge en écocitoyen

Voici quelques écogestes simples à adopter pour préserver l'environnement et réaliser quelques économies.

Le tri

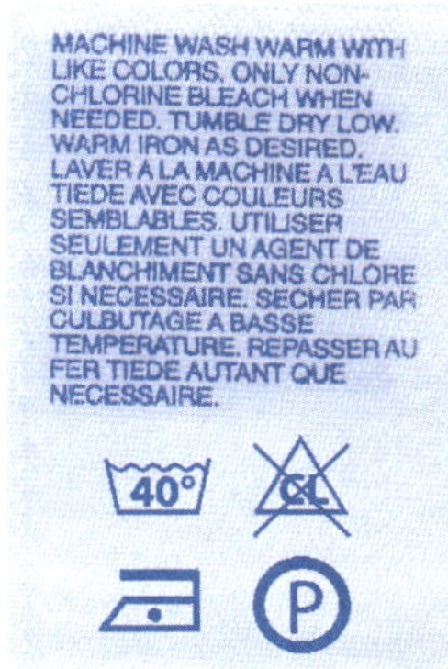

On peut trier son linge selon 3 critères : la nature du textile, le degré de saleté, les couleurs.
- **trier par couleur** (blanc / couleurs) permet d'éviter aux couleurs foncées de déteindre sur le clair, surtout pour les vêtements neufs. Même si le linge de couleurs ne déteint pas « franchement », il teinte légèrement l'eau.
- **trier par nature du textile** (symbole de lavage sur les étiquettes) préserve la qualité des tissus et vous évite les faux pas. Et même si le vêtement supporte 90°C, un cycle de lavage à 30°C est souvent suffisant pour bien le laver !
- **trier par degré de saleté** permet de rassembler le linge très sale pour lui consacrer une lessive à 60°C. Le cycle de lavage présente une consommation électrique du lave-linge 60 % supérieure à un cycle de lavage à 30°C. Ne le réserver qu'en cas de maladie ou d'allergie aux acariens.

Les produits utilisés

Lors de l'achat de produits d'entretien du linge, il est recommandé d'utiliser des produits en emballage en carton, des écorecharges, de la lessive « packagée » en bidon. Inutile de surdoser !

Les cycles et options de lavage

Si certaines options et innovations de lave-linge n'ont aucun intérêt et ne sont que de purs gadgets, les options suivantes permettent d'économiser eau et énergie :
- l'option « Éco », qui lave à une température moins élevée, diminue de 25 % la consommation électrique du lave-linge ;
- l'option « demi-charge » diminue en moyenne de 20 % la consommation en eau du lave-linge. Il est préférable de faire un seul lavage à 90 % rempli, que deux demi-charges ;
- l'option « pesée automatique » permet d'ajuster la consommation d'eau et d'énergie du lave-linge en fonction de la quantité de linge présent dans le tambour.

Spécial COVID

- ✓ Manipuler le linge avec soin (porter un masque, ne pas serrer le linge contre soi).
- ✓ Se laver les mains après toute manipulation du linge sale et avant toute manipulation du linge propre.

Mots-clés : Entretien du linge, lessive, tri du linge, étiquette d'entretien, pictogramme, lavage, machine à laver le linge

Exercer son activité en EAJE et en ACM

Fiches 71 et 72

Fiche

71 Les structures d'accueil du jeune enfant

Le jeune enfant de moins de 6 ans peut être accueilli par les services d'accueil familial non permanent, au domicile d'assistants maternels ou en accueil collectif.

① Les structures d'accueil

Il existe des structures d'accueil régulier, occasionnel et des structures multi-accueil qui sont des établissements ou services qui associent un accueil régulier et occasionnel, ou un accueil familial et collectif.

Structures d'accueil collectif	– Multi-accueil (100 places maximum)	– Accueil régulier ou occasionnel en structure d'enfants de moins de 6 ans – Modes associatif, municipal ou privé de gestion.
	– Crèche collective (60 places maximum)	– Accueil régulier en structure d'enfants de moins de 4 ans – Gestion de type associatif, municipal et privé.
	– Crèche parentale (20 places)	– Accueil régulier d'enfants de moins de 4 ans. – Gestion parentale de la structure.
	– Halte-garderie	– Accueil ponctuel d'enfants de moins de 6 ans.Gestion associative, municipale, privée.
	– Micro crèche (10 enfants maximum)*	– Accueil d'enfants de moins de 6 ans. – Modes associatif, municipal ou privée de gestion.
	– Jardin d'enfants (80 places maximum)	– Accueil d'enfants de 2 à 6 ans. – Structure intermédiaire entre la crèche et l'école maternelle. – Gestion de type associatif, municipal ou privé.
Structures d'accueil familial	– Crèche familiale ou service d'accueil familial	– Accueil régulier d'enfants de moins de 4 ans au domicile d'un assistant maternel agréé pour – 1 à 4 enfants maximum. – Encadrement par une équipe de professionnels. – Temps de regroupement. – Gestion de type associatif, municipal ou privé.
	– Assistant maternel agréé (AMA)	– Accueil régulier d'enfants de moins de 6 ans au domicile d'un assistant maternel agréé pour – 1 à 4 enfants maximum.
	– Maison d'assistants maternels (MAM)**	– Deux à quatre assistants maternels agréés travaillant de façon regroupée dans un même lieu, ayant à charge 1 à 4 enfants chacun en fonction de l'agrément obtenu.

* La loi ASAP prévoit de passer à 12 enfants la capacité d'accueil maximale en micro crèche.

** La loi ASAP prévoit que 6 assistants maternels pourront exercer en MAM, dont au maximum 4 simultanément. Le nombre d'enfants simultanément accueillis ne pourra excéder 20.

② Les objectifs de l'accueil en structures

L'article 2 du décret du 7 juin 2010 du règlement des SAJE (structures d'accueil des jeunes enfants) souligne que « Les établissements et les services d'accueil non permanent d'enfants veillent à la santé, à la sécurité, au bien-être et au développement des enfants qui leur sont confiés. Dans le respect de l'autorité parentale, ils contribuent à leur éducation. Ils concourent à l'intégration des enfants présentant un handicap ou atteints d'une maladie chronique qu'ils accueillent. Ils apportent leur aide aux parents pour favoriser la conciliation de leur vie professionnelle et de leur vie familiale. »
D'autres objectifs non moins importants concernent l'aide apportée à l'enfant à travers des activités favorisant la verbalisation ou encore son intégration dans un groupe d'enfants de son âge.

③ Le personnel

L'univers de la petite enfance reste quasi exclusivement féminin en dépit de l'évolution de notre société. Voici les principales professions exerçant auprès des plus jeunes enfants :
- AMA (assistant maternel agréé).
- Animateur BAFA (brevet d'aptitudes aux fonctions d'animateur) ou BEATEP (brevet d'État d'animateur technicien de l'éducation populaire et de la jeunesse).
- Auxiliaire de puériculture.
- EJE (éducateur de jeunes enfants).
- Puéricultrice.

Mots-clés : Structures d'accueil, crèche, halte-garderie, école, jardin d'enfants, santé, bien-être, sécurité, développement de l'enfant.

Fiche 72 L'environnement de l'enfant en collectivité

① L'organisation spatiale des locaux

L'organisation spatiale des locaux et des structures de la petite enfance comprend les espaces de repos, de repas, d'accueil, de jeux et/ou d'activités et les sanitaires.

D'autres locaux, non accessibles aux familles, peuvent être envisagés comme : un espace pour le personnel, une buanderie, une cuisine, une zone de stockage pour les produits d'entretien ou consommables, une réserve pour les produits alimentaires et un ou plusieurs bureaux.

② L'espace d'accueil

L'espace d'accueil sert à recevoir les parents avec leurs enfants, à déposer les affaires et les matériels nécessaires qui font le lien entre la structure et l'extérieur.

Cet espace dispose de casiers pour entreposer les affaires des enfants et d'une table de change qui facilite l'habillage et le déshabillage de l'enfant en cas de besoin. Il est souvent séparé de la salle de vie faisant sas entre ces deux univers. Parfois, il existe également un local à poussettes.

③ L'espace de vie ou d'activités

Il est souvent divisé en trois parties : l'espace des bébés, l'espace des moyens et l'espace des grands.

L'espace de vie des bébés

Ce lieu de vie est un espace « cocooning » où les enfants disposent de divers tapis multicolores, nids (une sorte de grosses bouées avec un fond douillet), petites structures motrices et aires de jeux gonflables.

Des mobiles suspendus, des portiques en bois ou des tapis d'éveil avec arceaux constituent des jeux indispensables pour le bon développement des tout-petits.

Cet espace assure la base de sécurité affective des enfants âgés de 2 mois ½ à environ 10 mois.

L'espace de vie des moyens

Les enfants âgés de 12 à 24 mois sont actifs et désirent, de façon répétitive, vider, jeter, remplir, grimper… Ils ne se posent pas beaucoup et les interactions avec leurs camarades sont limitées. Ils ont besoin d'expérimenter leurs nouvelles compétences motrices.

De grands tapis pour les jeux de construction, des caisses à disposition avec des récipients de différentes contenances et un coin calme sont les ingrédients qui permettent aux moyens de s'épanouir. Un coin motricité est indispensable, sans oublier quelques coins de jeux d'imitation (dînettes, poupées, bricolage…).

L'espace de vie des grands

Les grands de la crèche apprécient de jouer en petits groupes constitués de deux ou trois enfants. Ils commencent à se déplacer et à jouer en interaction. La pièce doit donc être aménagée en petits coins pour répondre aux besoins de leur développement.

Un coin cuisine, un endroit où s'occuper des poupées, un coin livres et une petite table d'activités sont les bases de l'accueil de ces enfants. Ils apprécient de participer à des ateliers de manipulation, de cuisine et de motricité fine. Pour pouvoir répondre aux besoins de cette tranche d'âge, l'aménagement de l'espace doit donc être épuré.

④ L'espace repos

Le lieu de repos, de 3 m² minimum par enfant, séparé de l'espace d'accueil et de jeux, s'organise en petits dortoirs. Chaque enfant accueilli doit pouvoir disposer d'un lit individuel.

Pour les plus grands, il est souhaitable de prévoir un dortoir plus vaste. Celui-ci, isolé du dortoir des bébés, peut également être utilisé en dehors des moments de repos pour des activités calmes. Les cloisons et les portes des dortoirs doivent permettre une isolation de bonne qualité phonique.

⑤ L'espace préparation des repas

L'aménagement de la « cuisine » est différent selon qu'il s'agit de préparer ou de réchauffer les repas (normes vérifiées auprès des services vétérinaires lors de la construction de l'établissement). S'il s'agit de repas réchauffés après livraison, les conditions d'hygiène sont moins rigoureuses que si les repas sont préparés sur place.

Un espace contigu à la cuisine peut être utilisé pour prendre les repas, mais aussi pour réaliser les activités sur table (peinture, pâte à modeler...). Une rampe d'eau accessible aux enfants est nécessaire. Cet espace, isolé de la salle de jeux, leur permet de profiter calmement du temps de repas.

Mots-clés : Organisation des locaux, environnement, espaces.

Épreuve : EP2 – Exercer son activité en accueil collectif

Mise en situation professionnelle

Vous intervenez depuis 3 ans en tant qu'agent territorial spécialisé en école maternelle (ATSEM) à l'école maternelle Robert Doisneau située à Saint-Denis dans le département de la Seine-Saint-Denis.

L'école reçoit 268 enfants répartis dans 11 classes :
– 3 classes de petite section (PS) de 25 enfants chacune ;
– 1 classe de petite et moyenne section de 26 enfants ;
– 3 classes de moyenne section de 25 enfants chacune ;
– 4 classes de grande section de 23 enfants chacune.

Cette année, vous travaillez les lundis et mardis, auprès de Madame Danièle, dans la classe de double niveau (petite et moyenne section) et les autres jours auprès de Monsieur Mohamed, dans la classe de grande section.

Un jour par semaine, vous participez à la remise en état du restaurant scolaire.

Les autres jours, vous assurez la garderie périscolaire du matin ou du soir selon votre emploi du temps ainsi que le nettoyage de la salle de classe et des sanitaires en fin de journée.

Aujourd'hui, vous encadrez la sortie au parc forestier de Sevran.

Madame Danièle, organise une sortie au parc forestier de la Poudrerie à Sevran autour du thème de l'automne. Le déplacement se fait en bus. Les enfants ramasseront des feuilles de toutes les couleurs, des pommes de pin ainsi que des marrons pour réaliser un atelier créatif. La professeure des écoles vous demandera de conter des histoires au moment du temps calme. Vous préparez et participez à cette sortie.

1. Indiquer le nombre d'accompagnants à cette sortie scolaire et justifiez votre réponse. (Annexe 1)

2. Compléter le tableau en précisant votre rôle d'ATSEM avant, pendant et après la sortie scolaire en forêt. (Annexe 2)

	Votre rôle en tant qu'ATSEM
Avant la sortie	▶ .... ▶ .... ▶ .... ▶ ....
Dans le parc	▶ .... ▶ ....
Au retour à l'école	▶ .... ▶ ....

3. Citer deux précautions que vous prenez afin que le trajet en car soit sécurisé.

Au moment de monter dans le car, Théo et Fatima se disputent pour se mettre en premier dans le rang. Vous intervenez en leur expliquant que c'est au tour de Yanis et d'Emma de se ranger devant. Emma vous fait part de sa peur de monter dans le car, elle présente un léger bégaiement.

4. Indiquer quatre attitudes appropriées que vous adoptez avec Théo et Fatima

5. Précisez votre rôle auprès d'Emma :

- Pour monter dans le car (2 réponses attendues)
- Par rapport à son bégaiement. (2 réponses attendues)

À partir de l'Annexe 3

6. Présenter votre aménagement de l'espace adapté à l'activité lecture en forêt pour assurer le bon déroulement de celle-ci. (2 réponses attendues)

7. Citer quatre techniques de lecture que vous pouvez utiliser pour rendre votre lecture plus « vivante ».

8. Relever quatre intérêts de l'activité lecture que vous avez animée.

Le lendemain de la sortie, vous accueillez le papa de Yanis. Il est furieux car la veille, son fils est revenu avec son pantalon décousu et taché de boue et personne ne le lui a signalé. Vous lui expliquez calmement ce qui s'est passé.

9. Identifier la forme de communication que vous utilisez dans cette situation.

10. Proposer deux attitudes que vous adoptez face à cette situation de communication orale difficile.

11. Préciser deux autres moyens de communication que vous auriez pu utiliser avec les parents de Yanis, pour éviter cet échange difficile.

Aujourd'hui vous êtes en charge de la remise en état du restaurant scolaire. Une note de service vous informe qu'une épidémie de gastro-entérite sévit actuellement au sein de l'école.

À partir de l'annexe 4

12. Indiquer la technique de nettoyage que vous allez mettre en œuvre lors de la remise en état des tables et des chaises du restaurant scolaire. Justifier l'intérêt de cette technique.

13. Indiquer en complétant le tableau ci-dessous les matériels et produits pouvant être utilisés pour effectuer la remise en état des tables et des chaises.

	Matériels	Produit(s) utilisé(s)
Remise en état des tables et des chaises	▶ .... ▶	▶ ....

14. Au regard de la situation, justifier les deux étapes du mode opératoire qu'il vous est recommandé de suivre.

▶ Se mettre en tenue professionnelle (deux réponses attendues).

▶ Aérer la pièce (deux réponses attendues).

15. Indiquer le lieu de stockage des produits d'entretien à la fin du nettoyage du réfectoire

16. Énoncer une règle de sécurité, d'économie et d'ergonomie à respecter lors de l'entretien des tables en complétant le tableau suivant :

Règle de sécurité	▶ ....
Règle d'économie	▶ ....
Règle d'ergonomie	▶ ....

Vous terminez l'entretien du restaurant scolaire (en carrelage) par le lavage du sol.

17. Justifier par trois arguments, l'utilisation du balai rasant.

18. Une fois fini, vous entretenez et rangez le chariot de ménage. Citer quatre étapes de ce travail.

19. Justifier la nécessité d'entretenir régulièrement votre matériel. (2 réponses attendues)

SUJET 2020 CORRIGÉ

Annexe 1 : Taux minimum d'encadrement au cours de la vie collective selon les types de sorties scolaires

	Effectif	
	École maternelle, classe maternelle ou classe élémentaire avec section enfantine	**École élémentaire**
Sortie régulière	2 adultes au moins dont le maître de laclasse, quel que soit l'effectif de la classe. Au-delà de 16 élèves, un adulte supplémentaire pour 8.	2 adultes au moins dont le maître de la classe, quel que soit l'effectif de la classe. Au-delà de 30 élèves, un adulte supplémentaire pour 15.
Sortie occasionnelle sans nuitée	2 adultes au moins dont le maître de laclasse, quel que soit l'effectif de la classe. Au-delà de 16 élèves, un adulte supplémentaire pour 8.	2 adultes au moins dont le maître de la classe, quel que soit l'effectif de la classe. Au-delà de 30 élèves, un adulte supplémentaire pour 15.
Sortie avec nuitée(s)	2 adultes au moins dont le maître de laclasse, quel que soit l'effectif de la classe. Au-delà de 16 élèves, un adulte supplémentaire pour 8.	2 adultes au moins dont le maître de la classe, quel que soit l'effectif de la classe. Au-delà de 20 élèves, un adulte supplémentaire pour 10.

Annexe 2 : Projet Pédagogique – Sortie occasionnelle sans nuitée.

Nom de l'école : l'école maternelle Robert Doisneau		
Enseignant	Mme	Danièle P
Lieu et date	22/11/2019	Parc forestier de la Poudrerie à Sevran
Activités prévues	• Découvertes des cinq sens : Sentir/ humer, écouter/entendre, goûter, voir/observer,toucher/sentir. • Observation : à partir de cartes représentant des formes naturelles, chercher un élément naturelcorrespondant, dans la nature. • Mémorisation : recherche d'éléments naturels montrés précédemment, plusieurs élémentsmontrés simultanément et à se remémorer. • Compréhension : quel est cet élément naturel (feuille, écorce, fleur, caillou, escargot, lichen, etc), comment vit-il ? de quoi est-il fait ? ça se mange ? • Création : Avec ces éléments naturels collectés, composition d'un tableau/ construction.	

Objectifs pédagogiques	**SAVOIR :** • Sensibiliser les enfants au monde du vivant ; • L'arbre, qui est-il ? Quelles sont ses relations avec les autres êtres vivants ? Commentfonctionne-t-il ? **SAVOIR-FAIRE :** • Développement des cinq sens en relation avec le milieu forestier Ueux et ateliers). • Reconnaître des formes, des odeurs, des sons, des textures, des goûts, des couleurs • Observer/mémoriser/collecter • Ouvrir à la créativité, utiliser les matériaux naturels comme éléments pour créer. En reconnaîtreleur qualité : doux, souple, dur, lourd, léger, résistant.... **ÊTRE :** • Susciter un sentiment d'intérêt pour la nature ; quelle place ai-je dans cette forêt, à quoi sert-elle ? **SAVOIR-ETRE :** • Apprendre à respecter tout être vivant, qu'il soit animal, végétal ou minéral. • Apprentissage de gestes : ce que je peux faire, ce qui n'est pas souhaitable, pour être enharmonie avec ce aui m'entoure.		
Lien avec le programme	• Mobiliser le langage dans toutes ses dimensions • Explorer le monde		
Nombre d'élèves ne participant pas à la sortie	0		Dossier remis le 10/09/2019
Sortie autorisée	Oui	Non	Motif du refus
Signature du Directeur, de la Directrice	Monsieur Séguin		

CIRCULAIRE N° 2005-001 DU 5-1-2005 stipule que « La circulaire n° 99-136 du 21 septembre 1999 demeure applicable. »

Objectifs généraux d'une sortie scolaire (BO HS N° 7 du 23 septembre 1999)

Les activités pratiquéesà l'occasion d'une sortie scolaire viennent nécessairementen appui des programmes.

Elles s'intègrent au projet d'école et au projet pédagogique de la classe. Chaque sortie, quelle qu'en soit la durée, nourrit un projet d'apprentissages, souvent pluridisciplinaire, au travers d'un programme minutieusement préparé dans lequel le nombre des sujets d'étude ou des activités pratiquées doit être limité.

Annexe 3 : L'activité lecture

▶ LIEU

Lieu calme et confortable, un espace conteur et un espace public.

▶ DURÉE

De 10 min pour les petits à 15-20 minutes pour les plus grands.

▶ INTÉRÊT DE L'ACTIVITÉ

- *Développement sensoriel : observer des images.*
- *Développement moteur : tourner les pages sans les abîmer.*
- *Développement intellectuel : développer le langage, la compréhension, l'observation et l'imagination.*
- Découvrir l'univers du livre, la curiosité, l'intérêt de la lecture (moment d'évasion).
- *Développement social :* activité calme, activité culturelle.

▶ ORGANISATION

- Introduire l'histoire par une phrase : « Toc-toc-toc, histoire es-tu là ? Chut, je dors. » « Toc-toc-toc, histoire es-tu là ? D'accord, je sors ».
- L'animateur rappelle la règle : « au pays des histoires, le silence est d'or ».
- L'animateur raconte l'histoire avec des gestes, des objets, montre les images...
- L'animateur clôture l'histoire en formulant une petite phrase d'adieu ou souffle sur la bougie.

▶ SUPPORT

Le rapport du texte, de l'image et la nature du livre sont à considérer par rapport à l'âge de l'enfant.

- *La manière de conter*

Lire lentement ; les enfants ont besoin de temps.
Les enfants sont sensibles aux intonations de la voix pour « situer » le personnage qui parle.
La tonalité de la voix doit être douce pour faire entrer l'enfant dans une relation de confiance et d'émotions.
C'est le matin et en milieu d'après-midi que les enfants sont les plus réceptifs et disponible a l'écoute.

- *Le vocabulaire*

Utiliser un vocabulaire riche et varié sur des sujets adaptés à leur âge.
Éviter d'utiliser des pronoms : « il », « elle » car les enfants s'y perdent. Il vaut mieux répéter les noms des personnages.

• *Les gestes*
Si on utilise les gestes comme support, il est préférable de les faire avant ou après, mieux vautéviter le pendant. Attention à faire des gestes simples.

• *Les supports*
Les objets comme les marionnettes, les dessins, les instruments, les photos, les images peuvent être des supports.
L'utilisation de comptines, de chansons, de jeux de doigts, de mains est la bienvenue.

Annexe 4 : Extrait d'un protocole de nettoyage en école maternelle.

Les produits utilisés sont :
• Le détergent-désinfectant pour sol en dosette
• Le détergent-désinfectant à contact alimentaire en pulvérisateurAttention aux dosages, au gaspillage et à la sécurité.

Equipements/ matériels	Entretien après chaque utilisation	Entretien journalier	Entretien hebdomadaire
Table et chaise			
Jouets en plastique immergeables			
Sol		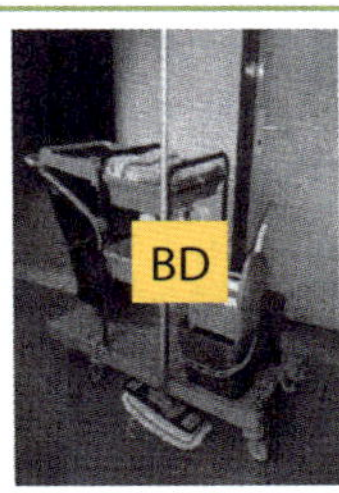	

Corrigés des annales 2020

1. Indiquez le nombre d'accompagnants à cette sortie scolaire et justifiez votre réponse (Annexe 1).

– La classe de Mme Danièle compte 26 enfants.
– La réglementation prévoit 2 adultes au moins jusqu'à 16 enfants et 1 adulte supplémentaire pour 8.
– Il faudra donc 4 adultes pour cette sortie.

2. Complétez le tableau en précisant votre rôle d'ATSEM avant, pendant et après la sortie scolaire en forêt.

Conseil

Bien lire l'énoncé et se reporter aux annexes qui sont indiquées avant de répondre à la question. Elles donnent des indications nécessaires pour répondre à la question.

	Votre rôle en tant qu'ATSEM
Avant la sortie	– Compter les enfants. – Accueillir, rassurer les enfants. – Proposer d'aller aux toilettes avant de partir. – Aider les enfants à s'habiller. – *Et toute autre réponse cohérente.*
Dans le parc	– Gérer le groupe d'enfants que lui a attribué l'enseignante. – Assister le professeur des écoles dans les activités prévues (avec une attention particulière concernant la sécurité physique et affective des enfants). – *Et toute autre réponse cohérente.*
Au retour de l'école	Deux réponses parmi les suivantes : – Proposer aux enfants d'aller aux toilettes. – Aider les enfants à se laver les mains. – Récupérer les éléments récoltés par les enfants (brindilles, feuilles…) en≈vue des activités à venir. – *Et toute autre réponse cohérente.*

3. Citez deux précautions que vous prenez afin que le trajet en car soit sécurisé.

– Vérifier que chaque enfant ait mis correctement sa ceinture de sécurité ou l'aider à la mettre.
– Rappeler les consignes : ne pas se détacher pendant le trajet, rester à sa place, attendre que le bus soit stationné pour se détacher…
– *Et toute autre réponse cohérente.*

4. Indiquez quatre attitudes appropriées que vous adoptez avec Théo et Fatima.

Quatre réponses parmi les suivantes :

– Je rappelle calmement la règle du tour : « Aujourd'hui c'est le tour de Yanis et Emma, une prochaine fois ce sera le vôtre. »
– Je me mets à leur hauteur pour leur parler.
– Je leur propose de s'exprimer calmement : « Peux-tu me dire calmement les choses ? »
– Je reformule si besoin : « Si j'ai bien compris… »
– Je mets des mots ou les aide à mettre des mots sur leurs émotions : « Je vois que tu es très en colère… »
– *Et toute autre réponse cohérente.*

5. Précisez votre rôle auprès d'Emma.

– Pour monter dans le car (2 réponses attendues)

Deux réponses parmi les suivantes :

– Je reste à l'écoute de ses peurs.
– Je lui propose de lui tenir la main pour monter.
– Je réponds à ses questions, lui explique le déroulement du trajet.
– *Et toute autre réponse cohérente.*

– Par rapport à son bégaiement (2 réponses attendues)

Deux réponses parmi les suivantes :

– Je me mets à sa hauteur pour lui parler.
– Je lui parle calmement, ralentis mon débit et l'incite à faire de même.
– Je la laisse s'exprimer sans lui couper la parole.
– Je dédramatise.
– *Et toute autre réponse cohérente.*

6. Présentez votre aménagement de l'espace adapté à l'activité lecture en forêt pour assurer le bon déroulement de celle-ci (2 réponses attendues)

Deux réponses parmi les suivantes :

– Je choisis un endroit où il n'y a pas de passage (en dehors des chemins) et sécurisé.
– J'installe une couverture au sol pour délimiter l'espace des enfants.
– Je m'installe face à eux.
– *Et toute autre réponse cohérente.*

7. Citez quatre techniques de lecture que vous pouvez utiliser pour rendre votre lecture plus « vivante ».

Quatre réponses parmi les suivantes :

– Mettre en place des rituels pour commencer ou finir l'histoire (« Et cric et crac mon histoire est finie ! »).
– Varier le rythme, l'intonation de la voix en fonction des personnages.

– Faire participer les enfants (en les questionnant par exemple).
– Montrer les images du livre.
– Utiliser des accessoires (matériel, marionnettes, musique, etc.).
– *Et toute autre réponse cohérente.*

8. Relevez quatre intérêts de l'activité lecture que vous avez animée.

Quatre intérêts parmi les suivants :
– Développer ses sens (audition, vue).
– Développer le langage (apprentissage de nouveaux mots).
– Développer l'imaginaire.
– Comprendre le monde dans lequel l'enfant évolue.
– Favoriser la concentration.
– Intégrer des valeurs, des messages.
– S'identifier à des personnages.
– *Et toute autre réponse cohérente.*

9. Identifiez la forme de communication que vous utilisez dans cette situation.

Il s'agit de communication orale ou verbale.

10. Proposer deux attitudes que vous adoptez face à cette situation de communication orale difficile.

Deux attitudes parmi les suivantes :
– Je reste à l'écoute du papa de Yanis et reste professionnelle.
– Je lui signifie que j'entends sa colère et lui propose de chercher des solutions
– Je garde mon calme.
– *Et toute autre réponse cohérente.*

11. Précisez deux autres moyens de communication que vous auriez pu utiliser avec les parents de Yanis, pour éviter cet échange difficile.

– Il aurait été possible de rencontrer spécifiquement les parents de Yanis le soir même de la sortie et d'aborder la question immédiatement (communication orale).
– Un mot dans le cahier de liaison aurait pu être mis (communication écrite).
– *Et toute autre réponse cohérente.*

12. Indiquez la technique de nettoyage que vous allez mettre en œuvre lors de la remise en état des tables et chaises du restaurant scolaire. Justifiez l'intérêt de cette technique.

Technique : le bionettoyage
Justifications : cette technique permet d'enlever les salissures (nettoyage) puis d'éliminer les microorganismes (désinfection).

13. Indiquez en complétant le tableau ci-dessous les matériels et produits pouvant être utilisés pour effectuer la remise en état des tables et des chaises.

	Matériels	Produit(s) utilisé(s)
Remise en état des tables et des chaises	– Seau ou bassine ou pulvérisateur – Lavette	– Détergent désinfectant pour contact alimentaire

14. Au regard de la situation, justifiez les deux étapes du mode opératoire qu'il vous est recommandé de suivre.

· Se mettre en tenue professionnelle (deux réponses attendues)

Deux réponses parmi les suivantes :
– Pour se protéger en cas d'éclaboussures de produits, de salissures…
– Pour éviter la propagation des microorganismes.
– *Et toute autre réponse cohérente.*

· Aérer la pièce (deux réponses attendues)

Deux réponses parmi les suivantes :
– Pour purifier et assainir l'air.
– Pour limiter la pollution intérieure.
– Pour limiter la propagation de microorganismes.
– *Et toute autre réponse cohérente.*

15. Indiquez le lieu de stockage des produits d'entretien à la fin du nettoyage du réfectoire.

Afin d'éviter tout risque d'accident, les produits d'entretien doivent être stockés hors de la portée des enfants dans une armoire fermée à clé et dans un local qui leur est inaccessible.

16. Énoncez une règle de sécurité, d'économie et d'ergonomie à respecter lors de l'entretien des tables en complétant le tableau suivant.

Règle de sécurité	Une réponse parmi les suivantes : – Se protéger (porter des gants). – Travailler en dehors de la présence des enfants. – Ne pas mélanger des produits entre eux. – *Et toute autre réponse cohérente.*
Règle d'économie	Une réponse parmi les suivantes : – Respecter le dosage des produits. – *Et toute autre réponse cohérente.*
Règle d'ergonomie	Une réponse parmi les suivantes : – Ne pas se courber. – Plier les genoux pour se baisser. – Ne pas vriller la colonne vertébrale. – Garder le dos droit.

17. Justifiez par trois arguments, l'utilisation du balai rasant.

Le balai rasant permet :

– un lavage des sols plus hygiénique (facile à désinfecter, bon contact avec le sol) ;
– un lavage des sols plus ergonomique (matériel léger) ;
– un lavage des sols plus efficace (changement rapide des franges…).

18. Une fois fini, vous entretenez et rangez le chariot de ménage. Citez quatre étapes de ce travail.

– Vider, nettoyer et rincer les seaux et vider la poubelle.
– Ranger les produits dans un endroit sécurisé.
– Nettoyer, désinfecter et essuyer le chariot.
– Vérifier les stocks et réapprovisionner si besoin.

19. Justifier la nécessité d'entretenir régulièrement votre matériel. (2 réponses attendues).

– Pour éviter la propagation des microorganismes et les contaminations (qu'il s'agisse du personnel, de l'environnement ou des enfants).
– Pour prolonger la durée de vie du matériel.
– *Et toute autre réponse cohérente.*

ÉPREUVE 3

Exercer son activité en accueil individuel

EP3 : Exercer son activité en accueil individuel

<table>
<tr><th>Scolaires (établissements publics et privés sous contrat)
Apprentis (CFA et sections d'apprentissage habilités)
Formation professionnelle continue (établissements publics)</th><th>Candidats libres
Enseignement à distance
Scolaires (établissements privés hors contrat)
Apprentis (CFA et sections d'apprentissage non habilités)
Formation professionnelle continue (établissements privés)</th></tr>
<tr><td>CCF</td><td>Contrôle ponctuel pratique et oral</td></tr>
<tr><td colspan="2">Épreuve orale : exposé d'un candidat, puis entretien d'une durée totale de 25 minutes
Temps de préparation éventuel : 1h30</td></tr>
<tr><td colspan="2">Le candidat présente un projet d'accueil élaboré à partir d'un ensemble documentaire.
Les AMA et les employés à domicile ont la possibilité de présenter un projet d'accueil réel qui prend appui sur leur contexte d'intervention professionnel du domicile. L'AMA ou l'employé à domicile qui fait ce choix au moment de l'inscription au diplôme dépose un dossier présentant le projet d'accueil à la date fixée par le Recteur (5 pages maximum). En l'absence du dépôt du projet d'accueil à la date fixée par le Recteur, le candidat n'est pas autorisé à passer l'épreuve.</td></tr>
</table>

Exercer son activité à son domicile, celui des parents ou en maisons d'assistants maternels

Fiches 73 à 89

Fiche

73 S'adapter à des situations imprévues

Les imprévus dans les relations parents - professionnel sont de plus en plus fréquents. En effet, le professionnel est confronté à de nouvelles situations sociétales, des exigences plus vives. Face à ces situations, il doit y faire face et répondre avec pragmatisme et professionnalisme.

① Les relations entre le professionnel et la famille

L'accueil de l'enfant au domicile ou en structures collectives permet d'accompagner les parents « ensemble, avec, ou côte à côte » et les enfants dans leurs premières années de vie. La bonne relation qui lie les professionnels aux parents est aussi primordiale qu'elle peut être insurmontable.

La délicate relation enfant/parents/professionnel

Très souvent, ce n'est pas le professionnel que le parent rejette, mais peut-être l'idée d'être séparé de son enfant. Paradoxalement, le parent tend à espérer que son enfant s'attachera au professionnel mais pas trop ! De l'autre côté, le professionnel fait en sorte de respecter une juste distance professionnelle avec l'enfant qu'il accompagne au quotidien.

À savoir

Lors des premiers entretiens avec les parents en vue de signer un contrat, il est important que l'assistant maternel mette en avant ses valeurs, qu'il développe sa façon de travailler et qu'il échange avec les parents sur ces points. De même, les sujets parfois délicats concernant des oublis répétés d'affaires, de retards multiples pour la récupération de l'enfant doivent être abordés très rapidement pour éviter que ces situations ne deviennent trop fréquentes et sources de différends.

Facteurs à l'origine de l'évolution des relations « délicates » entre parents et professionnels

De nombreuses raisons peuvent expliquer ces problèmes de communication entre les professionnels et la famille :

- La structure familiale traditionnelle a éclaté. Le professionnel fait face à plusieurs interlocuteurs, à des situations parfois tendues ou à des communications divergentes entre parents.

- La place de l'enfant a changé. Désiré, idéalisé, parfois unique, sa parole compte de plus en plus et les parents ont tendance à privilégier les demandes de l'enfant et non celles du professionnel.
- L'exercice de la parentalité est rendu plus complexe par une société où l'enfant est l'objet de toutes les tentations (médias…). Cette permissivité rend parfois difficile l'application des règles données par le professionnel.

② Quelle attitude adopter face à un parent agressif ?

Des professionnels ont parfois été confrontés à un adulte agressif ou un parent venant chercher son enfant dans un état de santé peu compatible avec la prise en charge de l'enfant. Difficile de savoir quoi faire lorsque l'on se retrouve seul(e) à gérer ce type de situation. Il est important de mettre l'enfant très vite à l'écart, de tenter de calmer le parent et le cas échéant d'appeler l'autre parent ou une personne autorisée. En structure collective, ces situations doivent être gérées en s'appuyant sur la hiérarchie de la structure.

En effet, si le parent n'est pas en état de s'en occuper et que la sécurité de l'enfant peut être mise en jeu, il est du devoir du professionnel de protéger l'enfant avant tout.

③ Que faire face à des imprévus de santé ?

En cas de problème impromptu de santé (fièvre, allergie….), le professionnel doit prévenir les parents (si l'enfant est gardé par un AMA) ou le directeur de la structure (dans le cas d'une crèche familiale, d'une structure collective). En fonction de l'état de santé de l'enfant, demander aux parents de venir chercher l'enfant.

④ Imprévus ou particularismes alimentaires

En accueil familial, l'assistant maternel fournit la plupart du temps, le repas et le goûter. Les demandes particulières (régime spécifique, repas sans porc….) doivent être discutées en amont avec lui.

En accueil collectif, les menus préparés dans un souci d'équilibre alimentaire sont identiques pour tous les enfants d'une même classe d'âge. Les régimes et produits alimentaires particuliers (laits, produits anti-diarrhéiques, …) doivent être fournis par les parents. Certains régimes particuliers, faisant l'objet d'une prescription médicale, peuvent être respectés dans la mesure des possibilités de la structure et font l'objet d'un PAI, selon l'avis du pédiatre de la crèche.

Mots-clés : Situations imprévues, communication difficile, conflit.

Fiche

74 Planification des activités et gestion des stocks

Lors de l'accueil de jeunes enfants, les activités quotidiennes doivent s'organiser et être anticipées par le professionnel. Leur planification nécessite l'utilisation de matériels voire de produits et donc une anticipation des achats et une bonne gestion des stocks.

① Planification et organisation des journées d'accueil

Les activités étant nombreuses et variées, l'AMA se doit d'organiser en amont son travail et établir si possible un planning pour chaque besoin. Les tâches ménagères (nettoyage du domicile et des espaces de vie de l'enfant accueilli, repas…) peuvent être anticipées et réalisées en dehors des horaires d'accueil.

Cette anticipation libère le professionnel et le rend plus disponible tout au long de la journée lui permettant ainsi d'être plus à l'écoute de l'enfant pour répondre à ses besoins, assurer une meilleure qualité de « service » et une meilleure participation à des activités d'éveil adaptées.

À savoir

Préparer les repas la veille permet de proposer des plats créatifs et moins conventionnels.

Le temps est souvent le facteur crucial après lequel l'AMA court au quotidien. Autour de chaque activité, comme le repas par exemple, le professionnel doit :
- planifier le temps et l'espace en fonction de l'âge ;
- assurer des soins d'hygiène avant et après le repas ;
- préparer des biberons dans le cas de garde de très jeune(s) enfant(s) ;
- préparer les repas à l'assiette en tenant compte des âges (quantités, consistances, rectification de plats…)

Ce temps « gagné » permet d'animer le repas et favorise la réponse et l'écoute aux besoins de communication et d'autonomie de l'enfant.

Pour les activités d'éveil, la salle de jeux doit être préparée en amont. L'activité prévue peut ainsi être présentée aux parents et exposée le matin dès l'accueil de l'enfant. Elle pourra ainsi être mise en scène et sans doute n'en sera que plus créative et intéressante. L'AMA pourra aussi tenir un cahier d'activités dans lequel sont répertoriés un éventail large de jeux mais également un planning d'activités réalisées avec l'enfant avec des commentaires « ce qui a plu ou pas », « les difficultés rencontrées »...

Il est utile de prévoir une activité de substitution si l'état de l'enfant ne lui permet pas de la suivre correctement.

② La gestion des stocks

La mise en place des nombreuses activités d'éveil et des repas nécessite une disponibilité permanente de jeux, supports, produits de soins et d'entretien mais aussi de produits alimentaires de base. De façon hebdomadaire, en s'appuyant sur la planification des activités, le professionnel devra prévoir pour chaque activité la disponibilité des matériels, fournitures et produits alimentaires nécessaires. Il est effectivement difficile de prévoir une activité artistique sans avoir à disposition des feuilles, crayons de couleur ou de la peinture.

Par conséquent, une bonne gestion des stocks est importante pour répondre à ces besoins et suppose de déterminer quand s'approvisionner et quelles quantités acheter. Une fiche de stock présentant par catégorie les produits disponibles peut aider le professionnel à s'y retrouver.

À savoir

Quelques règles de stockage :

- ✓ Les matériels et produits sont stockés selon les consignes du fabricant (endroit sec...).
- ✓ Les armoires, placards ... de stockage sont nettoyés régulièrement.
- ✓ Les produits sont manipulés avec précaution (ne pas les entasser dans les placards, vérifier l'intégrité de l'emballage au moment du rangement...).
- ✓ Les produits et matériels sont rangés par catégorie (produits ménagers, matériel d'animation...).
- ✓ La règle « FIFO » (first in, first out) : premier entré, premier sorti est respectée.
- ✓ Les dates de péremption sont régulièrement vérifiées.

Une bonne gestion du stock permet donc :
- de suivre les entrées et sorties des marchandises ;
- de connaître la quantité de marchandise disponible ;
- d'anticiper une rupture de stock ;
- d'éviter des achats inutiles et donc de réaliser des économies.

Mots-clés : Planification, anticipation, prévision, gestion, stocks, organisation.

Fiche 75 Le projet d'accueil

Lorsque les parents et l'assistant maternel se sont choisis, un certain nombre de démarches administratives obligatoires sont à finaliser. Le projet d'accueil, aussi appelé contrat d'accueil, est un document qui sert de base au dialogue avec les familles.

① Le projet d'accueil

Ce document permet à l'assistant maternel de réfléchir à sa façon de travailler : comment conçoit-il le moment de la sieste, du repas, de l'accueil ? Quels moments de jeux propose-t-il ? Comment accueille-t-il l'enfant et sa famille ?

Ce document écrit précise donc les modalités d'accueil de l'enfant au domicile de l'assistant maternel (quel type d'accueil, les activités proposées et possibles, les relations entre le professionnel et l'enfant…).

À quoi sert-il ?	– Il sert de base à un dialogue avec la famille. – Il permet de connaître les besoins de l'enfant et de respecter au mieux ses habitudes.
Qui le remplit ?	– Il peut être rempli avec les parents dès le début de la période d'adaptation. – Il sera enrichi en fonction des échanges et réactualisé régulièrement.
Quel support utiliser ?	– Le document peut être créé par l'assistant maternel mais de nombreux supports déjà existants sont mis à disposition par les conseils départementaux.

② Les points abordés par le projet d'accueil

En général, dans le projet d'accueil, les besoins fondamentaux de l'enfant sont déclinés ainsi que tous les points pratiques qui sont importants pour l'assistant maternel, tels que l'accueil de l'enfant malade, la présence d'animaux ...

Le professionnel ayant réfléchi à sa pratique et l'ayant développé dans ce projet, il constitue pour les parents un moyen de mieux connaître la personne à qui ils vont confier leur enfant.

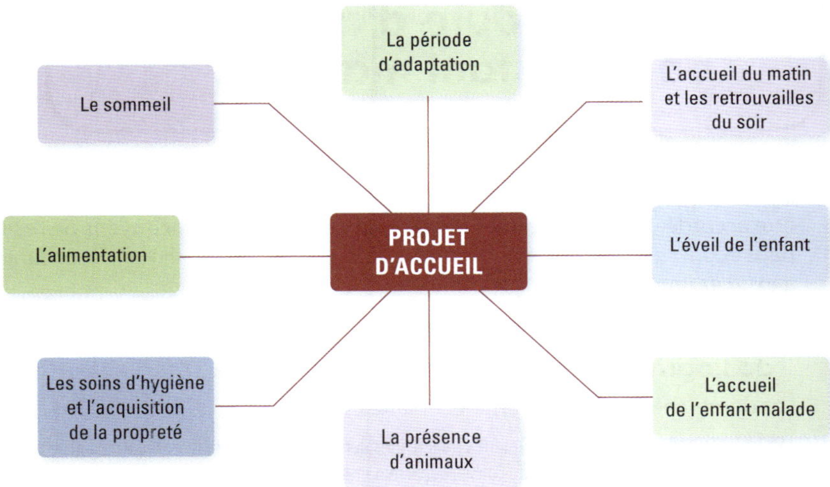

Le projet d'accueil va s'enrichir en fonction des échanges avec la famille. Il est donc très important, durant la phase d'adaptation d'observer l'enfant, d'écouter les parents et de poser l'ensemble des questions qui permettront de rendre ce document le plus complet et incontournable possible.

Il ne s'agit pas de formaliser un accord sur tout !

Des différences peuvent apparaître et être sources de richesses de part et d'autre. Tout au long de son développement, l'enfant évoluera dans des lieux différents et parfois nouveaux et s'adaptera à des règles de vie mais aussi à des adultes ayant leur personnalité propre (dans l'entourage familial, amical, lors des regroupements en crèche familiale…).

À savoir

Rédiger un document écrit personnalisé peut parfois sembler complexe. Le professionnel pourra se rapprocher de ses collègues ou dans le cas de l'AMA solliciter le RPE (Relais petite enfance), les puéricultrices du service de protection maternelle et infantile (PMI).

Mots-clés : Projet d'accueil, contrat, dialogue, besoins fondamentaux, RPE, PMI.

Fiche 76

La procédure d'agrément de l'assistant maternel

Pour exercer la fonction d'assistant maternel, il est nécessaire d'obtenir un agrément qui est délivré par les services départementaux. L'agrément ne peut être accordé qu'aux personnes de nationalité française, aux citoyens de l'espace économique européen ou aux titulaires d'un titre de séjour l'autorisant à exercer une activité professionnelle.

① Les démarches à effectuer pour l'obtention de l'agrément

Les démarches suivantes sont nécessaires.

Réunion d'information préalable à l'agrément	Organisée par le président du Conseil départemental	Informer les candidats éventuels sur leurs rôles, leurs responsabilités...
Demande d'agrément du candidat auprès de la PMI	Constituer un dossier	– Formulaire de demande – Certificat médical – Bulletin n° 3 du casier judicaire
Évaluation de la demande (entretiens, visites à domicile, analyse) par la PMI	Évaluation : des motivations du candidat, des compétences suffisantes, des conditions d'accueil garantissant la sécurité, la santé et l'épanouissement des enfants, de l'état de santé du candidat.	

Le service de PMI a 3 mois pour instruire la demande. Sans réponse dans ce délai, cela signifie que l'agrément est accordé. Une attestation d'agrément est délivrée.

② Le contenu de l'agrément

L'agrément, dont la durée est de 5 ans renouvelable (ou 10 ans en cas de réussite à l'EP 1 et à l'EP 3 du CAP AEPE), précise :

- le nombre et l'âge des mineurs autorisés à être accueillis simultanément (quatre maximum de 0 à 18 ans). Attention les propres enfants de l'assistant maternel de moins de 3 ans sont inclus ;
- les horaires d'accueil.

Lors des entretiens et visites à domicile, conformément au décret du 15 mars 2012 (relatif aux critères d'agrément des assistants maternels), l'accent sera mis sur :

- la prise en compte des besoins de l'enfant ;

- la sécurité de l'enfant : application des règles de couchage, conformité du lieu d'accueil, la sécurité des abords, la capacité à prévenir les accidents domestiques, la présence d'animaux... ;
- les règles d'hygiène : du lieu d'accueil, des jouets... ;
- la communication avec la famille, les partenaires...

À savoir

Lors de ses visites, la PMI vérifiera que le lieu d'accueil est bien sécurisé et si ce n'est pas le cas, elle demandera certains aménagements afin d'y remédier (installation d'un dispositif empêchant l'accès à la piscine, plantes toxiques ou allergisantes hors de portée des enfants,...)

3 Les lieux d'exercice de l'assistant maternel

Questions pro

Quels sont les lieux d'exercice des assistants maternels ?

✓ Outre à leur domicile, les assistants maternels peuvent travailler en MAM (maison des assistants maternels), en service d'accueil familial ou en micro-crèche.

Les assistants maternels bénéficient-ils d'une formation ?

✓ La formation est organisée par le conseil départemental. D'une durée globale de 120 heures, elle se décompose en 80 heures avant l'accueil du 1er enfant. Un examen organisé par le centre de formation validera l'obtention de l'agrément si le candidat a au moins la moyenne. Puis, 40 heures de formation auront lieu dans les 3 ans qui suivent l'obtention de l'agrément.

Les MAM (maisons d'assistants maternels) : 4 AMA au plus se regroupent et exercent leur métier en dehors de leur domicile dans des locaux sécurisés : les MAM. Ils peuvent accueillir au maximum 4 enfants chacun.

La loi ASAP prévoit que six assistants maternels peuvent exercer dans une MAM, dont au maximum 4 simultanément. Le nombre d'enfants simultanément accueillis ne pourra excéder 20.

Le Service d'accueil familial ou crèche familiale : sous la direction d'une puéricultrice, d'une EJE ou d'un médecin, la crèche familiale emploie des AMA qui accueillent à leur domicile 1 à 4 enfants.

La micro crèche : accueille au maximum dix enfants. Les AMA participent à leur encadrement s'ils ont 2 ans d'expérience auprès de jeunes enfants.

La loi ASAP prévoit de passer de 10 à 12 enfants.

Mots-clés : Agrément, PMI, accidents domestiques, MAM, service d'accueil familial.

Fiche 77

L'embauche et le contrat de travail de l'assistant maternel

Le contrat de travail est obligatoire et formalise l'accord entre les parents et le professionnel concernant l'accueil et le mode de garde de l'enfant.

① Les obligations de l'employeur et du salarié

Lors de l'embauche d'un assistant maternel, un certain nombre d'obligations de l'employeur vis-à-vis du salarié et inversement sont à noter.

Obligations de l'employeur	Obligations du salarié
– S'assurer de la réalité de l'agrément. – Déclarer l'emploi à l'URSSAF et la MSA (mutualité sociale agricole) ou la CAF (caisse d'allocations familiales). – Vérifier l'assurance responsabilité civile professionnelle du salarié. – Vérifier l'assurance automobile. – Établir un contrat de travail écrit. – Établir mensuellement et à date fixe, une déclaration à Pajemploi.	– Présenter une copie de l'agrément et informer l'employeur de toute modification. – Présenter la copie de l'attestation de suivi de formation. – Communiquer l'attestation personnelle d'assuré social. – Communiquer les attestations d'assurance responsabilité civile professionnelle (obligatoire pour les dommages subis ou causés par l'enfant) et automobile, annuellement. – Faire visiter à l'employeur les pièces auxquelles l'enfant aura accès. – Conclure un contrat de travail écrit. – Adresser au service de PMI, dans les 8 jours, la déclaration d'accueil de l'enfant.

Les AMA employés par un particulier peuvent travailler à leur domicile, mais peuvent également se regrouper en maisons d'assistants maternels (MAM). Dans ce cadre, chacun des assistants maternels est lié par un contrat avec chaque famille, et l'organisation du travail en MAM engendre une délégation de gardes accordées par les parents aux assistants maternels.

② Le contrat de travail

Il sera rédigé un contrat de travail par enfant accueilli. Ce document, dont on peut trouver un modèle en annexe de la Convention collective nationale de travail des AMA du particulier employeur (CCN), est un engagement réciproque du parent vis-à-vis de l'assistant maternel et inversement.

À quoi sert un contrat de travail ?	– Il formalise les points sur lesquels les deux parties se sont mis d'accord. – Il favorise un climat serein entre les parents et l'assistant maternel. – Il anticipe un certain nombre de sujets pouvant devenir, par la suite, source de litige.
Qui le remplit et le signe ?	Le contrat de travail sera complété, daté, paraphé et signé par les deux parties.
Que comprend-il ?	– Les coordonnées de l'employeur et du salarié. – Les termes du contrat : période d'essai, durée et horaires d'accueil, rémunération, congés payés, indemnités d'entretien, frais de repas, absences...
D'autres autorisations sont-elles nécessaires ?	En annexe du contrat de travail, il est intéressant de joindre : – une autorisation d'hospitalisation, – une autorisation d'administrer des médicaments, – une autorisation de véhiculer l'enfant, – une autorisation de prendre l'enfant en photo, – une autorisation comportant les noms, adresses et n° de téléphone des autres personnes désignées par les parents et habilitées à venir déposer et récupérer l'enfant, – et toute autre autorisation nécessaire en fonction du contexte.

À savoir

La « Convention collective nationale de travail des assistants maternels du particulier employeur » détermine les conditions d'emploi de l'assistant maternel agréé et de l'accueil de l'enfant. Elle fixe un cadre juridique (adapté aux spécificités de cette profession) et détermine les droits et les obligations de chacun.

Selon un rapport de l'IGAS (inspection générale des affaires sociales), les hommes représentent en moyenne 1 % du personnel encadrant dans l'univers de la petite enfance. Cela s'expliquerait par des métiers encore trop conçus sur la base du « modèle théorique de l'amour maternel ». La rémunération et la valorisation de ces professions sont aussi des freins pour les hommes.

Mots-clés : Contrat de travail, projet d'accueil, responsabilité de l'assistant maternel, Convention collective nationale de travail des assistants maternels du particulier employeur, assurance responsabilité civile professionnelle.

Fiche 78

Les interlocuteurs et lieux de ressources de l'assistant maternel

L'assistant maternel bien que travaillant seul à son domicile, est amené à échanger avec des interlocuteurs. Ces rencontres permettent d'enrichir ses connaissances, d'être conseillé, de partager ses expériences mais aussi d'éviter l'isolement et de réfléchir à ses pratiques.

Les partenaires de l'assistant maternel

PMI

RPE

Ludothèque, médiathèque

① La protection maternelle et infantile (PMI)

Le service de PMI est placé sous la responsabilité du président du Conseil départemental. Il est dirigé par un médecin et comprend une équipe pluridisciplinaire (médecin, sage-femme, puéricultrice, éducateur de jeunes enfants (EJE), psychologue, assistant des services sociaux...).

L'assistant maternel aura un lien avec la PMI pour :

- la demande et l'obtention de l'agrément, l'extension de l'agrément ;
- le contrôle suite à l'agrément et le renouvellement de celui-ci ;
- le contrôle du suivi de la formation obligatoire de 120 heures ;
- un soutien, un accompagnement, un conseil (aide pour un parent, un enfant, un problème de santé...).

Question à un pro

Est-ce que la PMI a d'autres missions que celles exercées auprès des assistants maternels ?

Le service de PMI a pour mission de protéger la future mère, la mère et l'enfant de moins de 6 ans. Il intervient donc :

✓ auprès des femmes enceintes (pour les consultations pré et post natales et les informations sur les grossesses et accouchements) ;

✓ au niveau du planning familial (pour les entretiens pré-IVG, les informations sur les IST (infections sexuellement transmissibles), les contraceptifs, la régulation des naissances) ;

- ✓ auprès des enfants de moins de 6 ans (lors des visites à domicile, des consultations médicales, des bilans de santé en école maternelle). Cette mission a pour but essentiel le dépistage des handicaps.
- ✓ auprès des établissements et services d'accueil des enfants de moins de 6 ans et des assistants maternels pour la surveillance et le contrôle de ces modes de garde.

② Le relais petite enfance (RPE)

Les RPE (appelés auparavant Relais assistants maternels) sont des lieux d'information, de rencontre et d'échange au service des parents, des assistants maternels et des professionnels de la petite enfance. Ces relais sont animés par un professionnel de la petite enfance.

Les RPE s'adressent :
- aux parents et futurs parents qui peuvent y recevoir gratuitement des conseils et des informations sur l'ensemble des modes d'accueil ;
- aux assistants maternels pour un soutien et un accompagnement dans leurs pratiques professionnelles (rencontres et échanges entre paires, avec des professionnels de la petite enfance) ;
- aux assistants maternels et aux enfants dont ils ont la garde pour des temps éducatifs (ateliers de musique, parcours sportifs, sorties...). Ces temps ont pour objectifs l'éveil et la socialisation des jeunes enfants.

La loi ASAP prévoit d'ouvrir les RPE aux professionnels de la garde à domicile.

③ Les ludothèques et médiathèques

Les ludothèques sont des lieux qui permettent l'expérimentation de jeux, mais également la socialisation des jeunes enfants. Les assistants maternels peuvent venir librement sur place, participer à un jeu ou en emprunter. Les ludothécaires peuvent informer ou conseiller sur les jeux.

Les médiathèques proposent des livres, des revues, des CD et des DVD. Des manifestations culturelles peuvent y être organisées telles que des conférences, expositions, lectures, contes.... L'assistant maternel peut y passer un moment avec les enfants, emprunter des livres et autres supports souhaités.

En cas d'impossibilité de se déplacer, certaines médiathèques proposent le portage des livres à domicile.

Mots-clés : PMI, ludothèque, médiathèque.

Fiche 79

La tenue professionnelle et l'hygiène des mains du professionnel

La tenue professionnelle est un élément important dans la prise en charge d'enfants. Elle permet d'assurer l'hygiène de l'environnement de la personne. L'hygiène des mains limite la multiplication et le passage de micro-organismes du professionnel vers l'enfant ou des objets qu'il utilise.

① La tenue professionnelle

Dans les différentes structures comme à domicile, l'assistant maternel est une source de contaminations potentielles et un vecteur de transmission des micro-organismes. Il est donc impératif de prendre des mesures d'hygiène pour éviter ces contaminations. D'une manière générale :

Cheveux attachés. Absence de bijoux.

Ongles courts sans vernis.

Tenue propre. Manches courtes.

② L'hygiène des mains

Le lavage des mains permet d'éliminer les souillures visibles et de limiter la multiplication et le passage de micro-organismes :
- du professionnel à l'enfant et vice-versa ;
- d'un enfant vers un autre enfant ;
- d'un enfant vers le matériel utilisé au quotidien (jouets, tapis de jeux, livres,...).
- du matériel vers un enfant.

Préparation du matériel et des produits

Lavage simple des mains	Friction avec une solution hydro-alcoolique (SHA) ou gel hydro-alcoolique (GHA)
– Poste de lavage des mains ou point d'eau. – Distributeur de savon liquide. – Essuie-mains jetables. – Poubelle à commande non manuelle.	Solution ou gel hydro-alcoolique.

Déroulement du lavage des mains

Lavage simple des mains : **60 secondes**

Friction solution hydro-alcoolique (SHA) : **30 secondes**

Ôter bagues, bracelets, montre…
Ongles courts, propres et sans vernis.
Tenue à manches courtes.

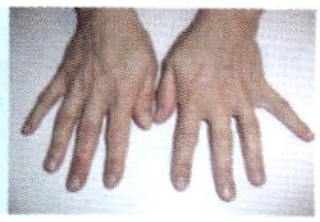

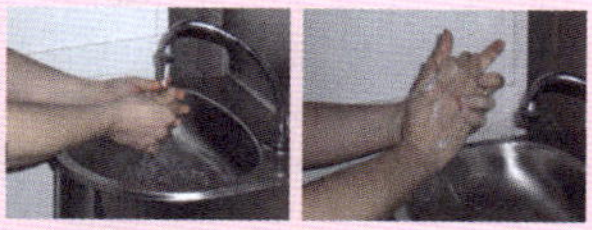

Mouiller les mains et poignets, puis appliquer une dose de savon sur les mains et poignets.

Remplir la paume de la main avec la SHA et frictionner.

FROTTER

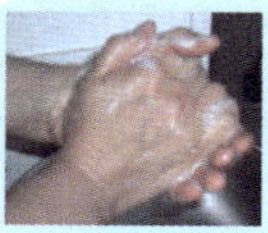

1. Paume contre paume.

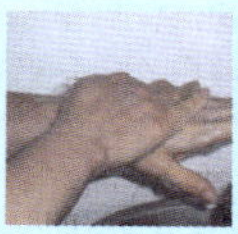

2. Paume de la main droite sur le dos de la main gauche et vice-versa.

3. Paume contre paume, doigts entrelacés.

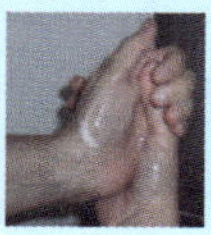

4. Le dos des doigts contre paume opposée, doigts emboîtés.

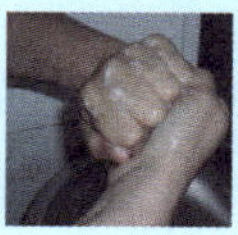

5. Friction des pouces, du bord cubital.

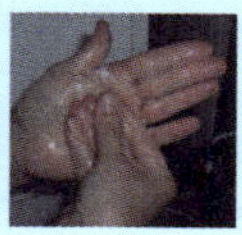

6. Friction en rotation en insistant sur la paume, le pourtour des doigts et les poignets.

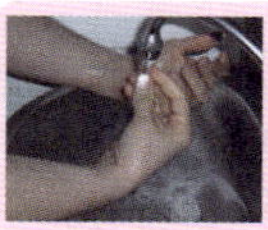

Rincer abondamment en frottant, poignets cassés.

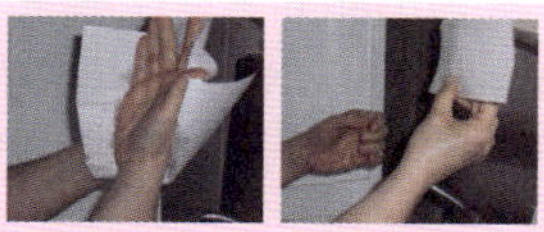

Sécher en tamponnant avec un essuie-mains jetable (1 essuie-mains/main) du bout des doigts vers les poignets.

Fermer le robinet (si commande manuelle) avec le premier essuie-mains, le jeter sans toucher la poubelle avec la main.

Les mains sont propres.

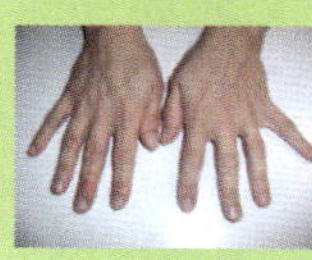

Questions à un pro

Comment utilise-t-on la SHA ?
La SHA s'utilise sur mains sèches, propres et non talquées. Se laver néanmoins les mains à l'eau et au savon toutes les 4 à 5 utilisations, après un soin septique (contact avec les selles…) ou si les mains sont souillées, mouillées, poudrées ou encore lésées.

Combien de types de lavage des mains existe-t-il ?
Il existe deux sortes de lavage des mains :

- ✓ le lavage simple des mains : 60 secondes avec un savon liquide simple. Il réduit la flore transitoire des mains (= flore de contamination).
- ✓ Le lavage antiseptique (ou hygiénique) des mains : 60 secondes avec un savon antiseptique. Il élimine la flore transitoire des mains et réduit la flore résidente. Il est nécessaire pour des actes à niveau de risques intermédiaires comme le sondage vésical, la pose d'une voie veineuse…

Spécial COVID

Les gestes barrières sont essentiels. Particulièrement le port du masque qui est obligatoire pour les adultes (professionnels et parents) et proscrit pour les enfants de moins de 3 ans (risques d'étouffement). La SHA ou le GHA ne doivent pas être proposés aux enfants.

L'usage des gants non stériles à usage unique

Les gants sont réservés à certaines situations :
- le risque infectieux dû au contact avec le sang, les liquides biologiques (urines, selles) ;
- le risque chimique entraîné par les produits désinfectants, détartrants, décapants… ;
- en cas de coupures, de gerçures au niveau des mains.

Un gant = un soin = un enfant

- Se laver les mains avant l'utilisation des gants.
- Enfiler les gants sur des mains à ongles courts, sans bijoux et sur une peau bien sèche.
- Jeter les gants après usage en les retournant l'un sur l'autre (partie souillée à l'intérieur) et avec les déchets contaminés.
- Se laver les mains après utilisation (élimination de micro-organismes non détectables à l'œil nu et élimination des résidus allergéniques contenus dans le gant).

Mots-clés : Hygiène des mains, friction, solution hydro-alcoolique, gant, tenue, antiseptique, flores.

Fiche 80

Les techniques d'entretien de la cuisine et des appareils

L'hygiène de la cuisine est l'une des préoccupations importantes de l'AMA. Cette hygiène permet de préserver, entre autres, la bonne santé des enfants accueillis. Au-delà de la cuisine, les appareils électroménagers qui s'y trouvent nécessitent un entretien permanent en raison de leur utilisation quotidienne car ils sont également des lieux de contaminations.

1 Préserver la propreté de la cuisine

Trois principes de base sont à respecter :

- les conditions d'emploi (temps de pause, dosage) des produits d'entretien ;
- l'entreposage des produits d'entretien (toujours hors de la portée des enfants) ;
- le non mélange des produits entre eux.

Le but du nettoyage est d'éliminer les salissures qui facilitent le développement des micro-organismes. Par exemple, il faut nettoyer correctement les planches à découper après utilisation. De même, il est recommandé de laver la vaisselle dans les deux heures qui suit son utilisation.

À savoir

✓ Les torchons humides sont un milieu favorable au développement bactérien.
✓ Les éponges sont des nids à microbes. Privilégier la microfibre qui lave en général les surfaces sans liquide vaisselle. Changer régulièrement l'essuie-mains et les torchons à vaisselle.

2 Ne pas choisir à la légère les ustensiles !

L'hygiène passe aussi par le choix des matériaux et ustensiles utilisés dans la cuisine.

- Les poêles en téflon doivent être impeccables : en cas de rayures, des particules cancérigènes migrent dans les aliments.
- Les ustensiles en « aluminium » sont à éviter, tout comme la confection de papillotes en contact avec des denrées acides (vinaigre, citron…). En effet, l'aluminium s'accumule, entre autres, dans les tissus et les os.

- Le silicone de mauvaise qualité peut comporter des constituants présentant des risques pour la santé. Les moules supportant des températures de l'ordre de 260-280° sont à privilégier.

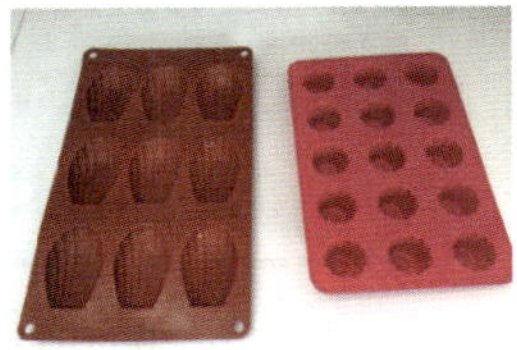

Pour ce qui concerne les renvois d'évier, la tuyauterie et l'entretien de l'électroménager, le vinaigre blanc est un produit très efficace. Ce produit courant tout comme le bicarbonate de soude ou le savon noir permettent d'obtenir une propreté des surfaces tout en respectant la santé des enfants.

③ Nettoyer avec régularité le réfrigérateur

Un réfrigérateur non ou mal nettoyé est un lieu exposé à des bactéries multiples par des fruits et légumes trop mûrs, des emballages en carton manipulés maintes fois, par des coulures diverses d'aliments ou sauces et enfin par des plats en attente d'être consommés stockés sans protection.

Même si le réfrigérateur n'est pas totalement vide, son entretien régulier (dégivrage et désinfection) est une obligation.

À savoir

L'intérieur du réfrigérateur doit être lavé au moins deux fois par mois. Avant de le nettoyer, le débrancher, puis le vider et retirer clayettes, bacs et casiers.

Comment et avec quels produits nettoyer le réfrigérateur ?

Les cristaux de soude, tout comme le vinaigre blanc, sont un produit efficace pour effectuer ce nettoyage. Dans un saladier, verser de l'eau tiède additionnée de cristaux de soude. Protéger les mains par des gants de ménage, nettoyer le réfrigérateur du haut jusqu'en bas avec une lavette mouillée de cette solution. Rincer à l'eau claire à l'aide d'un chiffon microfibre. Nettoyer le sol en dessous du réfrigérateur. Rebrancher l'appareil.

Conseil

Ne pas oublier de nettoyer le joint de caoutchouc avec une éponge imbibée d'eau et de quelques gouttes de vinaigre blanc. Rincer et sécher puis désinfecter l'intérieur du réfrigérateur.

④ Le four à micro-ondes

Entretien du four à micro-ondes.

Préparation :

– se laver les mains ;
– mettre les gants de ménage.

S'organiser :

– **matériel** : 2 lavettes et 1 bassine, une tasse ;
– **produits** : DDA (Détergent Désinfectant Alimentaire) + eau chaude + citron

- Placer une tasse remplie d'eau et un quart de jus de citron dans le micro-ondes pendant 3 minutes environ.
- Y enlever les éléments amovibles (plateau tournant, axe des roulettes).
- Nettoyer le plateau du micro-ondes dans l'évier avec du produit vaisselle.
- Préparer une bassine ou un bac de l'évier avec de l'eau chaude uniquement.
- Nettoyer la porte côté extérieur avec une lavette pré-imprégnée de produit DDA puis rincer avec de l'eau claire.
- Nettoyer les parois intérieures du four à micro-ondes avec une lavette humidifiée mais sans produit.

À savoir

Commencer par les parois hautes puis les côtés et enfin terminer par le bas.
L'appareil doit être hors tension (débranché) lors de l'entretien.

✓ Ne jamais utiliser de produits abrasifs ou d'éponges qui pourraient rayer et détériorer le four.
✓ Attention à ne pas laisser entrer de l'eau dans l'axe du moteur central (plateau tournant). La lavette doit être bien essorée.
✓ Veiller à éviter toute filtration d'eau à travers les orifices de ventilation.

- Replacer les éléments amovibles.
- Procéder au contrôle visuel (absence de salissures visibles, de traces).

Spécial COVID

✓ Aérer très régulièrement les locaux.
✓ Ne pas utiliser de vinaigre blanc (inefficace contre la Covid).
✓ Ne pas utiliser de javel avec de l'eau chaude (inefficace).

Mots-clés : Bactéries, contamination, hygiène, salissures, micro-organismes, germes, accidents domestiques.

Fiche

81 Décontamination des locaux et équipements réservés aux enfants

Les espaces de vie et les équipements qui sont réservés aux enfants doivent être entretenus et nettoyés avec régularité pour limiter les risques de transmission et de propagation de micro-organismes.

① Les principes généraux

Le professionnel doit assurer et suivre des principes de base pour limiter les contaminations. En la matière, ils sont :
- d'aérer les espaces et pièces de vie régulièrement et si possible en l'absence de l'enfant ;
- d'évacuer régulièrement les déchets ;
- de porter des gants jetables pour les actions de bionettoyage, puis jeter les gants et se laver les mains ;
- de nettoyer du plus propre au plus sale et du haut vers le bas.

Le professionnel pourra aussi sensibiliser les enfants (se laver les mains avant de manger, après une activité spécifique suite à la manipulation de produits – peinture, pâte à modeler… –).

② Bionettoyage de certains matériels réservés à l'enfant

Le lit à barreaux

Bionettoyage du lit à barreaux	Matériels et produits	Gestes et prévention
– Nettoyer et désinfecter le recto du matelas puis déposer cette face propre sur le plan de travail désinfecté ou une table. – Nettoyer et désinfecter les côtés et le verso du matelas. – Nettoyer la tête du lit, puis les montants (de haut en bas) et terminer par les pieds. – Remettre le matelas et mettre des draps propres.	– Détergent - désinfectant – Lavettes microfibres – Seau d'eau claire – Draps propres – Gants jetables	Afin d'éviter les biocontaminations, procéder : – du plus propre au plus sale ; – de haut en bas sans remonter pour éviter de rcontaminer à nouveau ; – penser à retourner la lavette aussi souvent que nécessaire. Mettre les lavettes sales dans le seau à la fin de l'opération et jeter les gants.

La table à langer

Bionettoyage du matelas de change	Matériels et produits	Gestes et prévention
– Nettoyer le dos et l'intérieur de l'assise en pulvérisant le produit. – Nettoyer le haut puis le bas du plateau, les montants. – Terminer par le repose-pieds.	– 1 Lavette microfibres – Gants jetables – Produits détergent-désinfectant en spray	– Suivre le protocole (voir ci-contre) – Débuter par le matelas puis le support supportant le matelas. – Ne pas oublier les zones de rangement des produits et le repose-pieds.

Pour les autres zones à risques (cuisine, sanitaires) qui sont à nettoyer quotidiennement, vous référer aux fiches **67**, **68** et **80**.

Le cas spécifique du nettoyage des jouets

Pour des hochets et autres jouets ou matériels portés à la bouche... des enfants :
- mettre à l'écart le jouet dès la fin du jeu ;
- faire tremper dans un bain de détergent-désinfectant (de préférence alimentaire) selon le temps recommandé par le fabricant et en fonction des objectifs fixés ;
- frotter les souillures externes ;
- rincer minutieusement (éliminer les résidus de produits) ;
- laisser sécher ;
- ranger.

Spécial COVID

Organiser des rotations des jouets et des zones de jeux (pour optimiser entretien des locaux et des jouets). Retirer les jouets difficiles à entretenir (puzzles en carton...). Pour les jouets en tissu, un lavage en machine à laver au moins 30 minutes à 60 °C est requis. Pour les autres jouets, le protocole est le même que ci-dessus avec un détergent désinfectant virucide (bien rincer ensuite).

Mots-clés : Bionettoyage, protocole de nettoyage, détergent, désinfectant, lavette, contamination, désinfection.

Fiche 82

Les risques toxicologiques

Les sources intérieures de polluants sont multiples : les appareils à combustion (monoxyde de carbone, dioxyde d'azote), la présence et les activités humaines (tabagisme, produits ménagers, acariens, etc.), les constituants du bâtiment, ainsi que les équipements et le mobilier (plomb, ...).

① Les sources chimiques dangereuses

Les produits chimiques sont souvent présents dans les domiciles et sont autant de sources de risques toxicologiques.

Les produits contenant des CMR 3 (cancérogènes mutagènes et/ou reprotoxiques) sont autorisés à la vente. Certains produits d'usage domestique, tels que les produits d'entretien, de jardinage (pesticides notamment) ou de bricolage peuvent donc en contenir. Néanmoins, au-delà d'un seuil réglementaire, le fabricant a obligation de signaler leur présence en apposant sur l'étiquette un pictogramme de danger associé à une phrase faisant mention du risque.

À savoir

Pour la sécurité des enfants, ces produits ne sont pas à utiliser en leur présence. Par ailleurs, il est important d'interdire totalement aux enfants l'accès au local de stockage de ces substances ou de mettre des sécurités aux portes d'accès à ces produits. Enfin, il est indispensable d'évacuer tout ce qui n'est pas étiqueté, mal étiqueté ou stocké dans des contenants mal appropriés.

② Le monoxyde de carbone

Le monoxyde de carbone (CO), gaz invisible, inodore et non irritant, est la première cause de mortalité accidentelle par toxique. Très souvent, ces accidents sont dus à l'utilisation d'un appareil défectueux de chauffage ou de production d'eau chaude, quel que soit le combustible utilisé (fuel, bois, etc.). Les symptômes (maux de tête, nausées, fatigue ...) peuvent ne pas se manifester immédiatement. En cas d'intoxication aiguë, la prise en charge doit être rapide. D'une manière générale, il est recommandé tout particulièrement l'aération des locaux même par temps froid.

③ Le tabac

Chez le jeune enfant soumis au tabagisme passif, les risques pour la santé sont nombreux. En effet, l'enfant exposé à la fumée de cigarette court un grand risque de souffrir d'asthme, d'allergies et d'irritations des yeux, du nez et de la gorge, d'otites et d'eczéma (un problème de peau) et enfin de troubles et infections respiratoires (bronchites…). Il risque aussi la mort subite du nourrisson.

④ Les plantes toxiques

Certaines plantes d'intérieur sont toxiques. Lors de l'accueil d'enfants, ils peuvent les porter à leur bouche ou toucher à leur sève. Il est conseillé de les mettre hors de leur portée, spécialement les plantes avec des fruits attrayants.

Si l'enfant touche ou mange une plante toxique, appelez immédiatement le centre antipoison de la ville. Il est important d'avoir toujours ce numéro près du téléphone pour pouvoir réagir rapidement en cas d'intoxication.

À savoir

Pour ne pas avoir à chercher le nom de la plante lors d'un appel au Centre antipoison, coller une étiquette sur le pot de toutes les plantes et y inscrire leur nom.

⑤ Les perturbateurs endocriniens

Infertilités féminine et masculine, puberté précoce, cancers… ne sont que quelques exemples de pathologies mises en cause lors d'une exposition aux perturbateurs endocriniens (PE). Ce sont des substances étrangères à l'organisme qui interfèrent avec le système hormonal en créant des déséquilibres.

On les trouve dans des produits de consommation courante (produits et emballages alimentaires, vêtements, cosmétiques, articles de puériculture, jouets) sous différentes formes (bisphénol, phtalates, parabènes, filtres chimiques UV...). Il est donc important lors des achats de rechercher les labels (confiance textile, Nature & Progrès, NF Env....), d'éviter les produits en PVC, et préférer le verre, l'acier inoxydable… plutôt que le plastique et d'aérer 10 minutes deux fois par jour.

Mots-clés : Risques toxicologiques, polluants, dangerosité, prévention, perturbateurs endocriniens.

Fiche

83 L'alimentation de l'enfant : constituants et groupes alimentaires

Le PNNS (Plan national nutrition santé) visant l'amélioration de la santé de la population a fait évoluer quelques points à travers le plan 2019-2023 et notamment la pyramide alimentaire.

① Propriétés des constituants alimentaires

L'organisme a besoin de nutriments (eau, glucides, protides…) qu'il ne peut fabriquer et qui sont essentiels pour vivre, assurer sa croissance et rester en bonne santé.

Les besoins nutritionnels de l'enfant sont importants car son organisme n'a que peu de réserves.

Constituants	Propriétés et besoins	Conseils et remarques
Eau	Besoins hydriques importants liés aux éléments extérieurs (température, hygrométrie).	En cas de diarrhée, de vomissements, de fièvre, de forte chaleur, l'augmentation des apports est nécessaire.
Protides (protéines)	Principaux éléments de constitution du corps, les protéines sont composées d'acides aminés indispensables. Ce sont des éléments bâtisseurs, transporteurs ou médiateurs dans le sang.	Les apports en protides sont à maîtriser afin de ne pas dépasser la quantité recommandée.
Lipides	En plus du rôle de stockage d'énergie, les lipides font partie de toutes les membranes cellulaires. Ils sont l'élément constitutif de certaines vitamines.	Veiller à favoriser un apport lipidique riche en acides gras de la série oméga 3 (huile et graines de lin, foie de morue, poissons gras, fruits à coque, œufs…).
Glucides	On distingue les glucides simples (sucre, lactose…), des glucides complexes (amidon, …).	Favoriser la consommation des glucides complexes apportés par les pommes de terre, les pâtes, la semoule, le blé.
Calcium	Principal minéral de constitution des os et des dents.	Un apport en calcium est d'autant plus important que la croissance est rapide.

Constituants	Propriétés et besoins	Conseils et remarques
Fer	Stocké au niveau du foie, il a un rôle capital dans de nombreuses réactions métaboliques.	
Vitamine D	Nécessaire pour la croissance des enfants, la vitamine D permet de prévenir le rachitisme.	Les sources de vitamine D sont le soleil, les produits à base de lait et les poissons gras.

② La pyramide alimentaire

Dans sa version actuelle, la pyramide alimentaire connaît une **nouvelle hiérarchie dans les familles** et **permet d'affiner les choix au sein de chaque famille.** Elle distingue les aliments à favoriser, ceux qui sont tolérés et ceux qui sont à consommer occasionnellement.

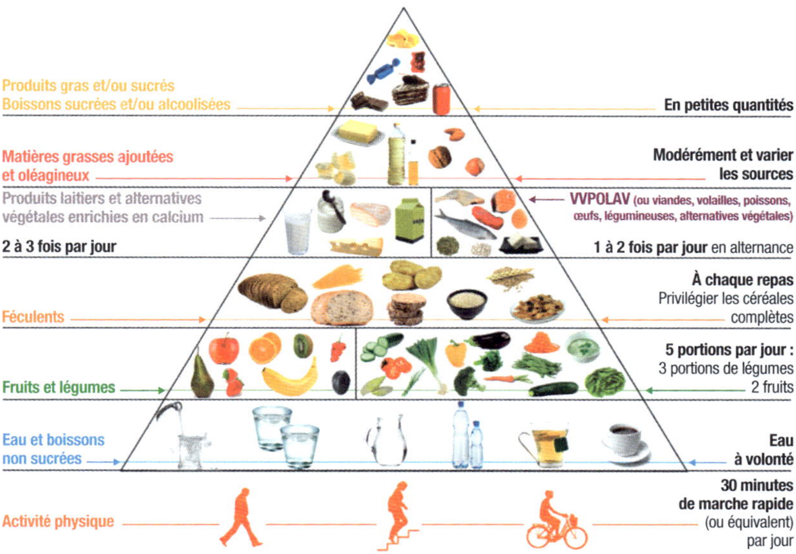

Cette nouvelle pyramide alimentaire met l'accent sur l'activité sportive : elle est indissociable d'une alimentation équilibrée.

Les fruits et légumes gagnent de l'importance. Quant aux légumineuses elles rejoignent le groupe des viande-poisson-œuf.

Cette pyramide sera à adapter à l'âge de l'enfant. Telle qu'elle est présentée elle correspond plutôt aux besoins du grand enfant, de l'adolescent et de l'adulte.

Elle répond aux objectifs suivants :
- réduire l'obésité et le surpoids dans la population ;
- augmenter l'activité physique ;
- améliorer les pratiques alimentaires et les apports nutritionnels.

Mots-clés : PNNS, pyramide alimentaire, nutriments, groupes alimentaires.

Fiche 84

La diversification alimentaire

Selon l'ANSES (Agence nationale de sécurité sanitaire de l'alimentation, de l'environnement et du travail), la diversification alimentaire se définit comme « l'introduction d'aliments autres que le lait maternel ou les préparations infantiles, notamment des aliments solides ».

① Quelques repères du développement de l'enfant

Un système digestif immature

Le système digestif de l'enfant est immature à la naissance. Il lui faudra plusieurs années avant d'être mature et en capacité de manger comme l'adulte.

On peut noter :
- Une absence de dents au niveau de la cavité buccale (alimentation liquide les premiers mois) ;
- L'œsophage est court (régurgitations fréquentes) ;
- L'estomac a un petit volume (prises alimentaires fractionnées et fréquentes) ;
- Les sécrétions de sucs digestifs sont faibles, pas de suc pancréatique (introduction progressive des aliments).

Les compétences du jeune enfant

Le jeune enfant est doté de certaines compétences qu'il est intéressant de préciser.

Il est capable de **s'auto-réguler** (il sait réguler lui-même les quantités absorbées). Il paraît donc essentiel de respecter sa faim, sans le forcer à manger et sans insister.

Par ailleurs, l'enfant est en capacité d'aimer des aliments variés tout en ayant une préférence pour le sucré.

② Les étapes de la diversification alimentaire

La diversification alimentaire se fait par étapes progressives tout en respectant le rythme de l'enfant et en répondant à ses besoins.

Âge de la diversification alimentaire

Il est actuellement considéré que les fonctions de l'enfant (gastro-intestinales et rénales) sont suffisamment matures pour envisager le démarrage de la diversification alimentaire entre 4 et 6 mois. Une fois la diversification alimentaire commencée, l'introduction d'allergènes alimentaires majeurs (lait de vache, œuf, arachide...) ne doit pas être retardée.

À savoir

« Afin de réduire le risque éventuel d'obésité, d'infections, de maladie cœliaque et d'allergies alimentaires, il est préférable de débuter la diversification alimentaire à 4 mois (révolus). D'un autre côté, après 6 mois (révolus), le lait maternel et les préparations infantiles ne permettent plus à eux seuls de couvrir les besoins nutritionnels de l'enfant, ni d'apporter les stimulations nécessaires à son développement. Ainsi, il est préférable de commencer la diversification alimentaire entre 4 et 6 mois. »
D'après : Avis de l'Anses du 12 juin 2019

Étapes de la diversification

Au début de la diversification alimentaire, le lait maternel et les préparations pour nourrisson puis laits de suite, restent la base de l'alimentation de l'enfant. Elles diminueront peu à peu au profit d'autres aliments.

- Le biberon ou la tétée de midi est remplacé progressivement par une purée de légumes plus ou moins fluide.
- La purée de légumes est composée de légumes tendres (courgettes, carottes, etc.) et d'un féculent (au début pommes de terre puis vers 8 mois petites pâtes, semoule, riz...).
- Ne pas oublier la matière grasse : 1 càc au début, puis 2 càc dans une purée complète (alterner huiles végétales et beurre).
- En dessert : une compote de fruits cuits ou bien mûrs (tous les fruits sont possibles, privilégier les fruits de saison).
- Introduire les protéines entre 5 et 6 mois : viande maigre rouge ou blanche, poisson (alterner maigre et gras), œuf dur (jaune et blanc).

Protéines :

6 à 12 mois : 10 g/j ou 2 càc ou 1/4 d'œuf

1 à 2 ans : 20 g/j ou 4 càc ou 1/2 œuf

2 à 3 ans : 30 g/j ou 6 càc ou 1 petit œuf

À partir de 8 mois (et pas après 10 mois), des textures non lisses (grumeleuses puis petits morceaux) seront proposées à l'enfant. Faire découvrir une grande diversité d'aliments en début de diversification (en proposant des aliments différents tous les jours) facilite leur acceptation par l'enfant.

③ Comment introduire les aliments ?

Les légumes

Vers 4 à 6 mois, les légumes (petits pots, frais, surgelés mais pas en conserve) mixés peuvent être proposés à la cuillère ou mélangés au biberon, en augmentant peu à peu les quantités de légumes et en diminuant le lait.

Attention à ce que l'ouverture de la tétine soit adaptée à la texture (épaisse) du biberon.

Les légumes sont cuits à la vapeur ou à l'eau, sans sel ajouté.

Les fruits

Les fruits (pomme, poire, banane, pêche, abricot) sont d'abord donnés sous forme de compote maison non sucrée ou de petits pots ou alors ils sont écrasés (fruits mûrs). Il est bon de choisir des fruits de saison à maturité.

Les féculents et céréales

Les pommes de terre seront introduites en purée (mélangée aux légumes) afin de lier la préparation, puis écrasées et en petits morceaux.

Les semoules fines, les petites pâtes, le riz peuvent aussi être mélangés par la suite aux légumes pour leur donner plus d'onctuosité.

La viande, le poisson et les œufs

La viande, le poisson et les œufs sont cuits à l'eau, à la vapeur, au four (cuire à cœur la viande hachée).

Le lait

Il est préconisé de donner 500 ml de lait/jour au moins jusqu'à 1 an et pas plus de 800 ml/j après 1 an.

Les rôles de l'assistant maternel

- Il laissera au parent l'initiative d'introduction des aliments (leur laisser le plaisir de partager ces moments avec leur enfant et de vérifier sa tolérance).
- Il répond aux questions simples des parents ou les oriente vers des professionnels de santé compétents.
- Il ne force pas l'enfant si celui-ci n'a pas envie de commencer à manger à la cuillère, le moment n'est pas le même pour tous (respect du rythme de chacun).
- Il propose plusieurs fois (**jusqu'à 8 à 10 fois**) un aliment si l'enfant n'aime pas.
- Il transmet chaque prise alimentaire aux parents, le soir.

Mots-clés : Diversification alimentaire, mixés, textures, saveurs, purée, compote.

Fiche

85 Identifier les risques alimentaires

Les risques alimentaires sont multiples. Il est important de veiller aux conditions de conservation des aliments, à leur transport mais aussi à leur préparation. Les conséquences par une prise en charge trop légère de ces risques peuvent être graves et entraîner des intoxications alimentaires, des intolérances ou des troubles digestifs.

① Les sources de risques microbiologiques et toxicologiques

Les maladies d'origine alimentaire (diarrhée, intoxication, ...) sont généralement infectieuses ou toxiques par nature et provoquées par des bactéries, des virus, des parasites ou des substances chimiques qui pénètrent dans l'organisme par le biais d'aliments ou de l'eau contaminée. Les aliments crus d'origine animale, les fruits et les légumes contaminés par des déjections, ainsi que les crustacés crus contenant des biotoxines marines sont autant d'exemples d'aliments impropres à la consommation.

Chaque année, environ un tiers des foyers de toxi-infections d'origine alimentaire déclarés en France survient au domicile. À l'origine d'une partie de ces cas : une mauvaise conservation des aliments au domicile, une cuisson insuffisante ou des transferts de contaminants.

À savoir

L'apposition d'une date limite sur les denrées informe le consommateur sur la limite au-delà de laquelle un aliment est susceptible d'avoir perdu ses qualités microbiologiques ou ses qualités organoleptiques, physiques, nutritives, gustatives, etc. Deux types de date peuvent figurer : la date limite de consommation (DLC) qui s'applique à des denrées microbiologiquement très périssables et susceptibles de présenter un danger immédiat pour la santé humaine (yaourts, viandes, ...) ou la date de durabilité minimale (DDM), date à laquelle la denrée peut avoir perdu tout ou partie de ses qualités spécifiques, sans pour autant constituer un danger.

L'intoxication alimentaire se manifeste généralement par des maux de ventre, de la diarrhée, des vomissements et des maux de tête. Elle ne touche rarement qu'un seul individu. En fonction de la gravité de l'intoxication soit une simple réhydratation suffira soit il faudra mettre en place un traitement médicamenteux.

② Les conditions de conservation et de transport des aliments

Les températures indiquées sur les étiquettes des aliments préemballés lors du transport et de la conservation des denrées périssables sont à respecter. Pour les aliments très périssables, fabriqués par des artisans (boucher, charcutier, etc.), au domicile de l'AMA ou encore vendus au détail ou à la coupe dans les grandes et moyennes surfaces (GMS), il est recommandé de les conserver à une température maximum de + 4°C pendant une durée maximum de 3 jours.

Surveiller les dates limites de consommation des produits et appliquer la règle du «premier entré, premier sorti».

Il est également important de transporter les aliments dans de bonnes conditions, en respectant la chaîne du froid, sans laisser les produits frais exposés à température ambiante pendant une période trop longue (dans les coffres de voitures par exemple).

En particulier, les produits surgelés et congelés doivent être achetés en dernier, mis dans des sacs isothermes et placés rapidement au congélateur dès le retour au domicile ou préparés immédiatement.

À savoir

✓ Respecter les conseils de préparation et de décongélation mentionnés sur l'étiquette, et ne jamais recongeler un produit qui aurait été décongelé volontairement ou accidentellement.

③ Quelques règles d'hygiène

Il est important de veiller à la propreté des plans de travail, des ustensiles et des mains lors de la préparation des aliments, et de nettoyer périodiquement (dès qu'il y a souillure) le réfrigérateur.
Les surfaces au contact des aliments doivent être maintenues propres et sèches entre les usages. Le bionettoyage se fait grâce à un détergent désinfectant alimentaire (le temps de pause sera déterminé en fonction des indications du fabricant) que l'on rince ensuite.
Le respect de la chaîne de froid et quelques mesures d'hygiène simples permettent également de réduire notablement le risque de contracter une toxi-infection alimentaire.

Les mesures ci-dessous sont complémentaires de celles citées précédemment. Elles sont non exhaustives. Elles reposent sur les 3 grands principes de l'hygiène alimentaire présentées dans le tableau ci-dessous.

Éviter la contamination des aliments	Limiter/ralentir le développement des germes de contamination	Détruire la flore pathogène
Maîtriser les éléments disséminateurs tels que les mains ou les ustensiles sales : après la manipulation d'aliments non cuits, se laver les mains et nettoyer les ustensiles de cuisine qui ont été en contact avec ces aliments.	Conserver les aliments crus (viande, légumes, etc.) séparément des aliments cuits ou prêts à être consommés.	Cuire soigneusement les aliments de manière à obtenir une température à cœur élevée : un simple réchauffage des aliments n'est pas suffisant pour éliminer les germes pathogènes. Attention, un réchauffage au four à micro-ondes ne permet pas d'assurer une température homogène dans la totalité de l'aliment.
Se laver les mains après être allé aux toilettes, après avoir caressé un animal, après avoir manipulé de la terre ou des objets souillés (par de la terre, etc.).	Laver les légumes crus et les herbes aromatiques fraîches afin d'éliminer une partie des pesticides ainsi que la terre et les souillures pouvant être fortement contaminés en micro-organismes.	

Mots-clés : Vitamines, contamination, toxicité, conservation, risques toxicologiques.

Fiche 86

Des techniques et des préparations culinaires

Le temps de repas est un moment privilégié pour que l'enfant fasse des expériences sensorielles (odeur, goût, texture…). Le repas est aussi un moment d'éducation, d'intégration et d'inter-relations entre le professionnel et l'enfant.

1 Un crumble à l'orientale

Temps de préparation : 25 à 30 minutes
Temps de cuisson : 15 minutes thermostat 8

Denrées :

- 1 carotte
- 1 courgette
- 50 g de farine
- 50 g de beurre
- 30 g de chapelure
- 15 g de gruyère râpé
- 60 g de St Môret®
- 1 brin de menthe
- 2 tomates séchées
- huile, sel, poivre

La préparation

Se mettre en tenue professionnelle, se laver les mains et préparer l'ensemble du matériel nécessaire et des denrées.

- 3 récipients (1 pour les légumes à éplucher, 1 pour réserver les légumes, 1 pour les épluchures)
- 1 couteau d'office
- 1 économe
- 1 planche à découper
- 1 autocuiseur + panier à vapeur
- 2 plats individuels à gratin
- 1 balance
- 1 saladier
- 1 cuillère

Réalisation et cuisson du plat

- Mettre le four à préchauffer.
- Éplucher carotte et courgette et les couper en petite dés.
- Mettre un fond d'eau dans l'autocuiseur puis y faire cuire les légumes pendant 10 min. à partir du moment où la soupape siffle.
- Couper menthe et tomates séchées en petits morceaux.
- Assaisonner : sel, poivre, huile d'olive.
- Mélanger tous les ingrédients et mettre dans deux plats individuels à gratin beurrés.
- Ajouter le St Môret® coupé en dés.

- ◊ Dans un saladier, mettre la farine, le beurre mou, puis malaxer le tout pour avoir un mélange homogène.
- ◊ Ajouter la chapelure, le fromage râpé et mélanger avant de disposer le mélange sur les légumes.
- ◊ Mettre le plat sur la grille du four et laisser cuire 15 min. (thermostat 8).

Ranger et remettre en état le poste de travail

– Ranger les denrées et se laver les mains.
– Faire la vaisselle, essuyer et ranger le matériel.
– Effectuer le bionettoyage du plan de travail et se laver les mains.

② Les pommes hérisson

Temps de préparation : 15 minutes
Temps de cuisson : 15 à 20 minutes thermostat 8

Denrées :

- 2 pommes qui ne s'écrasent pas à la cuisson (Golden, Gala, Ariane…)
- 30 cl d'eau
- 60 g de sucre
- ½ gousse de vanille
- une poignée d'amandes effilées
- des raisins secs.

Matériel :

- un petit couteau de cuisine
- un couteau économe
- une grande casserole
- une écumoire
- un plat

La préparation

Se mettre en tenue professionnelle, se laver les mains et préparer le matériel et les denrées.

La réalisation du plat

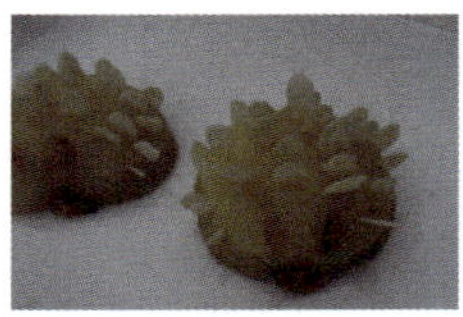

– Faire bouillir 30 cl d'eau, 60 g de sucre et la gousse de vanille ouverte en deux.
– Peler les pommes, les couper en 2, les épépiner.
– Déposer les fruits dans l'eau bouillante, laisser cuire 15 minutes en les retournant délicatement.
– Avec une écumoire, sortir les pommes et les déposer sur le plat.
– Faire de petites incisions au couteau dans les pommes, y insérer les amandes.
– Enfoncer des raisins secs pour les yeux et le museau du hérisson.

Ranger et remettre en état le poste de travail

(Voir crumble à l'orientale).

Mots-clés : Préparation, techniques culinaires, cuisson, plat, poste de travai.

La préparation des repas

La préparation d'un repas pour un ou plusieurs enfants est une étape préalable et primordiale pour une bonne alimentation. Des procédures d'hygiène sont à respecter qu'il s'agisse des repas « maison » ou de la consommation de petits pots ou d'aliments non transformés à cuisiner.

1 Mode de préparation des repas

La diversification alimentaire peut se faire avec des petits pots (légumes ou fruits) mais aussi par la préparation de légumes, de viande et de fruits ce qui suppose encore plus de veiller à certaines règles d'hygiène et de cuisson.

Les types de cuisson

La cuisson permet de transformer un aliment sous l'effet de la chaleur. Goût, aspect, volume, toxicité, qualités nutritives peuvent ainsi être modifiés pour le rendre plus digeste et permettre une meilleure garantie sanitaire. Sur le plan de l'équilibre alimentaire, certains modes de cuisson présentent plus d'intérêt que d'autres.

- **La cuisson à l'eau**

Utilisée comme mode cuisson pour les viandes, les poissons, les œufs, les légumes, l'ébullition est la seule méthode qui permette de réhydrater et de préserver la texture du riz et des pâtes.
Les aliments peuvent être immergés dans de l'eau froide puis portée à ébullition. Cette méthode permet de cuire lentement les viandes et les poissons ainsi que les légumes, en particulier lorsque l'on veut réutiliser le bouillon. En revanche, lorsque les aliments sont plongés dans l'eau bouillante, ils sont saisis et perdent moins d'arômes et de nutriments.

- **La cuisson à la vapeur**

La cuisson à la vapeur douce (proche de 100°), donc sans autocuiseur, cuit uniformément les aliments sans les dessécher. Le gras des viandes fond et les pesticides des légumes sont entraînés dans le compartiment inférieur de l'appareil (dont l'eau ne doit pas être consommée). Ce mode de cuisson améliore la digestibilité des pois, des haricots secs et des choux.

La cuisson à l'autocuiseur, ou cocotte-minute, repose sur le principe de cuisson à la vapeur sous pression (+ de 100°). Cette technique de cuisson rapide et avec peu d'eau, permet de réduire le temps de cuisson, donc de mieux préserver les qualités nutritionnelles des aliments, leur saveur et limite leur perte des vitamines, à condition de bien respecter les temps de cuisson.

- **La cuisson braisée, à l'étouffé ou sautée**

La cuisson braisée ou à l'étouffé consiste à faire revenir l'aliment coupé en morceaux dans un peu de matière grasse, avant de le faire cuire dans un peu de jus à feu très doux. Cuits à petit feu dans un récipient fermé avec très peu de liquide, les aliments gardent leur arôme, leurs nutriments et leurs vitamines. .

La cuisson à la sauteuse permet de cuire à feu vif et moins longtemps. À condition que l'on ne pique pas l'aliment en le remuant, la couche plus dure qui se forme rapidement tout autour retient les nutriments. Le sauté n'est pas adapté aux aliments indigestes comme les viandes à braiser ou les légumes secs.

- **Grillades et fritures**

La grillade, cuisson courte à feu vif, coagule les protéines et caramélise les glucides. Les sucs, vitamines et minéraux contenus dans l'aliment sont bien préservés. Elle permet de faire l'économie de matières grasses. En revanche, c'est le mode de cuisson qui, avec le barbecue, développe le plus de benzopyrènes (produits cancérigènes). Pour cette raison, il vaut mieux éviter de faire trop cuire les grillades.

La friture repose sur l'immersion des aliments dans un bain de matière grasse à très haute température, de 140 à 180 °C. Les protéines de surface coagulent, les sucres se caramélisent, les amidons deviennent plus digestes. Pour la friture, il est préférable d'utiliser les huiles d'arachide, de tournesol, de maïs, de pépins de raisin, ou un mélange d'huiles conçu pour cet usage. Les vitamines sensibles à la chaleur, comme la vitamine C, sont en partie détruites par la friture. Celle-ci augmente la richesse calorique des aliments.

- **Cuisine au four à micro-ondes**

Les ondes électromagnétiques du four à micro-ondes provoquent une agitation intense des molécules d'eau qui se traduit par une élévation de la température. La cuisson se fait en quelque sorte de l'intérieur. Ce procédé préserve les vitamines et les minéraux. S'il permet de réchauffer et de décongeler rapidement, le four à micro-ondes n'est pas vraiment le meilleur moyen de faire une cuisine élaborée et gourmande.

Les préparations de fruits et légumes

Les techniques de préparation des repas regroupent l'épluchage le lavage, le découpage et le taillage des légumes et des fruits. Au cours de ces étapes, une bonne organisation et hygiène parfaites sont indispensables.

Éplucher

Processus de la marche en avant.

Laver

Lavage manuel dans un bac en inox ou saladier sous un jet d'eau.

Découper

Manuel (au couteau ou à la mandoline) pour une découpe en tranches, rondelles, en bâtonnets ou en julienne.

À savoir

La marche en avant

Organisation rationnelle consistant à ce qu'il n'y ait aucune possibilité de retour ou de croisement entre le secteur des produits propres et celui des produits souillés. Pour ce faire :

- ✓ Mettre les légumes ou fruits à éplucher dans un récipient.
- ✓ Éplucher.
- ✓ Mettre les épluchures et autres déchets dans un 2e récipient.
- ✓ Placer les légumes et fruits épluchés dans un 3e récipient avant de les mettre en zone de lavage.

② La préparation des petits pots

Pour réchauffer la préparation du petit pot, il est possible de le faire :
- au bain marie : dans une casserole d'eau chaude après avoir enlevé le couvercle ;
- au four à micro-ondes : verser la préparation dans un récipient et réchauffer 10 secondes au maximum.

Dans les deux cas verser dans un bol ou une assiette. Remuer la préparation pour obtenir une température homogène.

Conseil

Les petits pots de légumes sont pas ou peu salés, il est inutile voire néfaste d'ajouter du sel. Les petits pots de légumes sont peu ou pas sucrés, inutile d'ajouter du sucre.

Mots-clés : Préparation, reconstitution, cuisson, hygiène.

Fiche

88 Équilibrer les menus des enfants

Manger c'est innover, partager, se réjouir, s'identifier aux autres. Le professionnel a un rôle fondamental dans l'acquisition des habitudes alimentaires de l'enfant, dans la proposition de diversité de goûts et textures, mais aussi dans la recherche de son bien-être et de son équilibre alimentaire.

① Qu'est-ce que manger équilibré pour un enfant ?

La petite enfance est une période d'apprentissage cruciale pendant laquelle l'enfant de 2 à 5 ans développe les habitudes alimentaires qui influenceront son alimentation et sa relation avec les aliments toute sa vie. Pour encourager l'enfant à développer de saines habitudes alimentaires, il faut :

- Respecter son appétit aux repas et aux collations, celui-ci variant d'une journée à l'autre et même d'un repas ou d'une collation à l'autre. De façon innée, l'enfant reconnaît quand il a faim et quand il est rassasié.
- Servir trois repas par jour et des collations. Malgré son petit estomac, l'enfant a de grands besoins énergétiques et nutritifs, ce qui se traduit par la nécessité de consommer de petites quantités d'aliments plusieurs fois par jour.
- Maintenir un horaire stable pour les repas et les collations. L'enfant a besoin de cette routine sécurisante.
- Offrir la collation à mi-chemin entre deux repas, soit environ deux heures avant le prochain repas, pour éviter de couper l'appétit. Attention ! La collation du matin est très discutée et ne doit pas être systématique.
- Éviter le grignotage entre les repas et les collations.

À savoir

Le jeune enfant est curieux et doit être encouragé à découvrir de nouveaux aliments. Plus il est initié tôt à une grande variété d'aliments nutritifs, plus il y a de chances qu'il les accepte et les apprécie.

② Des menus équilibrés

Proposer des menus équilibrés participe non seulement au bien-être et à l'éveil des sens de l'enfant mais permet d'offrir de nouveaux aliments régulièrement et de l'inviter à découvrir de nouveaux goûts, sans pression.

Exemples de menus pour le tout-petit (6 mois- 1 an)

	Pour les 6 à 9 mois	Pour les 9 mois à 1 an
Déjeuner	. Une purée « maison » (1 petite pomme de terre et 2 à 3 cuillères à soupe de légumes verts variés cuits à l'eau et mixés en purée) avec 2 cuillères de viande ou de poisson cuit à l'eau ou grillé ou ¼ d'œuf dur + 1 cuillère à café de matière grasse. En dessert : . Proposer, sans forcer, 1 compote maison ou 1 petit pot.	. Une purée (si possible maison), du riz mixé ou semoule et légumes soit environ 5 à 6 cuillères à soupe, avec 2 cuillères de viande ou de poisson cuit à l'eau ou grillé ou ¼ œuf dur + 2 cuillères à café de matière grasse. En dessert : . Proposer, sans forcer, un fruit mûr écrasé ou cuit.
Goûter	. 210 ml d'eau + 7 mesures de lait 2e âge.	. 240 ml d'eau + 8 mesures de lait 2e âge.

Exemples de menus pour le jeune enfant (2 à 4 ans)

	Menus d'hiver pour les 2 - 4 ans	Menus d'été pour les 2 - 4 ans
Déjeuner	**Menu 1** . Carottes râpées. . Pomme de terre au four et poulet rôti. . Yaourt. . Clémentine. **Menu 2** . Salade d'endives et pommes. . Steak haché, riz et julienne de légumes. . Fromage (comté). . Raisin.	**Menu 1** . Salade concombre sauce au yaourt et à la ciboulette. . Haricots verts /flageolets et gigot. . Fromage blanc et framboises fraîches. **Menu 2** . Billes de melon. . Œuf brouillé à la crème et blé + piperade (tomates cuites, oignons, poivron). . Yaourt.
Goûter	. Yaourt. . Compote de pommes-ananas. Ou . Pudding aux raisins secs.	. Petit-suisse. . banane. Ou . Compote de pêches. . 1 tranche de quatre-quart.

Question à un pro

Comment présenter de nouveaux aliments et que faire en cas de refus ?

✓ Présenter un nouvel aliment avec des aliments familiers, tout en évitant le camouflage.

✓ Présenter les aliments de façon originale et amusante, en variant les formes, les couleurs, les saveurs et les textures.

Mots-clés : Alimentation variée, alimentation équilibrée, goût, textures, découvertes, grignotage, collations, éveil des sens.

Fiche

89 Allergies, intolérances et régimes alimentaires

Chez certains enfants comme chez les adultes, les aliments ou certains de leurs composants entraînent des réactions allergiques secondaires ou une intolérance alimentaire.

① L'allergie alimentaire

L'allergie alimentaire peut se déclarer sans cause apparente et toucher n'importe quel enfant. Le plus souvent, elle apparaît avant l'âge de 15 ans. Elle correspond à une réaction mal adaptée de l'organisme à l'encontre d'une substance « étrangère » ou « allergène » provenant de l'aliment ingéré.

Les symptômes sont multiples :

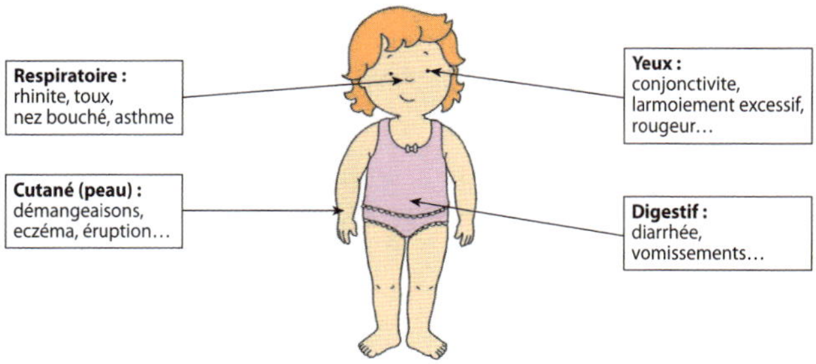

Les aliments les plus fréquemment à l'origine d'une allergie alimentaire sont classés en 2 catégories.

Les éléments d'origine animale	Les éléments d'origine végétale
– lait de vache – œuf de poule – poissons (morue…) – crustacés (crevettes, crabe…)	– arachide – céréales (blé, avoine, seigle, riz, maïs…) – légumes (solanacées): pomme de terre, aubergine, tomate – fruits à coque (noisettes, pistaches, noix…) – moutarde – fruits (rosacées) : pomme, abricot, pêche, prune, fraise, poire, coing – fruits exotiques (kiwi, mangue, ananas, carambole, mandarine…) – épices : gingembre, poivre, ail, paprika, oignon – miel et produits de la ruche (pelotes de pollen) – sésame

À savoir

- ✓ Les produits laitiers fermentés (yaourt, fromage) conservent leur potentiel allergisant.
- ✓ L'allergie à l'œuf est fréquente chez l'enfant et apparaît tôt. Les principales protéines allergènes se trouvent dans le blanc. Souvent, les enfants guérissent vers l'âge de 5 ans.
- ✓ Privilégier les produits dont l'étiquette décrit de façon très précise les éléments allergènes.

② L'intolérance alimentaire

L'intolérance alimentaire peut entraîner des symptômes ressemblant à l'allergie (nausées, vomissements, diarrhées…) mais elle ne met pas en cause le système immunitaire. Elle apparaît quand l'organisme n'arrive pas à digérer un aliment ou l'un des composants alimentaires.
Les principales intolérances alimentaires sont celles au gluten et au lactose.

L'intolérance au gluten

Elle conduit à l'atrophie de la muqueuse digestive. Le gluten est contenu dans certaines céréales (blé, orge, seigle). Son intolérance se révèle dès l'introduction dans l'alimentation. Si le gluten n'est pas exclu, une mauvaise absorption des nutriments peut entraîner une cassure de la courbe de croissance. Le seul traitement est l'éviction totale des céréales concernées ce qui est contraignant car elle entraîne celle de la farine, du pain, des biscuits, pâtes, semoules…

L'intolérance au lactose

Il concerne le sucre naturel du lait habituellement digéré par une enzyme (la lactase) présente dans l'intestin grêle : elle intervient chez les sujets qui n'en fabriquent pas suffisamment. Le lactose est présent essentiellement dans le lait et les fromages frais non-fermentés. En revanche, les produits laitiers fermentés peuvent être consommés (yaourts de laits fermentés, fromages affinés, à pâtes dures). Sont à éviter les aliments riches en lactose :
- produits céréaliers : purées, pains au lait, brioches, viennoiseries, pâtisseries à la crème, crêpes, gaufres ;
- produits laitiers : lait, boissons lactées, entremets, flans, crèmes desserts, mousses, certains fromages (fromage blanc, fromage frais, fromages fondus) ;
- graisses : crèmes, sauces (du commerce) ;
- sucres : chocolat au lait, crème glacée, chantilly.

Le traitement est l'exclusion stricte de l'aliment responsable de l'allergie.

Mots-clés : Allergie, intolérance, réactions, éviction alimentaire.

Méthode et conseils pour réussir l'épreuve orale

① Préparation de l'oral (1 h 30)

Il vous sera remis un dossier pouvant comprendre :
- un planning d'accueil ;
- un contrat de travail d'assistant maternel ou garde à domicile ;
- un plan du logement où les enfants sont accueillis ;
- des recettes ;
- un descriptif des habitudes et consignes des parents ;
- un agrément d'assistant maternel avec le nombre d'enfants pouvant être accueillis et leur âge…

Vous devrez donc analyser ces documents et préparer à l'écrit un projet d'accueil.

Pour cela, n'hésitez pas à souligner, surligner ce qui vous paraît important dans les documents que vous avez en main.

Avant de vous présenter à cette épreuve, vous devez savoir ce qu'est un projet d'accueil ainsi que les points qui doivent y être présentés (voir fiche sur le projet d'accueil). Il est important de bien tout lire car parfois un détail peut être important pour la prise en charge de l'enfant et sa famille.

Pour vous aider :

- Se mettre dans le contexte (taille de la maison/appartement, emplacement….).
- Bien relever l'âge de l'enfant (des enfants) et ses spécificités.
- Ne pas perdre de vue les besoins de l'enfant (des enfants) en fonction de son âge et le contexte.
- Essayer de visualiser la situation pour ne rien oublier.
- Faire un plan de travail cohérent (en lien avec le sujet) en écrivant les points principaux que vous développerez lors de votre oral.

Conseil du formateur

Des questions sur le sujet peuvent vous guider dans cette démarche.

Les questions du jury porteront sur vos capacités à :
- ✓ Organiser votre action.
- ✓ Négocier le cadre de l'accueil.
- ✓ Assurer les opérations d'entretien du logement et des espaces réservés à l'enfant.
- ✓ Élaborer les repas.

Lors de l'oral, vous pouvez vous présenter au jury comme étant l'assistant maternel du sujet.

Vous allez présenter votre projet d'accueil (en répondant aux questions).

Dans un second temps, le jury vous demandera de préciser, d'argumenter et de justifier certains points.

Ne vous laissez pas déstabiliser, et essayez de gérer votre stress.

2 L'oral

Cette épreuve comprend :
- un temps de préparation qui dure 1 h 30. Le candidat prépare un projet d'accueil à partir d'un ensemble documentaire d'une dizaine de pages ;
- un oral d'une durée totale de 25 minutes (exposé du candidat suivi d'un entretien avec le jury).

Les jurys sont constitués de deux membres :
- un professeur de la spécialité et un professionnel ;
- ou deux professeurs de la spécialité.

Conseil du formateur

Les AMA et les employés à domicile ont la possibilité de présenter un projet d'accueil réel prenant appui sur leur contexte d'intervention professionnel du domicile

Ils doivent faire le choix au moment de l'inscription au diplôme et déposer ensuite un dossier présentant son projet d'accueil à la date fixée par le recteur (5 pages maximum).

Les compétences attendues lors de cette épreuve sont :

- organiser son action et négocier le cadre de l'accueil ;
- assurer les opérations d'entretien du logement et des espaces réservés à l'enfant ;
- élaborer des repas.

Achevé d'imprimer : juillet 2021
Dépôt légal : août 2021
N° d'éditeur :
N° d'imprimeur :

Achevé d'imprimer en août 2021 par Wilco aux Pays-Bas
Dépôt légal: août 2021
N° éditeur MAGSI20200485

PEFC PEFC/30-32-821